国家出版基金项目
NATIONAL PUBLICATION FOUNDATION

■ 中国现代市场利率通论

刘义圣 / 主编

The Theoretical Paradigm of Market Interest Rate and Practice of China

市场利率的理论范式与中国实践探索

刘义圣 / 著

長春出版社
国 家 一 级 出 版 社
全国百佳图书出版单位

图书在版编目(CIP)数据

市场利率的理论范式与中国实践探索 / 刘义圣著
. — 长春 : 长春出版社, 2016.12
(中国现代市场利率通论 / 刘义圣主编)
ISBN 978-7-5445-4647-8

Ⅰ. ①市… Ⅱ. ①刘… Ⅲ. ①利率市场化—研究—中国 Ⅳ. ①F832.22

中国版本图书馆 CIP 数据核字(2016)第 269836 号

市场利率的理论范式与中国实践探索

著　　者：刘义圣
责任编辑：程秀梅
封面设计：崔浩博

出版发行：长春出版社
发行部电话：0431-88561180　　总编室电话：0431-88563443
地　　址：吉林省长春市建设街 1377 号
邮　　编：130061
网　　址：www.cccbs.net
制　　版：长春市大航图文制作有限公司
印　　刷：吉林省良原印业有限公司
经　　销：新华书店

开　　本：787 毫米×1092 毫米　1/16
字　　数：267 千字
印　　张：20.5
版　　次：2016 年 12 月第 1 版
印　　次：2016 年 12 月第 1 次印刷
定　　价：40.00 元

编 委 会

主　编　刘义圣

副主编　黄建锋

编　委　（按姓氏笔画为序）

王世杰　王运钊　王春丽　刘义圣

苏天恩　陈　燕　林菁菁　赵东喜

黄启才　黄建锋　潘双庆

总　序

《中国现代市场利率通论》实则独立成书又连属成套的一部丛书，其中每一册书名均含蕴“中国”“市场”“利率”三个关键词语，尽显书中宏旨。丛书自古多有序言，旨在对全套丛书的编写意图、总体结构、内容大要等进行诠释。本序亦然。

在市场经济条件下，利率无论在理论上还是在实践上都极为重要，这是因为利率既是连接货币经济与实体经济的纽带，同时又是联系宏观经济与微观经济的中介，它影响着一国的储蓄、投资、货币供给和需求以及产出和国民收入的变动。通过利率与汇率联动，它不仅对一国经济具有极为重要的影响，还会对其他国家产生广泛的影响。

从 1996 年 Chibor 的诞生，到 1996—1998 年财政部第一次通过证券交易和公开招标发行债券，到 2007 年 Shibor 正式上线，再到 2013 年 7 月央行全面放开对金融机构贷款利率的管制，以及 2015 年 10 月对存款的管制全面放开，按照“先开放货币市场利率和债券市场利率，再逐步推进存贷款利率市场化”的政策方针，经过 20 年渐进的改革，我国利率市场化基本完成。利率市场化的完成，增强了中央银行对宏观经济形势的引导和调控作用，随之而来的是市场主导下的有关利率理论与实践问题日渐突出，并得到前所未有的关注。

市场利率体制改革作为中国金融体制改革需要攻克的难关之一，非常需要来自学界的理论支撑和指导，然而我国理论界对市场主导下的有关利率理论与实践问题的研究还很薄弱，从理论分析与实践结合上进行系统全面的研究的文章及专著实不多见。《中国现代市场利率通论》这套丛书，以市场利率为研究对象，正是贴合当下所需，及时送上的一份理论大餐。

这套丛书用“通论”来命名，不是要与凯恩斯的《就业、利息和货币通论》并比，而是要作为诠释我国市场利率管理和体制改革实践的学术著述，成为我国利率研究的一芹之献。这套丛书共八册，内容既包含对利息决定的基本问题认识，又包含规则与相机抉择，以及央行利率微调模式、市场基准利率选择等问题探讨；既包含商业银行等正规金融市场利率管理，又包含民间借贷市场利率探讨；既包含利率市场化改革，又包含利率汇率互动以及国际利率联动。

《市场利率的理论范式与中国实践探索》（刘义圣）以利息理论为主题，试图对两种具有代表性的利息理论——马克思利息理论和凯恩斯利息理论——进行深度比较，以探索理论真谛，丰富和发展社会主义利息理论的研究。本书首先对这两种流行的市场利率理论进行了详细的介绍，并探索了各自对中国特色社会主义市场经济体制的适用性分析；其次侧重介绍了在世界经济一体化国际金融市场相互关联度加深的背景下这两种理论在中国的最新发展的一些实践研究。

《利率规则对中国市场经济的可适性检思》（刘义圣、黄启才）从维克赛尔规则及扩展、泰勒规则及扩展、伊文思规则、最优利率规则等比较出发，分析了利率规则的适用条件与局限性，对其在中国市场经济的可适性进行了相关检验，并对利率规则在中国应用的相关制度要求与政策建议进行了分析。

《市场主导下的中国利率微调模式探索》（王春丽）对央行在“尊重市场规律、尊重市场选择”框架下的利率微调模式的相关问题进行系统分析，追溯其来源，考察其实践，并通过对其实施的前提条件以及我国宏微观环境进行深入比较剖析，同时借鉴国外利率微调的实践经验，以期探索出一个与我国国情相统一的利率微调目标模式（包括目标设构、决策规则、调控基准和操作工具等），进而为我国利率体制改革和政策环境重塑提供一种贴近经济现实的理论参照与政策建议。

《市场形成基准利率的国际比较与中国借鉴》（王世杰、刘义圣）对如何构建央行基准利率问题进行了探讨。本书首先阐述了基准利率与市场形成基准利率的概念，通过市场化前后基准利率选择的对比研究，得出结论：并不存在完全市场化的基准利率，只是中央银行对基准利率干预程度不同而已；其次，通过对发达市场经济国家和新兴市场经济国家在基准利率选择与培育的历史经验进行总结，归纳出一些能对我国基准利率选择提供参考的经验与借鉴；最后，通过对我国这些年基准利率建设实践进行梳理，剖析我国央行基准利率选择的机理，并利用实证方法检验现有备选利率，提出可能作为央行基准利率的最佳选项。

《利率市场化后中国商业银行利率管理》（黄建锋、林菁菁）立足理论知识，侧重实务探讨，重点从利率风险管理实务、内部资金转移定价实务、资产和负债端定价实务、商业银行中间业务定价实务等方面探究了利率管理的各类工具及其运用。本书认为，商业银行应该从战略高度审视利率定价管理体系的建设，应转变利率定价管理的理念，从被动接受向主动管理转变，从粗放定价向精细化定价转变，应该充分认识到精细化利率定价是关系到商业银行持续发展的核心能力。

《中国民间利率及其市场化的经济学分析》（陈燕）区分了民间借贷市场利率与正规金融市场利率的异同：相同点在于民间利率市场化与官方利率市场化改革是相互配套的，两个市场的利率改革都要坚持市场的定价机制，由资金供需双方自由协商并且结合具体的市场环境来实现利率的市场自主定价，完善市场对资金的更有效率配置的作用；不同点在于官方的利率市场化更多的是关注正规金融市场和宏观经济内的利率体系的市场化改革，而民间利率市场化更多的关注点在于民间金融市场本身的非市场性的缺陷。本书认为民间借贷市场的利率市场化与官方利率的市场化改革之间需要构建一个良性的市场互动机制；中国的民间借贷市场利率市场化改革应借鉴国外的利率市场化改革经验，要从其市场化程度高的市场利率出发；民间借贷市场的利率市场化需要结合国内的实际与官方利率的市场化改革，并且始终保持同步，注意自身的市场缺陷，进行相应的改革；在我国民间借贷市场发展比较充分的东部地区部分区域市场内的改革经验为全国的民间借贷市场改革提供了部分可借鉴的经验。

《国际市场利率联动性趋势与中国因应》（赵东喜）对国际经济政策协调中的国际利率联动问题进行了研究。随着中国融入全球经济程度的加深，中国利率的国际联动趋势日益显现，弱化了其对市场利率与经济的调控水平。本书运用数理推演与实证检验的方法探讨了国际利率联动性趋势、特征以及对中国经济与央行利率调控效率的影响，并建立了中国利率联动应对机制。国际利率联动性的本质是经济全球化，其来源有四个，即经济全球化、金融一体化、世界共同因素以及国际经济政策协调。在经济正常期，国际联动程度较低，而在经济异动时期则高。国际利率联动性与开放经济政策的“三元悖论”紧密相连。国际利率的联动性有不对称特征。美国利率政策调整对美国产出有明显促进作用，而对中国产出的促进作用较弱。国际利率联动性弱化了中国利率政策对市场利率的调控水平。

《中国金融市场利率与汇率关系研究》（潘双庆）对在人民币利率市场化与汇率形成机制改革后，利率与汇率存在着怎样的关系以及这种关系对中国目前正在进行的金融体制改革意味着什么等问题进行了研究。本书首先从利率与汇率关系的相关理论出发，揭示了理论上存在的利率与汇率关系，然后再运用计量经济学方法以及国内外经济数据对利率与汇率关系进行了实证研究。实证研究发现，人民币利率与汇率之间几乎是一种相互独立的关系，利率与汇率之间的互动关系还远远未达到理想状态，无法形成有效的人民币利率与汇率的自平衡联动协调机制。另外，实证研究还发现利率对汇率的影响与汇率对利率的影响是不对称的，利率对汇率的影响程度要远大于汇率对于利率的影响程度。这些发现的政策含义为，中国还必须进一步加大金融体制改革的力度，并且在改革中重视利率市场化与汇率形成机制改革的次序安排。

本套丛书力求广涉诸家，旁求博考，并自成机杼，期望能为金融决策提供有益的和贴近现实的理论参考，也希冀起到抛砖引玉之效果，引发思考，增进联想。但由于成书仓促，个别问题研究不够透彻，有些内容尽管写于事件发生过程中，具有即时分析色彩，但期间新现象新问题更生不断，难能至纤至悉，故难免管窥谬失，诚望学界前辈时贤不吝赐教。

是为序。

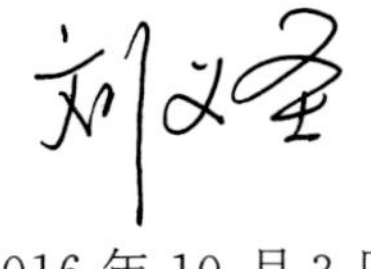

2016 年 10 月 3 日

导　语

随着中央银行对宏观经济形势引导和调控作用的增强，利率政策有效性等问题日渐突出，有关利率理论的研究也成为西方利率理论研究者竟相争夺的一个"高地"。利息利率问题在中国也得到前所未有的关注。

政策的制定溯源和依托理论的支持，政策的实施又印证和推动理论的发展。现代西方经济学各流派的利息理论，如凯恩斯的"流动偏好利息理论"、新古典学派的"可贷资金利息理论"以及"IS－LM 模型"的利率决定论和弗里德曼等经济学家对利息及其作用机制的论述，可供我们思考；一些金融学家如罗纳德·麦金农和爱德华·肖等对中国金融改革与金融增长进程的描述和解释，以及根据发展中国家一般情况所提出的"金融压制论"和"金融深化论"，认为发展中国家金融改革的核心是利率市场化等观点，可作为我们的重要参考。

中国利息利率研究的不少学术成果不仅为这一领域的研究带来了清新的理论气息，而且为其塑造了严谨求实的作风，但这些研究也存在一些问题：其一，理论研究滞后于实践，使得实践缺乏有效的理论指导。利率体制改革是中国金融体制改革的"瓶颈"，但中国利率理论研究侧重于对利率政策出台的释义和解读，对利率体制改革具有前瞻性和有效性指导的理论寥寥无几。其二，利率理论研究有大众化和浅层化的趋向。利率研究中存在众口一词、人云亦云的趋向，且研究多集中在利率现象、政策解读等浅表层面，对隐藏在经济现象和利率政策背后的本质问题缺少深入剖析和研究。其三，与中国国情的结合较不紧密。有的人直接依据西方利息理论研究中国利率问题，而不管西方利息理论本身的解释力和对中国经济的适用性，使得理论研究与中国国情明显脱节。其四，理论研究基础问题。有的人遵循马克思利息理论研究中国利率问题，有的人则依据西方利息理论研究中国利率问题，一些人在研究过程中对马克思利息理论的正确性和适用性提出质疑，甚至全盘否定。

凡上种种，表明中国利率问题的研究尚有待于进一步提高和升华。利息决定问题是利率诸多问题中基础性和关键性的问题，在诸多的利率决定理论中，马克思利息理论是中国利率决定理论研究必须坚持的方向，基于此，本书意在笔先，以马克思利息理论为基点，参合国内、国外已有的研究成果，在对这些成果进行归纳梳理和取精用宏的基础上，提出在中国新的历史时期，如何坚持和发展马克思利息理论，并批判和吸收其他利率理论的精华，为中国经济建设提供理论指导和支持。

本书不做肤浅文章，力求旁征博引，并自成机杼，通过对古今利息理论进行梳理评骘，对马克思利息理论进行丰富、发展和创新，并注重理论对实践的指导意义，探讨马克思利息理论与中国利率体系改革和经济建设的契合，为决策层提供有益的和贴近实际的决策参考，相信会引起社会各界的关注，取得较好的社会效果。

2005 年 9 月，刘国光同志的《谈经济学教学和研究中的一些问题》在《经济研究》发表以后，在社会上特别是在经济学界、教育界引起了强烈的反响。许多学者从自己擅长的领域出发，参与马克思主义经济学与西方经济学对中国适用性的讨论。众所周知，理论的作用是解释实践和指导实践，因此，评判一种理论是否适合中国现实的标准有两个：一是能否解释中国的经济现象；二是能否指导中国的经济建设。由于中国走的是社会主义道路，建立的是社会主义市场经济，坚持的是以公有制为主体、多种所有制经济共同发展的基本经济制度，所以从整体上看马克思主义经济学应该是中国国民经济发展与改革的理论指导，是主流。但是在若干具体问题的分析方面，西方经济学的确有值得我们参考借鉴的地方，我们必须把西方经济学的精华、把西方经济学中反映市场经济的内容吸收进来，作为与时俱进的马克思主义政治经济学的一部分新内容，推动马克思主义经济学的发展。因此，在对待马克思主义经济学与西方经济学的关系上，应该是前者为指导，后者为参考；前者是主流，后者是借鉴。作为一名从事经济学研究和教学的工作者，我想从自己近几年的主要研究领域——利息利率理论着手，探讨“马克思与凯恩斯利息理论及其对中国经济的适用性”问题，以期为推动马克思主义经济学发展和中国利率改革尽一份绵薄之力。

在市场经济条件下，利率无论是在理论上还是在实践上都极为重要，这是因为利率既是连接货币经济与实体经济的纽带，同时又是联系宏观经济与微观经济的中介，它影响着一国的储蓄、投资、货币供给和需求以及产出和国民收入的变动，对一国经济发展具有极为重要的影响，是受到世界各国广泛关注的、最重要的经济变量。然而，利率理论和实践的基础又是利息理论，对利息问题认识如何，不仅直接关系到利率政策的制定，而且关系到整个国民经济的运行。

一般而言，理论探讨或理论准备是一项改革成功实施所不可逾越的过程。利率体制改革作为中国金融体制改革最后需要攻克的难关，尤其需要理论的支撑和指导。然而和西方理论界相比，中国理论界对利息理论的研究还很薄弱，主要表现在研究缺乏系统性，分析论证也显得不足。研究主要集中于对中国现行利率管理制度的描述和对策方面，缺乏历史的和世界的宽广视野，以及从理论的深度把握利息的本质与作用。特别是从理论分析与实践结合上进行系统、全面研究的文章及专著更不多见。据初步了解，国内目前尚无专题研究马克思利息理论的丰富、发展和创新问题的学术著述，也缺乏运用马克思利息理论诠释和指导中国利率管理和体制改革实践的学术著述。

有鉴于此，本书以利息理论为主题，试图对两种非常有代表性的利息理论——马克思利息理论和凯恩斯利息理论进行深度比较，探索理论真谛，丰富和发展社会主义利息理论的研究。本书首先集中篇幅对这两种流行的市场利率理论进行了详细介绍并分析了各自对中国特色社会主义市场经济体制的适用性；其次侧重介绍了在世界经济一体化、国际金融市场相互关联度加深的背景下，这两种理论在中国最新发展的一些实践研究，从而使本书的研究从利息理论层面切换到中国利率实践，以期为中国利率体制改革和市场经济建设沿着正确的方向和确定的目标前进，提供一种可信的和贴近经济现实的理论参照和政策建议。

目　录

第一章

两种利息理论范式：马克思和凯恩斯的比较

第一节　两种代表性利息理论的产生

一、马克思利息理论的产生：对古典经济学的继承与批判

马克思和恩格斯批判地吸收了英国古典政治经济学的研究成果，创立了劳动价值论和剩余价值理论。科学的利息理论正是包含于剩余价值理论之中。马克思的利息理论大量发表在《资本论》第三卷和第四卷之中，他从借贷资本及其运动形式入手，研究了利息的来源和本质、利息率的决定因素、利息率的变动趋势，而且他还从利润分割的角度，研究了利息和企业主收入在形式上的差别性，以及利润分割为利息和企业主收入，如何从纯粹量的分割转变为质的分割，从而进一步揭示了资本关系的实质和资本主义利息的剥削性质。

（一）借贷资本及其运动形式问题

古典政治经济学最早的发现之一，就是它正确地把通过贷放获得利息的货币称为“资本”。但是，古典政治经济学只是在借贷关系的表面上兜圈子，把借贷资本的贷出和回流，仅仅看作资本所有者和另一个人的法律交易行为，从而在它那里，借贷资本的运动形式仅仅为 G—G′。可以说，古典政治经济学没有关于借贷资本的正确理论。

与此相反，马克思认为，作为资本货币的贷放不可能是“那些和资本主义再生产过程无关的交易形式”。于是，马克思始终撇开由一些次要因素造成的混乱，把借贷资本及其运动与资本主义的再生产联系起来进行考察。正是这样

的正确方法才使马克思科学地阐明了借贷资本及其运动。

马克思论证说，由于在资本主义生产方式下，借贷资本是产业资本和商业资本的派生资本，利息通过从产业资本和商业资本的平均利润中的直接扣除，而成为剩余价值的转化形式。马克思认为借贷资本的运动形式归根到底应为：

$$G—G—W<\begin{matrix}A\\ \\Pm\end{matrix}\cdots P\cdots W'—G'—G'$$

在这个公式中，货币作为资本的支出是双重的。首先是由借贷资本家把作为资本的货币，即资本商品的使用权交给职能资本家（G—G）。然后，再由职能资本家把所得到的货币用于购买商品，参与职能资本的循环运动。与货币作为资本的这种双重支出相适应，是它的双重回流。在职能资本的运动中，生产资本一旦转化为商品资本，它就必须投到市场上去，作为商品来出售，作为G'或$G+\Delta G$，从运动中流回到执行职能的资本家手中。然后，执行职能的资本家将已经实现的货币资本G，加上ΔG或利息交给借贷资本家。因此，把作为资本的货币贷放给职能资本家，使它在职能资本家手中完成职能资本的全部运动，然后，把带着利息的货币资本收回，是借贷资本所有运动的全部形式。这个运动形式也可以简写为$G—G'$。

孤立地、表面地理解$G—G'$，借贷资本的运动没有任何生产过程和流动过程作为中介，资本表现为利息即资本自身增殖的神秘的自行创造的源泉。于是，借贷资本所具有的真实社会关系被掩盖下去。尽管利息只是利润即执行职能的资本家从工人身上榨取的剩余价值的一部分，但它却反过来表现为资本的真实果实，表现为某种本源的东西。因此，在借贷资本上，“资本关系取得了最表面的、最富有拜物教性质的形式”。古典政治经济学只能从表面上极为肤浅地阐述货币资本的贷放和收回，撇开了借贷资本赖以运动的职能资本运动这个中介，从而割断了利息与剩余价值之间的关系，难免陷入资本拜物教的迷雾之中。

（二）利息及其源泉问题

古典政治经济学“从没有把剩余价值和利润区别开来，没有在纯粹的形式上说明过利润本身，把它和它彼此独立的各个组成部分——产业利润、商业利润、利息、地租——区别开来”。这一点决定了这个学派不可能提出关于利息及其源泉的真正科学的理论。

马克思不仅能够批判地继承古典政治经济学在这个问题上摸索出来的有价值的见解，而且，在确立了研究利息及其源泉的正确方法即首先不是作为剩余价值的特殊形式的利息本身，而是就剩余价值的纯粹形式展开研究，然后一步步返回到剩余价值赖以表现的各种特殊形式的基础上，透彻地表达这些见解。

马克思充分揭示了剩余价值的纯粹形式，剩余价值转化为利润，利润转化为平均利润，平均利润分解为产业纯利润和商业利润，并且深刻揭示借贷资本及其运动形式之后，探讨利息及其源泉问题。

马克思指出：在货币资本家贷出作为资本的货币的场合，“货币资本家事实上让渡了一种使用价值，因此，他所让出的东西，是作为商品让出的。从这方面来说，它完全类似商品本身。其一，它是由一个人手中转到另一个人手中的价值。就简单的商品即商品本身来说，在买者和卖者手中保留着相同的价值，只是形式不同；双方在交易前和交易后拥有和他们让渡的价值相同的价值，不过一个以商品形式存在，一个以货币形式存在。区别在于：在贷放上，只有货币资本家在这种交易中让出价值，但他会因未来的偿还而保持住这个价值。因此，在贷放过程中，只有一方得到价值，因为只有一方让出价值。其二，一方让渡现实的使用价值，另一方得到并且使用这个使用价值。但这个使用价值与普通商品不同，它本身就是价值，也就是由于货币作为资本使用而产生的那个价值量超过货币原有的价值量所形成的余额。其利润就是这个使用价值。贷出的货币的使用价值是：能够作为资本执行职能，并且作为资本在中等条件下生产平均利润。”① 资本商品使用价值的实现，能够给职能资本家带来平均利润。一定时期后，作为资本贷出的价值额要流回到货币资本家手中。货币资本家贷出的价值额作为资本流回，就必须在运动中不仅保存自己，而且增殖自己。这个增加的价值量，是职能资本家向货币资本家转让的平均利润的一部分。可见，“贷出者和借入者双方都是把同一货币额作为资本支出的。但它只有在后者手中才能执行资本的职能。同一货币额作为资本对双方来说取得了双重的存在，这并不会使利润增加一倍。它所以能对双方都作为资本执行职能，只是由于利润的分割。其中归贷出者的部分叫作利息。”② 由于平均利润只是剩余价值的转化形式，亦即只是雇佣工人剩余劳动时间创造的剩余价值的表现形式，因此，利息与平均利润的另外一部分——企业和利润，“只是剩余价值固定在不同范畴、不同项目名称下的部分”。

经过马克思的透彻分析，古典政治经济学家提出的有关利息及其源泉的有价值见解，呈现出一种崭新的面貌。利息及其来源问题，在马克思那里才有了科学的阐释。

（三）利息率的决定问题

古典政治经济学正确地揭示了利息率的决定，认为利息率“部分地取决于总利润率，部分地取决于总利润分为利息和企业主收入的比例，这个比例取决于资本的贷出者和借入者之间的竞争。这种竞争受预期的总利润率的影响，但不是完全由它调节”。这个见解是完全正确的，并被援引于马克思的《资本论》中。

---

① 马克思．资本论：第三卷［M］．北京：人民出版社，1975：394.

② 马克思．资本论：第三卷［M］．北京：人民出版社，1975：396.

马克思更为透彻地阐述了古典政治经济学关于利润率决定的思想。他指出，作为资本的货币所以表现为资本商品，“是因为资本被提供到市场上来，并且货币的使用价值实际上是作为资本来让渡的。但它的使用价值是：生产利润。作为资本的货币或商品，其价值不是由它们作为货币或商品所具有的价值来决定，而是由它们为自己的所有者生产的剩余价值的量来决定的。”① 这里，马克思深刻地指明了利息决定于利润。

马克思进一步指出，利息所以决定于利润，在于“货币资本家在把借贷资本的支配权移交给产业资本家的时间内，就把货币作为资本的这种使用价值——生产平均利润的能力——让渡给产业资本家的时间内”，由此造成了资本的所有权与资本的支配权即用资本单纯执行职能的分离。对于用借入的资本从事经营的职能资本家和不亲自使用自己资本的货币资本家来说，“利润的一部分现在表现为一种规定上资本应得的果实，表现为利息；利润的另一部分则表现为相反规定上资本特有的果实，表现为企业主收入。一个单纯表现为资本所有权的果实，另一个表现为用资本单纯执行职能的果实，即为处在过程中的资本的果实，或能动资本家执行的职能的果实。”② 这里，马克思深刻地指出了利息决定于利润，从而利息率决定于利润率的根源。

在古典政治经济学关于利息率确定的理论的继续研究中，马克思不仅证实了古典政治经济学已经提出的决定利息率的因素，而且还揭示出古典政治经济学没有能够揭示的其他决定利息率的因素，因而，使利息率的决定理论得到了深刻的、全面的阐释而臻于完备。

（四）利息率变动趋势及其原因

关于利息率的变动趋势问题，一般来说，古典政治经济学家们都能通过对

---

① 马克思. 资本论：第三卷［M］. 北京：人民出版社，1975：398.

② 马克思. 资本论：第三卷［M］. 北京：人民出版社，1975：420—421.

经济生活的观察，用资本积累和由此产生的利润率下降来说明利息率的下降。这无疑是正确的。但是古典政治经济学没有能够科学地说明资本积累为什么会造成利润率下降的问题，因而，古典政治经济学事实上没有真正理解和解释利息率下降的原因。

在政治经济学史上，真正理解和解释了这一问题的还是马克思。马克思指出，在资本积累的过程中，资本的技术构成从而资本的有机构成会逐渐提高，所使用的活劳动量，同它所推动的物化劳动的量相比，即同生产中消费掉的生产资料的量相比不断减少，所以，这种活劳动中物化为剩余价值的无酬部分，同所使用的总资本的价值量相比不断减少，因而利润率必然不断下降。由于马克思科学地揭示了资本积累造成利润率下降的深刻根源，利息率随着平均利润率下降而下降的原因便为马克思所揭示。

此外，马克思还延续了古典政治经济学关于食利者人数的增长影响利息率下降的正确见解，而且他还揭示了信用制度的发展也是利息率呈下降趋势的原因之一。他指出："信用制度发展了，以银行家为媒介，产业家和商人对社会各阶级一切货币储蓄的支配能力也跟着不断增大，并且这些储蓄也不断集中起来，达到能够起货币资本作业的数量，这些事实，都必然会压低利息率的作用。"

经过马克思的阐释和补充，古典政治经济学曾经进行过探讨的关于利息率趋向下降及其原因的问题，得到了透彻而圆满的解决。

马克思的利息理论是其科学的政治经济学的有机组成部分，同时在人类利息理论的发展历程中，占有特别重要的地位。它确立了用科学的劳动价值论和剩余价值论研究利息问题的主要路线，并且为后来马克思主义者的利息研究奠定了坚实的理论基础。

马克思的利息理论表明，任何资本家的收入，不论是产业利润、商业利润、企业主收入和借贷利息，都来源于无产阶级在生产过程中创造的剩余价值，都是剩余价值的具体转化形态。借贷利息不过是职能资本家作为使用借贷资本的报酬而付给借贷资本家的一部分平均利润，是剩余价值的一种特殊转化形式。马克思又指出："在 G—G′上，我们看到了资本的没有概念的形式，看到了生产关系的最高度的颠倒和物化：生息的形态，资本的简单生态，在这种形态中资本是它本身再生产过程的前提；货币或商品独立于再生产之外而具有增殖本身价值的能力，——资本的神秘化取得了最明显的形式。"

"对于要把资本说成是价值和价值创造的独立源泉的庸俗经济学家来说，这个形式自然是他求之不得的。在这个形式上，利息的源泉再也看不出来了，资本主义生产过程的结果也离开过程本身而取得了独立的存在。"

只有马克思透过掩盖着资本主义剥削的种种表象，才能揭示利息的起源和本质，阐明了剩余价值及其各种具体转化形式的内在联系，确认了资本主义社会各剥削集团剥削收入的总源泉，揭露了资本主义社会阶级对抗关系的经济基础。因此，马克思的利息理论至今仍然具有强大的生命力。①

二、凯恩斯流动偏好利息理论的形成

凯恩斯的利息理论最早可以追溯到《货币论》。由于长期受传统经济学理论的熏陶，凯恩斯早期的利息理论几乎完全承袭古典学派的利息理论。一战结束后，英国遭遇了长期的经济失调和严重的失业。凯恩斯认为这是经济紧缩造成的。因此，他极力主张政府采取宏观政策，对经济进行干预。这时凯恩斯已经开始脱离传统经济学的路线，第一次冒出"凯恩斯革命"的火花。1929—1933 年，爆发了资本主义历史上破坏程度最严重、持久时间最长、波及范围最广的经济大危机。传统的经济理论已无法解释大萧条中出现的各种经济现

① 王元璋. 政治经济学从古典学派到马克思的发展 [M]. 北京：求实出版社，1989：340.

象，更不能为摆脱危机提供良策。在这种情况下，为了寻求资本主义经济的病症所在，以期找出摆脱危机的“良药秘方”，他潜心于经济理论的研究，并于1936年发表了《就业、利息和货币通论》（下称《通论》)。《通论》的问世从根本上动摇了传统理论的根基，引发了近现代西方经济理论发展史上的第三次革命，标志着凯恩斯完成了从传统的古典经济学理论向自己创立的新经济体系的过渡，标志着凯恩斯学说已发展成为一个独立的理论体系。与此同时，凯恩斯也推翻了他自己曾经倡导过的传统利息理论，而另创流动偏好利息理论。

如前所述，在凯恩斯之前的传统经济学中，利息利率理论以储蓄表示借贷资本的供给、以投资表示借贷资本的需求，认为利率决定于资本供求的均衡点，即决定于储蓄与投资相等的时候。如果储蓄大于投资即资本供给大于资本需求，则利率下降，这时储蓄下降，投资增加，投资与储蓄趋向相等；反之，如果储蓄小于投资，利率上升，这时投资减少，储蓄增加，储蓄和投资也会趋向相等。因此市场经济通过利率升降，使储蓄和投资达到均衡，即谓均衡利率。传统的利息利率理论对于均衡利率的分析是基于假定收入不变的前提下进行的。

对此，凯恩斯提出了反诘，他认为传统利息理论本身存在以下几方面的错误：

第一，自变量与因变量的错位。凯恩斯指出：“传统分析方法之所以错误，乃在其未能正确认明何者为经济体系之自变数。储蓄与投资都是经济体系之被决定因素，而不是决定因素。经济体系之决定因素，乃消费倾向、资本边际效率以及利率；投资储蓄只是此决定因素之双胎儿。当然这三个决定因素，本身也非常复杂，而且可以相互影响。”① 即凯恩斯认为是利率、资本边际效率、

① 凯恩斯．就业、利息和货币通论［M］．中文版．徐毓枬，译．北京：商务印书馆，1997：155.

消费倾向三个因素决定投资和储蓄水平，而不是投资与储蓄决定利率水平。

第二，忽视了收入变动的影响。在凯恩斯看来，古典利息理论所用的两个函数，即投资对于利率的反应，以及在一定收入水平下，储蓄对于利率的反应，不足以构成一种利率理论。因为在通常情况下，若投资和储蓄二者同时发生变动，则收入将改变。故古典学派根据收入不变这个假设建筑起来的利率决定理论即告崩溃。对此，凯恩斯进一步提出利率决定于灵活偏好状态以及货币数量，而不是取决于投资与储蓄相等的点。

第三，把利息看作对人们储蓄的一种报酬，也就是对人们等待或延期消费本身的报酬。对于古典利息理论关于利息来源的论述，凯恩斯指出："很明显，利率不能是对于储蓄本身或等待本身之报酬；盖设一人以其储蓄贮钱，则虽彼照常储蓄，但赚不到利息。反之，就字面讲，利率一词就直截了当地告诉我们：所谓利息，乃是在一特定时期以内，放弃周转灵活性之报酬。盖利率只是一个比例，其分母为一特定量货币，其分子乃在一特定时期中，放弃对此货币之控制权，换取债票，能够得到的报酬。"① 按照凯恩斯的意思，如果人们将货币不是用于贷放，而是以货币形式用于窖藏，则他们照样在储蓄，照样在等待，照样在延期消费，但他们却得不到任何利息。因为他们实际上并没有因为这种窖藏而丧失流动性。可见，利息不是对人们等待或延期消费的报酬，而是对人们放弃流动性的报酬。而只有将自己所持有的货币贷放于他人，人们才真正地放弃了货币的流动性。因此，只有当人们将货币用于贷放时，他们才能从借款人那里取得利息。我们可以看出，凯恩斯对古典利率理论的这种批判不无道理。②

---

① 凯恩斯. 就业、利息和货币通论［M］. 中文版. 徐毓枬，译. 北京：商务印书馆，1997：142—143.

② 施兵超. 利率理论与利率政策［M］. 北京：中国金融出版社，2003：16.

第四，古典利息理论与经济现实相悖。1929—1933 年爆发了资本主义历史上最严重、最持久、最广泛的经济危机，经济萧条，失业严重。凯恩斯认为，要增加就业，复苏经济，就得降低利息，增加投资。然而，根据古典利率理论，要降低利率，可以通过减少投资或增加储蓄来实现。很显然，如果通过减少投资来降低利率，则与降低利率的目标相矛盾；而如果通过增加储蓄来降低利率，则投资乘数将缩小，从而抵消投资增加所产生的实际效果。因此，凯恩斯认为古典利息理论已经不能为摆脱危机提供有效的对策。

基于上述原因，凯恩斯推翻了古典利息理论，而重新创立了一种新的利息理论。在《通论》一书中，凯恩斯新创的利息理论就是流动偏好利息理论。

第二节　马克思利息理论考要

马克思主要是在《资本论》第三卷中对利息和利率进行考察的，在《利润分为利息和企业主收入 · 生息资本》中集中阐述了他的利息理论。

一、关于利息的来源和本质

对于利息的来源与本质马克思研精覃思，早有深刻的剖析，其对利息的研究始于生息资本概念的引入。在马克思看来，生息资本和商业资本一样，是一种历史悠久的资本形态，在不同的历史阶段上，它具有不同的形态。在资本主义社会中，生息资本的形态表现为借贷资本。① 从分析生息资本的运动开始分

① 陈征. 资本论解说：第三卷［M］. 福州：福建人民出版社，1997：317.

析利息问题，这与马克思在分析商品价格形成时，分析价值和价值规律的方法是一致的，恰恰揭示了利率来源的科学本质。从表面看，借贷资本有着特殊的运动形式 G—G′（G＋ΔG），货币资本家把货币作为资本让渡，货币则必须作为 G＋ΔG 回到他那里，货币离开了资本主义的生产过程而自行增殖，且连本带息，有借有还也似乎天经地义，利息也顺理成章地表现为企业主与借贷资本家对利润的量的分割。对此，马克思了如观火，他指出这种脱离生产过程与再生产过程的运动形式反映不出利息的真实本质，实质上，借贷资本的运动仍以职能资本的运动为基础，马克思揭露资本主义掩人耳目的伎俩，阐述了借贷资本运动的全部过程：G—G—W…P…W′—G′—G′（前面的 G—G 是货币资本家将生息资本借给职能资本家，G′—G′则是职能资本家把生息资本加利息还给货币资本家），借贷资本之所以能得到增殖，归根结底还是其转化为产业资本运行的结果。马克思拭去了生息资本表面上表现为与资本的现实运动无关的、单纯的借和贷、支出和回流这一表面上的尘埃，指出，货币只在可能性上是资本，要把这种可能性变为现实，不仅要有足够的货币来购买各种生产要素，更重要的是要具备使这些生产要素转化为资本的条件——雇佣劳动。贷出货币的资本家所得的利息，是以预付资本 G 的循环过程 G—W—G′为基础，并产生于这个过程的。职能资本家先是向借贷资本家借款从事剩余价值生产，然后再拿出一部分剩余价值支付给借贷资本家，这就是利息的真实来源。职能资本家还给货币资本家所多出的利息（ΔG），也正是利润即剩余价值的一部分。“把货币放出即贷出一定时期，然后把它连同利息（剩余价值）一起收回，是生息资本本身所具有的运动的全部形式。”① 揭示了利息的来源，也就揭示了利息的本质，马克思剖析了生息资本的运动过程得出“利息不过是平均利润

① 马克思. 资本论：第三卷［M］. 北京：人民出版社，1975：390.

的一部分，"[①] 即利息本质上是剩余价值的一种转化形式。利息只是利润的一部分，也就等价于利息只是对剩余价值的分割。剩余价值是相对于可变资本而言的，而利润则是相对于全部预付资本而言的，剩余价值是利润的本质，利润是剩余价值的表现形式，利息对利润的分割也就是对剩余价值的分割。"利息最初表现为、最初是、并且实际上始终不外是利润即剩余价值的一部分，……，事实上，只有资本家分为货币资本家和产业资本家，才使一部分利润转化为利息，一般地说，才创造出利息的范畴"。[②] 利息是利润的一部分，它体现了职能资本家和货币资本家共同剥削工人的经济关系。

二、关于利息率的水平与决定

利率是利息率的简称，表示在一定时期内利息量和本金的比率。利息是借款人使用借贷资金偿付给贷款人的报酬。由前可知，马克思经济学是把利息看作与资本相联系的范畴的，认为利息是使用资本商品，即使用资本生产利润的能力的报酬。职能资本家把借入的资本投入生产经营，取得平均利润，必须把平均利润的一部分作为利息支付给借贷资本家，另一部分作为企业利润留归自己。这样，平均利润就分割为利息和企业利润，利息只是资本所生产的平均利润的一部分。从而，我们可以清楚地看出，利息量的确定，既与被分割的整体平均利润的量有关，又与这个整体所分成的两个部分——利息和企业利润各自所占的比重有关。在这里，"同一资本有双重规定：在贷出者手中，它是作为借贷资本；在执行职能的资本家手中，它是作为产业或商业资本。但它只执行一种职能，也只产生一次利润"。[③] 因此，利息本身没有任何特殊的规定性。

① 马克思．资本论：第三卷［M］．北京：人民出版社，1975：408．
② 马克思．资本论：第三卷［M］．北京：人民出版社，1975：390．
③ 马克思．资本论：第三卷［M］．北京：人民出版社，1975：408．

“只有资本家分为货币资本家和产业资本家，才使一部分利润转化为利息，一般说来，才创造出利息的范畴；并且，只有这两类资本家之间的竞争，才创造出利息率。”① 这就是说，利息率是货币资本家和产业资本家之间分割利润或剩余价值时竞争的结果。因此，利息率取决于两个因素：一是取决于利润率；二是取决于总利润在贷款人和借款人之间进行分割的比例。由于借贷资本本身没有内在的标准来决定它在利润分割中（分割为利息和企业利润）占有的比例，并以此作为市场利率变动的基础，在借贷资本供求平衡的情况下，利息率就只能由习惯、法律的传统等因素来确定。

第一，一般利率由一般利润率决定。着眼于利率长期的变化，马克思并不认为供求关系是决定利率的最主要的因素，马克思更多地将利率水平同资本主义生产的平均利润率紧密相连。如前所述，既然利息的来源是资本家的利润，那么利率水平的决定就与利润率有着千丝万缕的联系。利息是利润的一部分，利息就必然受制于利润，利息率也就必然受制于利润率。“利息是由利润调节的”，② “利息率由利润率决定”。③ 由于马克思对利息率的理论分析，只限于借贷资本家与从事产业的职能资本家之间的借贷关系，因此决定利息率的利润率是指一般利润率，即平均利润率，而不是指个别利润率。“利息率总是由一般利润率决定，而不是由可能在某个特殊产业部门内占统治地位的特殊利润率决定，更不是由某个资本家可能在某个特殊营业部门内获得额外利润决定。”④ 社会平均利润率是指社会总利润与社会总资金的比率，社会总利润等于全社会税前总利润和利息支出之和。这个社会平均利润率显然不能直接从各个部门和

① 马克思．资本论：第三卷［M］．北京：人民出版社，1975：415.
② 马克思．资本论：第三卷［M］．北京：人民出版社，1975：403.
③ 马克思．资本论：第三卷［M］．北京：人民出版社，1975：409.
④ 马克思．资本论：第三卷［M］．北京：人民出版社，1975：409.

单位的会计报表上得到，只能通过对现有利润率进行分析研究后做出一个大致判断。正如马克思指出的那样："平均利润不是表现为直接既定的事实，而是表现为通过研究才能确定的，各种相反变动的平均化的最后结果。"① 尽管各个部门和单位的个别利润率与社会平均利润率有差异，但社会平均利润率反映了大部分部门和单位的个别利润率。因此，"利息是由利润调节的，确切地说，是由一般利润率调节的。而且，这种调节利息的方法，甚至是用于利息的平均水平。……不管怎样，必须把平均利润率看作利息的有最后决定作用的最高界限。"② 在马克思的生产价格理论阐明资本主义等量资本获得平均利润之后，平均利润就应成为利润水平的主要参照。平均利润对利率的调节和决定作用表现在：其一，平均利润的量规定了利率的最高界限。如果利息等于平均利润，职能资本家就不能取得企业利润，而无利可图；如果利息高于平均利润，职能资本家不仅不能取得企业利润，而且要赔本；这两种现象都不可能发生。"利息只是利润的一部分，按照我们以上的假定，这个部分要由产业资本家支付给货币资本家，所以，利润本身就成为利息的最高界限，达到这个最高界限，归执行职能的资本家的部分就会等于零。"③ "利润本身表现为利息的最高界限"④ "必须把平均利润率看作利息的有最后决定作用的最高界限。"⑤ 实际上，"撇开利息事实上大于利润，因而不能用利润支付的个别情况不说，我们也许还可以把全部利润减去其中可以归结为监督工资的部分的余额，看作利息的最高界限。"⑥ 这就是说，我们可以把平均利润扣除作为职能资本家的报酬以

① 马克思．资本论：第三卷［M］．北京：人民出版社，1975：412.
② 马克思．资本论：第三卷［M］．北京：人民出版社，1975：403.
③ 马克思．资本论：第三卷［M］．北京：人民出版社，1975：401.
④ 马克思．资本论：第三卷［M］．北京：人民出版社，1975：401.
⑤ 马克思．资本论：第三卷［M］．北京：人民出版社，1975：403.
⑥ 马克思．资本论：第三卷［M］．北京：人民出版社，1975：401.

后的余额，作为利息的最高界限。利息也不可以为零，否则借贷资本家就不会把资本贷出。马克思认为：“利息的最低界限则完全无法规定。它可以下降到任何程度。不过这时候，总会出现起反作用的情况，使它提高到这个相对的最低限度以上。”① 因此，利息率的变化范围总是在零与平均利润率之间。在这个界限内，利息常常受到利润率变动的影响而发生变动，平均利润率越高，利率也越高，反之亦然。尽管在实际经济生活中，情形并不总是这样，但把平均利润率当作利息的最高界限，在这个界限内，利息常常受到利润率变动的影响而发生变动，这是完全正确的。这表明，在剥削工人阶级这个根本问题上，借贷资本家和职能资本家的经济利益是一致的。其二，如果利息占平均利润的比率是固定的，利息量将随着平均利润率波动，从而随着平均利润量的变动而变动。一般来说，在其他条件不变的情况下，平均利润率愈高，利息率也就愈高；反之，也就愈低。这又表明，借贷资本家和职能资本家之间在经济利益上又存在着一定的矛盾。其三，利率以平均利润率为限，却不为之决定。随着资本主义生产的发展，平均利润率有下降趋势，利息率必然也有下降的趋势。一般利润率规定了利率波动的区间和变动趋势。但在一定量的利润中，按怎样的比例来分割利息和利润，却纯粹是由经验决定的，是偶然的，平均利润率使利率水平有了最高的界限，却不是利率水平的决定因素。“那些决定有待分割的利润的量即无酬劳动所生产的价值的量的事情，和那些决定利润在这两类资本家之间的分割的事情，是极不相同的，并且往往按相反的方向发生作用。”决定利润量的因素和决定利润分割为利息和产业利润的因素是不同的，甚至完全相反。经济繁荣时期的平均利润率相对较高，利息率却往往较低；危机时期利润率低，但利息率则往往较高。从长期来说，利率是由平均利润率调节和决定

---

① 马克思. 资本论：第三卷［M］. 北京：人民出版社，1975：401.

的，它不必然地遵循某种规律，除了资本的供求关系外，政府的政策、社会习惯与法律传统也起着和竞争一样的作用。

第二，市场利率由供求决定。由于平均利润率在较长时期内是个相对稳定的量，因此，受其制约而形成的平均利息率或一般利息率在一定时期内，也是个相对稳定的量。而在短期内，在平均利润量既定的情况下，利息和企业利润各自所占的比重，从而利息量和利息率的确定，是由资金提供者借贷资本家和资金使用者职能资本家的竞争决定的，对这个竞争起决定作用的因素，就是借贷资本的供求。因此，市场利率直接是由借贷资本的供求决定的。“利息率也可以完全不以利润率的变动为转移。”① 这是因为，利率是资金价格。“这种价格，就像普通商品的市场价格一样，任何时候都由供求决定。”② 在市场中，决定利率的资金供求，指的是借贷资金供求。“市场利息率决定于（借贷）资本的供求。”③ 不断变动的市场利息率，就是由借贷资本的供求关系不通过任何媒介决定的。当借贷资本的供给增加而需求不变时，市场利息率就会下降；反之，如果对借贷资本的需求增大而供给不变，市场利息率就会提高。这样，市场利息率不断随着供求关系的变动而变动。一切影响借贷资本供求的因素都会影响利息率。

必须注意的是，借贷资本本身没有内在的标准来决定自己在利润分割中（分割为利息和企业利润）占有的比例，并作为市场利率依其摆动的基础，因此，在借贷资本供求平衡的情况下，利息率就只能由习惯和法律的传统等因素来确定。关于利息率的决定，马克思认为，对于作为借贷资本和产业资本的生息资本，“这两种所有权要求享有利润的人将怎样分割这种利润，是和一个股

---

① 马克思. 资本论：第三卷 [M]. 北京：人民出版社，1975：405.
② 马克思. 资本论：第三卷 [M]. 北京：人民出版社，1975：411.
③ 马克思. 资本论：第三卷 [M]. 北京：人民出版社，1975：583.

份公司的共同利润在不同股东之间按比例分配一样，纯粹是经验的、属于偶然王国的事情。在本质上成为决定利润率的基础的剩余价值和工资的分割上，劳动力和资本这两个完全不同的要素起着决定的作用；那是两个独立的相互限制的可变数的函数；从它们的质的区别中产生了所生产的价值的量的分割”。[①]因此，只是产业资本家和借贷资本家之间的竞争决定了利息率，利息率的高低取决于两者各自的竞争力，或者说取决于两者的谈判能力。“没有任何理由可以说明，为什么中等的竞争条件，贷出者和借入者之间的均衡，会使贷出者得到他的资本的3%、4%、5%等利息率，或得到总利润一定的百分比部分，例如20%或50%。当竞争本身在这里起决定作用时，这种决定本身就是偶然的、纯粹经验的……”[②] 这里，马克思实际上是告诉我们，自然利息率是在分割平均利润的过程中，由利益集团的竞争和斗争决定的。至于不断变动的市场利息率，其决定和商品的市场价格一样，由货币市场上借贷资本的供给和借贷资本的需求之间的关系来决定。“生息资本虽然是和商品绝对不同的范畴，但变成了特种商品，因而利息就变成了它的价格，这种价格，就像普通商品的市场价格一样，任何时候都由供求决定。”[③] 在这个基础上，马克思把利息率区分为一般利息率和市场利息率，详细地考察了利息率的结构及其决定。市场利息率是任一时刻在商品货币市场上表现出来的货币的价格，它是随市场状况不断变动的。而一般利息率，马克思把它称为平均利息率或中等利息率，则是市场利息率平均的结果，体现了各种不同的市场利息率的总和，它在每个国家中，较长时期内都会表现为不变的量。这是因为，尽管各种特殊的市场利息率在不断地变动，但一种利息率的变动会被另一种利息率相反的变动所抵消。更重要的

① 马克思．资本论：第三卷［M］．北京：人民出版社，1975：408.

② 马克思．资本论：第三卷［M］．北京：人民出版社，1975：407.

③ 马克思．资本论：第三卷［M］．北京：人民出版社，1975：411.

是，一般利息率取决于一般利润率，而一般利润率只有在较长的期间内才会发生变动。并且，“一般利润率的相对不变性，正是表现在中等利息率的这种或大或小的不变性上”。[①] 马克思进而指出，这两种利息率的决定过程是不同的。就作为利息率一般的平均利息率而言，其决定不能由一般规定得出，“一个国家占统治地位的平均利息率，——不同于不断变动的市场利息率，——不能由任何规律决定。在这个领域中，像经济学家所说的自然利润率和自然工资率那样的自然利息率，是没有的。……供求平衡——假定平均利率已定——在这里没有任何意义”。[②] 因此，在马克思看来，平均利息率和货币市场无关，也就是说，利息率不是如主流经济学家所认为的那样，是内生于货币的供给和需求的，利息率不是内生变量。

这样，马克思就把利息率区分为一般利息率和市场利息率。根据马克思的分析，透析出两者的关系：一般利息率是指从长期来看的，由平均利润率制约的利率的平均数和变动趋势决定，而市场利率则是指在短期内，由借贷资本的供求决定，通过借贷双方竞争直接形成的现实利率；一般利息率的水平和走势只能在平均利润率以下，而市场利息率由于受借贷资本供求和产业周期等多种因素的影响，在短期内或个别的、特殊的情况下，则有可能高于平均利润率；由于受到平均利润率的制约，市场利息率要趋向于一般利息率。

三、关于利息、利率与经济的联动效应

利息与利率对经济的作用主要体现在利率与相关经济现象的内在联系上，从一定程度上看利息更直接体现经济本质，而利率则更多地与现实经济现象结

① 马克思．资本论：第三卷［M］．北京：人民出版社，1975：410．
② 马克思．资本论：第三卷［M］．北京：人民出版社，1975：406．

合在一起，我们研究利息的现实经济作用也更多地基于利率的视角，马克思虽没有对利率的经济作用进行独立成章的探析，但我们还是很容易地得出以下几点利率与经济的联动效应。

第一，马克思批判了关于复利累积可以加快资本积累从而促进经济发展的幻想。马克思指出："只有当利润中再转化为资本的那部分，即被用来吸吮新的剩余劳动的那部分，可以叫作利息的时候，资本的积累过程才可以看作复利的积累。"只有把平均利润分割为利息的那部分用来积累才算积累，且这只是资本积累众多渠道中的一种，而非主要渠道。随着社会劳动生产力的发展，单位商品价值量是要降低的，现有资本的一大部分在再生产过程中必然不断贬值，无独有偶的是想要依靠利息来进行资本积累，就必须是个长期的复利过程。因此，现有的资本就"不是表现为资本积累的长期过程的结果，而是表现为相对的非常短的再生产时间的结果"；而资本积累的质的界限也限制了利息成为资本积累的重要来源，在一定时期内工人提供了多少劳动力、创造了多少剩余价值是积累的前提，有了剩余价值才可能把剩余价值转化为资本。利息也只不过是剩余价值的一部分，而且是平均利润中分割为利息的那一部分，这一部分也不可能逾越平均利润这个质的界限，因此，企图以不断扩大的借贷资本来获得更多的利息以加快资本积累是不现实的。

第二，利率波动对资金运动和利益分配的调节。在考察银行作用时，马克思指出："随着银行制度的发展，特别是从银行对存款支付利息以来，一切阶级的货币积蓄和暂时不用的货币，都会存入银行。"① 这折射出了利息有动员和积聚资金的功能。在考察利润的分割时，马克思还指出利率具有促使资本在借贷资本和职能资本这两种不同部门之间转移的一般界线的功能。借贷资本和

① 马克思．资本论：第三卷［M］．北京：人民出版社，1975：453．

职能资本虽同为资产阶级所有，是资本家共同剥削工人的筹码，但二者的内部竞争却从未停止，只要能获得更多的利润，资本家绝不会对处于共同立场的其他资本家表现出“惺惺相惜”，这决定了资本必然在利润的驱使下往高利润率部门流动。马克思认为，总利润分割为利息和企业主收入的比例“取决于资本的贷出者和借入者之间的竞争”。言外之意，在平均利润率既定的情况下，货币资本所有者和货币资本使用者在市场上的竞争决定了剩余价值在他们之间的分割比例影响着他们的经济利益。当借贷资本的需求小于供给时，利率就会随之降低，货币资本家的利息收入将萎缩，这将迫使货币资本家放弃货币资本而直接投资，以获取较高的收益。“假如大部分的资本家愿意把他们的资本转化为货币资本，那么，结果就会是货币资本大大贬值和利息率惊人地下降；许多人马上就会不可能靠利息来生活，因而会被迫再变为产业资本家。”① 形枉影曲，借贷资本供给将减少，而借贷资本需求将增加。反之，当借贷资本供给小于需求时，利率就会随之上升，导致企业的经营成本上升，企业主的经济利益受损，“因为企业主收入本身不外是利润减去利息。”② 则获得较低利润率的企业主便会再转变为货币资本家。结果，借贷资本需求将减少，而借贷资本供给将增加。由此可见，利息率与借贷资本的供给成正比，与借贷资本的需求成反比，利率的每一个变量都影响着资金的需求量与供给量。从长期来看，如果利率等于或高于平均利润率，可能促使职能资本向借贷资本转移；如果利率过分低于平均利润率，则可能导致借贷资本向职能部门转移。

第三，市场利率波动根源于产业发展状况的变动。马克思论述了市场利率与实际产业发展之间的联系。如上所述，市场利率波动的直接起因是借贷资金

---

① 马克思．资本论：第三卷［M］．北京：人民出版社，1975：424.

② 马克思．资本论：第三卷［M］．北京：人民出版社，1975：580.

供求之间的非均衡。而决定借贷资金供求变化的又是什么呢？马克思认为是实际产业的发展状况。他在分析利息率的影响因素时指出："现在，可以进一步问：货币资本的供求又是怎样决定的呢？毫无疑问，在物质资本的供给和货币资本的供给之间，有一种看不见的联系，同样毫无疑问，产业资本家对货币资本的需求，是实际生产情况决定的。"① 为什么实际产业发展状况决定借贷资本供求呢？这是因为，实际产业部门会在一定时期内扩张资本，也会在一定时期内收缩资本。当实际产业资本扩张时，因固定资本投资的扩大，新开设项目的增加，生产力的迅速增长，会加大对借贷资本的需求，这时借贷资本的供给会相对减少，当实际产业资本收缩时，因固定资本投资的缩小，新开设项目的减少，生产力增长得缓慢，会减少对借贷资本的需求。这时，借贷资本的供给会相对增多。这样一来，如果产业资本收缩，那就减少了对借贷资本的需求，使得借贷资本供给相对充裕（或过剩），其结果必然导致利息率下降；如果产业资本扩张，那就增加了对借贷资本的需求，使得借贷资本供给相对减少（或不足），其结果必然导致利息率上升。马克思在《资本论》第三卷第二十六章中明确论证了这一原理："如果利息率提得很高，那只是因为货币资本的需求比它的供给增长得更快，或者换句话说，因为工业生产在信用制度基础上的经营随着工业生产的扩大而扩大了。换句话说，实际的产业扩大，造成了对'信贷'需求的增加。"② 因此，决定市场利率波动的直接原因是借贷资本供求的非均衡；市场利率波动的最终决定原因即根本原因，却是实际产业发展和经济增长的状况。

第四，市场利率波动对生产周期的反应与表现。如上所述，市场利率波动

① 马克思．资本论：第三卷［M］．北京：人民出版社，1975：473.
② 马克思．资本论：第三卷［M］．北京：人民出版社，1975：478.

的直接起因是借贷资金供求之间的非均衡。“现在，可以进一步问：货币资本的供求又是怎样决定的呢？毫无疑问，在物质资本的供给和货币资本的供给之间，有一种看不见的联系，同样毫无疑问，产业资本家对货币资本的需求，是实际生产情况决定的。”① 可见，货币资本的供求是由实际产业的发展状况决定的。所以归根结底，市场利率是由经济发展状况决定的，市场利率波动的根本原因在于经济生产的周期性波动。

马克思把再生产周期分为萧条、复苏、繁荣和危机四个阶段，并把萧条看作一个再生产周期循环的开端，把危机看作周期的末尾。在新的周期开始的萧条阶段（也称停滞或静止阶段），利息率是低微的。因为在这一阶段，由于上一轮危机造成的生产过剩，导致物价下跌，交易减少，生产紧缩。产业资本的收缩和萎缩必然减少对借贷资本的需求。同时，在这种情况下，由于商品资本向货币资本的转化还很困难，货币资本大量存入银行，借贷资本的供给增加，超过需要，出现借贷资本供给过剩。这说明在萧条时期，产业资本和借贷资本的反方向运动，将导致借贷资本供求严重失衡，其结果必然导致利息率下降。因而“在产业周期的开端，低利息率和产业资本的收缩结合在一起”。② 在复苏和繁荣阶段，利率逐渐上升至平均水平。在复苏阶段，产业资本开始一定的扩张，货币资本在日益增长的规模上被使用，于是利率会有所提高，但由于在这一阶段职能资本家主要使用自有资本进行经营，所以与萧条阶段相比，虽然“借贷资本的过剩已经减少”，但“仅仅同需求相比还相对地过剩”。③ 故而，在复苏阶段，“借贷资本过剩同再生产过程的新扩大结合在一起”，使得“利息

① 马克思．资本论：第三卷［M］．北京：人民出版社，1975：473.
② 马克思．资本论：第三卷［M］．北京：人民出版社，1975：553.
③ 马克思．资本论：第三卷［M］．北京：人民出版社，1975：561.

率虽然已经高于最低限度，但是仍然很低”。① 在繁荣阶段，生产规模迅速扩张，产业资本急剧扩大，表现为“各种形式的固定资本的显著扩大和新型大企业的大批开设”“充裕的货币资本和产业资本的显著扩大结合在一起”。② 这时，相比之下，借贷资本的供给显得有点紧缺，利率就必然“提高到它的平均水平”，即“离它的最低限度和最高限度等距的中位点”。③

在经济周期的末尾，即危机阶段，利率上升至最高水平。经济危机一旦爆发，便立刻出现“信用突然停止，支付停滞，再生产过程瘫痪”等情况。同时，还会出现“借贷资本几乎绝对缺乏”和“闲置的产业资本过剩”并存的情况，这时“利息率就会再升到它的最高限度”。马克思明确指出了这一变化：“在周期的末尾，则是高利息率和产业资本过多地结合在一起。”④

第三节　凯恩斯利息理论旨要

凯恩斯以流动性偏好心理法则为基础，构建了其独特的利息理论体系。凯恩斯利息理论深邃古奥、体系完整，不仅涵盖了利息的本质和利率的决定，而且阐述了利率与其他宏观经济变量之间的关系，并由此提出了利用利率调节经济的货币政策。对凯恩斯利息理论条分缕析，将有助于市场经济运行机制的探索。

① 马克思．资本论：第三卷［M］．北京：人民出版社，1975：561.
② 马克思．资本论：第三卷［M］．北京：人民出版社，1975：553.
③ 马克思．资本论：第三卷［M］．北京：人民出版社，1975：553.
④ 马克思．资本论：第三卷［M］．北京：人民出版社，1975：553.

一、关于利息本质与决定

（一）利息的本质

如前所述，凯恩斯摒弃了新古典利息理论，从流动性偏好的心理法则出发，认为利息不是储蓄本身或等待本身的报酬，而是在一特定时期内放弃流动性偏好的报酬。依凯恩斯之意，一项资产如果它的名义价值不变，而且能够直接用作支付手段，则称这项资产具有流动性。一定价值的不同物品变成现金的难易程度即流动性或灵活性是不一样的，流通中的货币是流动性最大的资产，商业票据、债券股票等次之，至于机器、厂房设备等，就很难一下子脱手变成现金。由于货币具有完全的流动性，而人们总是偏好将一定量的货币保持在手中，以应付日常的、临时的和投机的需求。因此，人们普遍具有对货币的流动性偏好。如果要求人们放弃这种流动性偏好，就应该给予一定的报酬，以货币形式表示就是利息。

凯恩斯认为，新古典利息理论把利息仅仅看作储蓄的报酬，是因为人们只注重时间偏好的选择，只考虑收入中储蓄与投资两个因素的作用，而忽视了流动性偏好的选择，漏失货币市场的作用。他指出，新古典利息理论的错误之处在于“把利息看作等待本身之报酬，而不看作不贮钱的报酬，”[①] “盖设一人以其储蓄贮钱，则虽彼照常储蓄，但赚不到利息。”[②] 在凯恩斯看来，储蓄与贮钱是两个不同的概念，储蓄是指收入中不消费的或叫延期消费的部分；贮钱是指“实际持有现款”。储蓄与否由时间偏好的选择决定，与利率的关系并不直接；而储蓄是否采用贮钱的形式则由流动性偏好的选择决定，它与利率的关系

① 凯恩斯．就业、利息和货币通论［M］．中文版．徐毓枬，译．北京：商务印书馆，1997：155.

② 凯恩斯．就业、利息和货币通论［M］．中文版．徐毓枬，译．北京：商务印书馆，1997：142.

非常密切。①

（二）利率的决定

凯恩斯指出，在任何时候，利息既然为放弃周转流动性的报酬，则利率所衡量的就是货币持有者不愿意放弃对货币流动性控制权的程度。因此，“利率乃是一种‘价格’，使得公众愿意用现金形式来持有之财富，恰等于现有现金量。这就蕴含：设利率低于此均衡水平（设把现金脱手所可得之报酬减少），则公众愿意持有之现金量，将超过现有供给量；设利率高于此水准，则有一部分现金会变成多余，没有人愿意持有。假使这种解释是对的，则货币数量与灵活偏好二者，乃是在特定情况下，决定实际利率之两大因素”。② 显然，凯恩斯所说的“货币数量”实际上是指货币的供给，而他所说的“灵活偏好”，实际上是指人们对货币的需求。所以凯恩斯认为，利率是由货币的供给量和货币的需求量决定的。

凯恩斯认为，货币的供给量（用 M_s 表示）是一个外生变量，一般由国家加以控制，数量一定，不受利率的影响。所以，需要分析的主要是货币的需求。在《通论》一书中，凯恩斯对货币的需求进行了详尽的分析。凯恩斯认为货币需求是由三个动机所决定的，即交易动机、预防动机（亦即谨慎动机）和投机动机。所谓的交易动机，即由于收入与支出的时间不一致，人们必须保留一部分现金在手中以充日常交易之用；预防动机即保留一部分现金以防应付意外的、临时的或紧急需要；投机动机即由于未来利率的不确定性，人们便根据对利率变动的预期，为了不失时机地从事各种有利的投资活动而持有货币的念头。三种动机所对应的货币需求分别为交易货币需求、预防货币需求和投机货

① 闫素仙．利息理论与利率政策研究［M］．北京：中国经济出版社，2002：55．

② 凯恩斯．就业、利息和货币通论［M］．中文版．徐毓枬，译．北京：商务印书馆，1997：143．

币需求。

凯恩斯认为，在正常情况下，交易货币需求和预防货币需求取决于当期产出或收入的大小。交易货币需求和预防货币需求对利率本身的变动反应不太灵敏，而对收入水平的变动反应非常灵敏。因此，交易货币需求和预防货币需求均为收入的函数。凯恩斯用 L_1 代表为满足交易动机和预防动机所持有的现金量，Y 代表收入，L_1 主要决定于收入水平。这就是说，在假定收入中，人们为满足交易动机和预防动机而作为闲置货币余额持有的部分，占收入的一定比率，那么为满足这两种动机所持有的实际货币数量，将随收入水平的升降而增减。即在其他条件不变的情况下，L_1 是收入水平的增函数，用公式表示为：$L_1 = L_1(Y)$。

投机货币需求是凯恩斯首创的，它是理解凯恩斯利息理论和货币如何影响经济体系的关键。投机货币需求是为了在利率变动中进行债券的投机，以获取利润。在一般情况下，市场利率与债券价格呈反向的变动关系。根据凯恩斯的分析，每个人心目中都有一个正常的、安全的利率水平。若市场利率高于这个正常利率，那么利率越高，债券价格就越低。这时，人们对债券价格前途普遍看涨，持有货币不但成本（利息损失）较高而且缺乏刺激力量，因此，投机者会用货币购进债券，以备日后以更高价格卖出获利。反之，若市场利率低于正常利率，而且利率越低，债券的价格就会越高，甚至大大超过公认的正常水平。在这种情况下，人们对债券的未来价格普遍看跌，于是债券持有人将抛出债券而持有货币。最后，按照凯恩斯的说法，当利率降到一定水平时，由于利息收入太低，流动性偏好可能变成几乎是绝对的，因此，几乎每个人都宁愿持有现金，而不愿持有证券。凯恩斯把这种现象称之为“流动性陷阱”，相当于图 1－1 中 L 曲线右端水平段，即此时投机货币需求的利率弹性无限大，利率的微小下降，会使得该项货币需求趋向于无限大，货币增长额均为投机货币需求所吸收。由此可见，投机货币需求与利率水平呈负相关关系，利率越高，投机货币需求就越少；利率越低，则投机货币需求就越多。以 L_2 表示投机货币需求，r 为债券利率，L_2 是利率的减函数，则投机货币需求函数 L_2 可定义为：$L_2 = L_2(r)$。

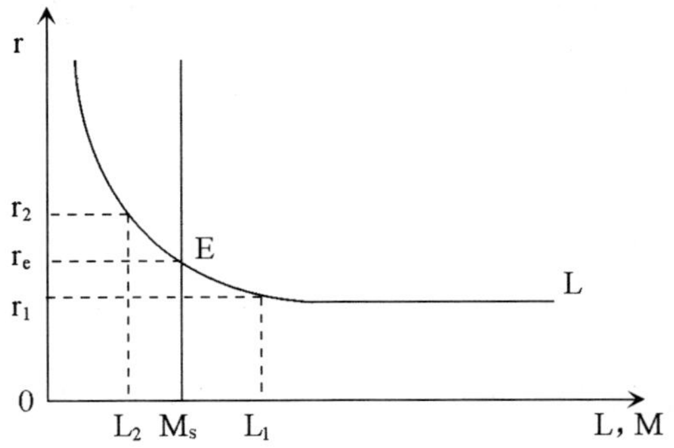

图 1－1　凯恩斯流动性偏好利率决定

综上，货币需求函数 L 可表示为：$L=L_1+L_2=L_1(Y)+L_2(r)$ 或 $L=L(Y, r)$。这说明人们对货币的需求主要取决于收入和利率两个因素。在凯恩斯看来，由于短期内收入是相当稳定的，故而，在短期内货币需求量随利率的变动而呈反方向变动。

依凯恩斯之意，在政府不改变货币政策的条件下，货币供给量保持不变。利率就是在货币市场上由这种货币供给和货币需求的共同作用下形成的。这个利率形成和决定理论可以表示为 $M_s=L=L(Y, r)$。如果用平面坐标系表示，就是在（r，M）平面内，货币供给曲线是一条垂线，货币需求曲线是一条向右下方倾斜的曲线，利率就由这两条曲线的交点所决定。如图 1－1 所示，利率决定于 L 曲线和 M_s 垂线的交点 E。在 E 点，货币需求恰好等于货币供给，即 $M_s=L$。这时的利率 r_e 就是均衡利率。按照凯恩斯上面的说法，如果现在市场利率为 r_1，低于均衡水平 r_e，则说明货币需求超过供给。这时人们感到手中持有的货币太少，就会卖出债券。那么债券的价格就会下降，亦即利率就会上升。对货币需求的减少，一直要持续到多余的货币需求消失，利率上升到均衡水平为止。相反，当市场利率为 r_2，高于均衡利率 r_e，说明货币供给超过需求。这时人们感到手中持有的货币太多，就会用多余的货币买进债券。于是债券的价格就会上升，亦即利率就会下降。这种情况要持续到多余的货币供给消失，利率下降到均衡水平为止。只有当货币需求与货币供给相等时，利率才不再变动。

以上是凯恩斯的流动性偏好的利率决定原理。此外，凯恩斯还从货币供应量和预期两大因素的变动出发，分析了利率的变动情况。其一，在流动性偏好函数不变的情况下，用来满足投机动机的货币供给量的改变会引起利率发生变化。例如，在图 1－2 中，流动性偏好函数 L 曲线的形状和位置固定不变，用于满足投机动机的货币供应量减少时，即垂线 M_s 向左移动，假设移至 M_s' 处，M_s' 曲线在较高点处和 L 曲线相交于点 E_1，均衡利率 r_e 随之上升至 r_1。这说明，在流动性偏好函数不变的情况下，利率随货币供应量的减少而上升，反之则相反。其二，预期情况的改变，会影响流动性偏好函数本身，从而影响利率。

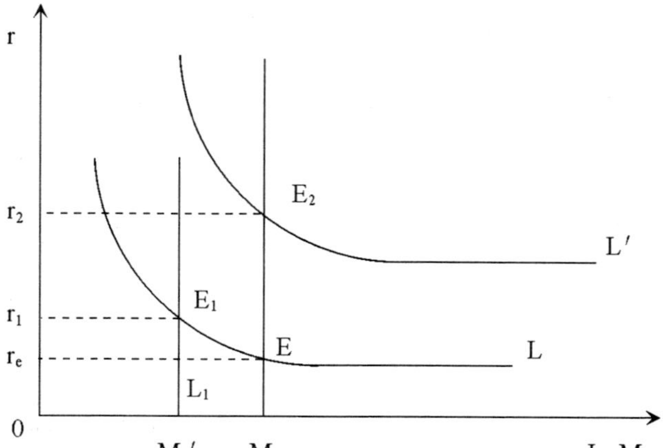

图 1－2　凯恩斯流动性偏好利率决定

在凯恩斯看来，由投机动机产生的流动性偏好函数不仅取决于当前的利率水平，还受当前预期状态的影响。如果人们对市场的预期发生了改变，整个流动性偏好函数本身也会发生移动。当人们预期利率将要提高，也就是债券价格将会下降时，就会引起人们普遍增加作为财富持有的货币需求，这时 L 曲线向右上方移动，假设移至 L′处，在货币供给不变的情况下，就会出现一个新的比 r_e更高的均衡利率 r_2。反之，如果人们预期利率下降，曲线 L 便向左下方移动，出现一个比 r_e更低的均衡利率。

凯恩斯认为，虽然上述两种利率可以通过在公开市场上买卖债券而加以改变，因为"公开市场交易不仅可以改变货币数量，而且可以改变人们对金融当局的未来政策的预期，故可以双管齐下，影响利率"。① 但是，凯恩斯却也认为这种货币政策的效果并不大。其一，由于公开市场交易，仅限于买卖短期债券，因此也只能对短期利率发生作用，而对于更重要的长期利率的影响则微乎其微。其二，如果金融当局通过公开市场交易，大量买进政府债券，来降低利率，当利率降低到一定水平时，也就是相当于图 1－1 中 L 曲线右端水平段（流动性陷阱）所代表的利率时，因为利息收入太低，人们几乎都愿意持有货币，而不愿意持有债券。"此时金融当局对于利率即无力再加以控制。"②

二、关于利率与其他宏观经济变量的关系

（一）利率与投资关系

在利率与投资关系上，凯恩斯提出利率与资本边际效率之比对社会投资总量起决定作用。当资本边际效率不变时，利率与投资具有负相关关系，利率上

---

① 凯恩斯．就业、利息和货币通论［M］．中文版．徐毓枬，译．北京：商务印书馆，1997：169.
② 凯恩斯．就业、利息和货币通论［M］．中文版．徐毓枬，译．北京：商务印书馆，1997：176.

升会导致投资下降，而利率的下降能刺激投资增加，投资增加又可通过乘数作用而使产出成倍增加。根据货币供求决定利率原理，若使利率下降以增加投资，就必须增加货币供给量。因此，凯恩斯认为高利率是资本主义社会有效需求不足的重要原因，降低利率是提高有效需求的措施之一。但是一方面由于利率的下降是有限度的，当利率降到一定水平以后，由于人们的预期作用，投机货币需求的利率弹性会变得无限大，这使得新增的货币供给无论多少都会被吸进货币投机需求的"陷阱"之中；另一方面，在某些特定情况下，尤其是在经济危机或经济萧条时期，由于资本边际效率跌落得异常严重，利率对投资的刺激作用非常有限。"以致在实际可行范围以内，利率无论如何减低，都不足使经济复苏"。① 基于流动性陷阱的存在和资本边际效率的不稳定，凯恩斯认为货币政策的作用要小于财政政策。因此，凯恩斯指出，要解决有效需求不足问题，尤其是摆脱经济危机，仅靠扩张性货币政策是不能完全奏效的，还必须运用扩张性的财政政策与之搭配。

（二）利率与储蓄关系

在利率与储蓄的关系上，凯恩斯反对新古典学派关于"利率是促使储蓄转变为投资的机制"等论点。他认为，储蓄是收入的递增函数，在消费倾向不变的情况下，收入直接制约储蓄水平，利率变动不直接影响储蓄水平的变动，利率只对储蓄形式的选择有决定作用。但这并不代表凯恩斯认为利率变动对于实际储蓄量和实际消费量毫无影响。事实上，凯恩斯认为，利率变动对于实际储蓄量的影响非常大，只是影响的方向与一般人所设想的方向相反，即一般人认为利率的提高会引起储蓄量的增加。而凯恩斯却断言，"利率增高之结果，乃

① 凯恩斯．就业、利息和货币通论［M］．中文版．徐毓枬，译．北京：商务印书馆，1997：274.

减少实际储蓄量”。① 这是因为，储蓄和消费的决定因素——收入的高低取决于投资总量的大小。如前所述，在资本边际效率不变时，利率与投资具有负相关关系，利率上升会导致投资下降，而投资下降又会引起收入减少，从而引发储蓄和消费下降。从利率到投资量到收入水平再到储蓄量，它们之间存在着一系列的因果关系。如此看来，凯恩斯认为，利率变动对储蓄起着反方向的影响作用，但是由于利率不是决定储蓄的关键因素，加之储蓄还受谨慎、远见、计算、改善、独立、自豪及贪婪等主观动机的影响，所以储蓄对利率的变动缺乏弹性。

（三）利率与货币需求关系

如前所述，凯恩斯在《通论》一书中，把货币需求分为交易货币需求、预防货币需求和投机货币需求。关于利率对投机货币需求的影响，凯恩斯明确提出利率与投机货币需求呈负相关关系，即投机货币需求随利率的上升而减少，随利率的下降而增加。而关于利率对交易货币需求及预防货币需求的影响，由于在凯恩斯的货币需求函数中，影响交易动机和预防动机货币需求的变量只有收入，而无利率。因而一般都认为，凯恩斯关于利率与货币需求关系的分析仅局限于利率与投机货币需求的关系，只有投机货币需求与利率有关，而交易货币需求及预防货币需求都与利率无关。事实上，凯恩斯本人并未忽视利率对交易货币需求及预防货币需求的影响。他非常明确地指出，“一般而论，灵活偏好表——即货币数量与利率之函数关系——可以用一平滑曲线表示之：利率下降时，货币之需求量增大。”② 关于利率对交易货币需求和预防货币需求的影响，凯恩斯论述道：“其一，利率降低，其他情形不变，则灵活偏好之起于交

---

① 凯恩斯．就业、利息和货币通论［M］．中文版．徐毓枬，译．北京：商务印书馆，1997：95.

② 凯恩斯．就业、利息和货币通论［M］．中文版．徐毓枬，译．北京：商务印书馆，1997：146.

易动机者，将随利率之下降而吸纳较多货币。盖利率下降可使国民所得增加，若国民所得增加，则为交易方便起见，交易动机所需之货币量总得随所得之增加而增加——虽然增加比例不一定相同；同时，保持充分现款以取得此种方便之代价（利息之损失），亦因利率之降低而减少。除非我们用工资单位而不用货币来衡量灵活偏好，否则当利率降低，就业量增大，当工资率——即工资单位之货币价值——上涨时，交易动机所需之货币亦增加。其二，利率每一次降低，可以使得有些人对利率预期看法与市场一般看法不同，故此种人愿意增加其货币持有量。"①

显然，根据凯恩斯的分析：一方面，利率的降低会刺激收入上升，交易货币需求和预防货币需求也会随之增加；另一方面，利率降低也会使人们持有货币的机会成本（利息之损失）下降，而这也将促使人们持有更多的交易性货币和预防性货币。总之，交易货币需求和预防货币需求虽然直接取决于收入的数量，但由于收入的数量受利率变动的影响，从而利率变动对交易货币需求和预防货币需求起着间接的影响。

在分析了利率对交易动机与预防动机货币需求的影响后，凯恩斯又说，交易动机与预防动机的强度除了取决于取得现金的难易程度和可靠程度，还取决于持有现金的机会成本。"设为保持现款，不能购买一可以生利之资产，则持有现款之成本增加，因此减弱持有一特定量现款之动机。但设存款而可生息，或持有现款而可避免付费于银行，则成本减低，动机加强。但除非持有现款之成本有极大改变，否则这个因素大概只是次要的。"② 综上所述，在考察利率与货币需求的关系上，凯恩斯虽然把重心放在利率变动对投机货币需求的影响

① 凯恩斯．就业、利息和货币通论［M］．中文版．徐毓枬，译．北京：商务印书馆，1997：146.

② 凯恩斯．就业、利息和货币通论［M］．中文版．徐毓枬，译．北京：商务印书馆，1997：167—168.

上，但是他并没有忽视利率变动对交易动机货币需求和预防动机货币需求的影响，只是认为相对于投机货币需求而言，利率变动对交易货币需求和预防货币需求的影响较小，可以暂不考虑。所以，在凯恩斯的货币需求函数 L_1 中，影响交易货币需求和预防货币需求的变量没有利率，而只有收入。

三、关于经济均衡与利息政策的实践

在利率与经济均衡问题上，新古典学派和早期的凯恩斯都认为银行体系能够通过调节利率来影响储蓄与投资，并使二者相等，从而保持经济均衡。但在《通论》一书中，凯恩斯对于利率与经济均衡这一问题的看法发生了较大的变化。尽管他仍然强调利率对刺激投资的重要性，但是，由于“流动性陷阱”的存在和资本边际效率的不稳定，他已经开始怀疑在经济萧条时期利率调节经济的作用。因此，凯恩斯说：“就我自己而论，我现在有点怀疑，仅仅用货币政策操纵利率到底会有多大成就。”①

在商业循环（经济繁荣与衰退的周期性交替）问题上，凯恩斯的观点也有了明显的改变。在商业循环的起因问题上，凯恩斯认为引起商业循环的主要原因是资本边际效率的循环性变动，利率在商业循环中所起的作用是相对次要的。凯恩斯说：“繁荣之后所以有不景气，不景气之后所以又有繁荣，可以用资本之边际效率与利率之相对变动来分析与说明。”② 他认为，资本边际效率不仅取决于现有资本品的多少和当前生产成本的高低，还取决于人们对于资本品未来收益的预期。

按凯恩斯的说法，商业循环的主要原因在于资本边际效率的周期性变动。

---

① 凯恩斯．就业、利息和货币通论［M］．中文版．徐毓枬，译．北京：商务印书馆，1997：140.

② 凯恩斯．就业、利息和货币通论［M］．中文版．徐毓枬，译．北京：商务印书馆，1997：122—123.

但是，在商业循环的对策上，凯恩斯却并不因此而否定利率政策的重要作用。在利率政策方面，凯恩斯极力主张降低利率，坚决反对提高利率。凯恩斯指出："要挽救经济繁荣，其道不在提高利率，而在降低利率，后者也许可使繁荣延长下去。补救商业循环之良方，不在取消繁荣，使我们永远处于半衰退状态；而在取消衰退，使我们永远处于准繁荣情况。"① 凯恩斯认为，即使经济危机是由投资过度引起的，也不应该采取提高利率的措施以阻止经济达到繁荣。因为提高利率会阻遏一切有用的、合理的投资，并对消费需求产生抑制作用。因此，他对那种主张提高利率以消除商业循环的投资过度论及其他理论提出尖锐的批评，指出："想用提高利率办法来挽救由此所产生的情况，其愚拙和因为要医病所以把病人医死实不相上下。"② 凯恩斯认为有效需求是推动经济活动的主要力量，而利率联系着货币活动与总需求，即货币对经济的效应是通过利率起作用的。凯恩斯认为货币供给数量的变化通过利率的变化影响经济的基本过程是：货币供应量的增减引起货币供求关系的变化，导致利率水平的变化，而利率的变化又带动投资的增加或减少，从而影响产出水平和物价。以低利率政策为例，凯恩斯的利率传导机制可表示如下：M（货币供应量）↑→r（利率）↓→I（投资）↑→Y（产出/就业）↑。因此，凯恩斯主张在经济萧条时期实行扩张性货币政策使利率降低，刺激投资，增加产出，从而实现充分就业。很显然，根据凯恩斯的理论，利率是货币政策传导机制的中心环节，利率在整个货币政策的传导过程中具有关键性的作用。由此可见，凯恩斯的利息政策理论实际上也是一种比较典型的"利率刺激效应理论"。

在之后的凯恩斯学派诸多经济学家的努力下，凯恩斯的理论进一步形成了

① 凯恩斯．就业、利息和货币通论［M］．中文版．徐毓枬，译．北京：商务印书馆，1997：278.
② 凯恩斯．就业、利息和货币通论［M］．中文版．徐毓枬，译．北京：商务印书馆，1997：279.

系统的理论体系。尤其重要的一点在于，面对上文的“流动性偏好理论”局部均衡分析的缺陷，加入了商品市场的均衡分析，并试图找出商品市场和货币市场同时均衡的一个一般均衡的市场利率解，这就解决了“流动性偏好理论”下的市场利率决定理论中讨论的利率均衡解只限于金融部门不涉及实物及商品部门的局部均衡分析方法存在的理论缺陷。局部均衡分析法是假定其他因素不变，仅考虑商品市场或货币市场的供求均衡。而事实上利率不是在单个的商品市场或货币市场上被决定，而是同时受到货币市场和商品市场的影响，是由商品市场与货币市场共同决定的。上述两个理论存在的问题在于：货币领域均衡状态的实现无法保证商品领域同时达到均衡状态，而两个领域相互作用同时达到均衡状态是资本主义整体经济实现均衡的必要条件。因此，要把货币市场和商品市场结合起来，把商品市场中的投资（I）、储蓄（S）和货币市场中的货币需求（L）、货币供应（M）四个要素综合平衡，采用一般均衡分析法来全面研究利率的决定。IS-LM 分析模型就是为适应这种需要而建立起来的。这个分析模型又称希克斯-汉森模型，由英国经济学家希克斯首先提出，后经美国经济学家汉森阐发而得以成形。如图 1－3 所示：

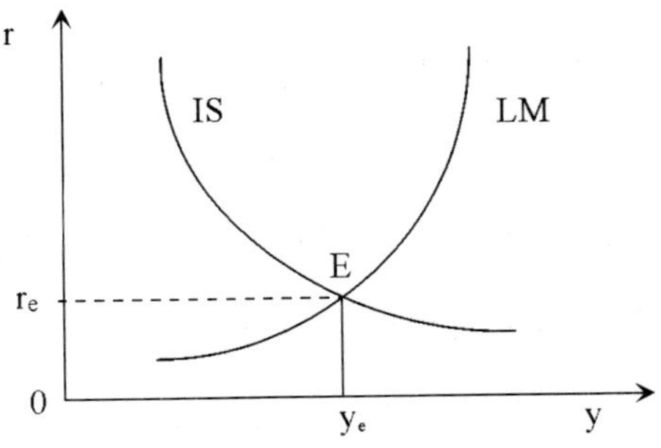

图 1－3　产品市场和货币市场的一般均衡

图 1－3 中的 IS 曲线表示投资与储蓄均衡，LM 曲线表示货币需求与供应均衡。IS 曲线向右下方倾斜，表明收入增加，储蓄增加，利率下降，以利投

资。LM 曲线向右上方倾斜，表明收入增加，货币需求增加，利率上升，促使货币供应量增加。IS 曲线是由无数条不同水平的投资曲线和几条不同水平的储蓄曲线的相交点连成的一条曲线，它表明在 IS 曲线上任何一点都表示 I＝S（投资＝储蓄），这是商品市场均衡的条件。IS 曲线代表商品市场的均衡。同时，商品市场上投资、储蓄同利率、国民收入之间的关系及其变动规律：投资是利率的递减函数，二者呈反向变动；储蓄是国民收入的递增函数，二者呈同向变动，故 I＝S 可改写成 I（r）＝S（y），意即利率下降，投资增加，国民收入增加，储蓄增加；反之，则相反。LM 曲线是由无数条货币供给曲线与多条货币需求曲线的交点连成的一条曲线，它表明在 LM 曲线上任何一点都表示 M＝L（货币供给＝货币需求），这是货币市场均衡的条件，LM 曲线代表货币市场的均衡，同时反映了货币市场上货币供给、均衡利率、国民收入之间的关系及其变动规律：货币的日常需求（交易动机）和临时需求（预防动机）这两种需求（L_1）取决于国民收入（y），而且是国民收入的递增函数；投机需求（投机动机）（L_2）取决于利率（r），而且是利率的递减函数。故 M＝L 可改写成 $M=L_1(y)+L_2(r)$，意即在货币供给（M）不变的条件下，国民收入（y）增加，L_1 也增加；L_1 增加，则 L_2 应减少，欲使 L_2 减少，则 r 应增加；因而 Y 的增加，引起 r 的上升。反之，则相反。IS 曲线与 LM 曲线相交于 E 点，表明商品市场与货币市场达到了同时均衡，r_e表示在两个市场同时均衡的利率水平，y_e表示均衡国民收入，说明利率和收入水平之间是相互同时确定的，资本主义经济中的商品领域和货币领域是通过利率联系在一起的。这样，通过理论的方法得到了实现两个市场之间的联合均衡的办法。

第四节　两种代表性利息理论的分野与耦合

马克思利息理论与凯恩斯利息理论虽都以资本主义社会的利息及相关问题为研究对象，但二者在关于利息的来源和本质、利率的决定、利息率的作用、利率的政策效应等问题上的观点大相径庭，甚至背道而驰。马克思的论述总是科学地深入本质，凯恩斯却浮于表面。实际上，二者这若干不同的表征也并非无源之水，穷源究委，它们来自两种利息理论更深层次的分野，二者研究起点迥异、理论基础存在差异、论述视角层级不同、阶级立场截然相反，都使得这些表征成为必然。

一、两种利息理论的分野

(一) 差异性表现

1. 利息的来源与本质

马克思与凯恩斯在利息来源问题上看法不同是显而易见的，“利息来源于利润”同“利息来源于人们放弃流动性偏好的报酬”乃风马牛不相及的两种概念。马克思揭示的利息是利润和剩余价值的一部分，是对利息的质的研究。而凯恩斯对人们的资产选择与流动性偏好的描述，只是利息的一种表象。马克思不仅科学地阐明了利息的来源问题，更重要的是揭示了它是以颠倒的形式表现出来的。尽管利息只是利润即执行职能的资本家从工人身上榨取的剩余价值的一部分，但在利润分割为利息和企业主收入之后，利息就反过来表现为资本的真正果实，表现为在再生产过程之外产生，即与再生产过程相独立的东西，而不是表现为这个生产过程本身的独特的资本主义规定性的结果。“企业主收入则是处在过程中的、在生产过程中发挥作用的资本的果实，因而是资本使用者在再生产过程中所起的能动作用的果实”。① 利润分割为利息和企业主收入后，利息就表现为两者对利润的争夺，资本与劳动的关系被歪曲为“利息是两个资本家之间的关系，不是资本家和工人之间的关系”，② 利息剩余价值的本质完全被企业主与借贷资本家之间的竞争所掩盖，资本关系进一步神秘化。

利息来源决定利息本质，马克思与凯恩斯对利息来源的不同诠释，也使他们对利息问题的研究有了质的差别。把利息看作利润的构成部分，不是马克思的独得之见（在马克思之前的马西、休谟、斯密等都做出了各自的学术贡献），但利息本质上是剩余价值，却是马克思超越前人的天才发现。③ 马克思关于利息来源于剩余价值的科学论断，使资本家同工人阶级之间的剥削与被剥削关系暴露无遗，在马克思利息理论之下，资本主义的剥削本质得到了最大反映，这也正是马克思最伟大的贡献。而凯恩斯的流动性偏好理论以人的心理因素为基础，把利息来源归于心理偏好，把表面现象教条化、公式化，终是肤浅、非科学的，其利息来源理论自是乏善可陈，谈不上是本质研究。

2. 利息率的水平与决定

在利率的水平与决定上，马克思利息理论与凯恩斯利息理论的不同之处在于：

第一，马克思并不认为利率水平有何客观规律可遵循。利率水平的决定只取决于偶然的经验，企业主和货币资本家为什么以某种利率水平来分割利润，

① 马克思. 资本论：第三卷［M］. 北京：人民出版社，1975：420.
② 马克思. 资本论：第三卷［M］. 北京：人民出版社，1975：430.
③ 刘义圣. 中国利息市场化改革论纲［M］. 北京：北京大学出版社，2002：29.

却不以更高或更低的比例进行分割并无固定法则可寻。每个国家在较长时期内，利率是个不变的已知量。他指出：货币资本的供给者为一方，货币资本的需求者为一方，这种贷出和借入的对立，现实地、有力地在资本的供求中表现为整个阶级共有的资本。另外，货币市场上的货币资本，仅仅被当作可能的资本，不管它的使用方法有多么不同，都可以根据每个特殊生产部门的需要，被分配在不同部门的不同资本家之间。因此，就需求的形式来说，和借贷资本相对立的是整个阶级的力量；就供给来说，这个资本本身整体地表现为借贷资本。这就是使利率表现为一个固定的一致形式的原因。因为在这里，虽然市场利率会随着供求的变动而变动，但这种变动并不发生在个别借款人身上，而是发生在所有的借款人身上，如利率由4%提高为5%，不是个别借款人而是所有借款人都按5%来借入货币资本，所以利率就表现为固定的、既定的量。马克思指出，利率的决定虽然不存在一般规律，却“表现为一致的、确定的、明确的量”。它在每一瞬间都是作为一个固定的量出现的。因为在市场上，一切借贷资本总是作为一个总额和执行职能的资本相对立，从而以借贷资本的供求关系决定当时市场的利息状况。“信用制度的发展和由此引起的信用制度的集中，越是赋予借贷资本以一般的社会的性质，并使它一下子同时投到货币市场上来，情形就越是这样。”① “一个国家中占统治地位的平均利率，不能由任何规律决定，利率的大小，只是借贷两者根据竞争力量的大小，由双方达成一致的结果，在平均利率的决定上，习惯和法律传统，也和竞争一样起着作用。”②

而凯恩斯的利率决定理论却以货币供给和货币需求的市场均衡为根本，他

① 马克思．资本论：第三卷［M］．北京：人民出版社，1975：410.

② 陈征．资本论：第三卷［M］．福州：福建人民出版社，1997：343—345.

似乎更认为利率的水平与决定是有规律可循的。既然利息为放弃流动性偏好的报酬，则利率所衡量的就是货币持有者流动性偏好的强烈程度，“在任何时期的利率都能衡量持有货币的人不愿意放弃流动性的程度”。这一偏好的强烈程度决定了人们对货币的需求大小，这一偏好强烈程度又进一步地决定于人们的交易动机、预防动机与投机动机；在货币的供给上，我们知道凯恩斯的理论主张是，国家的货币供给是外生变量，在既定的时期内是固定的，利率实际上更多的是由货币需求即人们的流动性偏好决定。这样，凯恩斯在流动性偏好的基础上将利率水平简化为货币供给与需求相均衡的结果，通过其模型就可以得到任何时期的市场均衡利率，“在其他条件相等的情况下，相应于货币当局所创造出的每一数值的货币量，存在着一个已经决定的利率”。① 因此，凯恩斯的关于流动性偏好货币需求的规律，就是利率的决定规律，但实际上，人们的流动性偏好只是一种心理反应，把利率的决定基于人们心理的研究终是不可取的。

第二，凯恩斯的利率决定机制是以供求规律为主的市场利率。利率实际上是作为货币资金的价格来讨论的，像普通商品价格一样，在供求平衡时会有一个均衡价格，货币市场供求均衡时会有个均衡利率，但市场利率则不一定是均衡利率，它有向这个均衡利率靠拢的趋势，却由于供求的影响而围绕着这个均衡利率上下波动。利率虽有商品价格的形式，但货币资金终归不是作为商品出售的。马克思看出了问题的实质，指出把职能资本家支付给货币资本家的利息说成货币资本的价格，“那就是价格的不合理形式，与商品价格的概念完全相矛盾”。

对此我们可以总结马克思分析利率的科学逻辑：长期内剩余价值或平均利

① 凯恩斯. 就业、利息和货币通论［M］. 中文版. 徐毓枬，译. 北京：商务印书馆，1997：139.

润率通过产业资本家和借贷资本家之间的竞争决定了平均利率，短期中借贷资本的供给和需求作用决定了市场利率，市场利率围绕平均利率上下波动恰恰是平均利率的表现形式。但这和他分析商品价值和价格的逻辑并不是完全一致：对于商品市场，商品的价值决定了价格，价格围绕价值上下波动是价值的表现形式。但一般商品的交换是以价值规律为基础的，遵循的是等价交换的原则，价格是价值的表现形式，它决定于价值却受供求的影响而围绕价值上下波动。生息资本并不符合这个条件，作为其价格表现的利率，虽然也受供求的影响而上下波动，但它所围绕的中心不能定论为生息资本的价值，因为生息资本让渡的是使用价值而非价值。

第三，马克思指出在其他条件不变的情况下，能影响利率水平的只有借贷资本的供求关系，但凯恩斯把利率决定简单地看成货币现象，并认为利率取决于流通的货币量之供求关系，而不是取决于借贷资本的供求关系，真可谓谬以千里。我们知道，货币和借贷资本是截然不同的两个范畴，货币转化为资本是有条件的。当货币作为货币本身来运动时，它只表现为一收一支，而当它作为借贷资本来运动时，它就表现为一贷一借。简单的收支与资本式的借贷是有显著区别的，利息生于货币之资本式的借贷，而与流通的货币数量无关。马克思说："通货的绝对量只有在紧迫时期，才对利率产生决定性的影响。……在另外的情况下，通货的绝对量不会影响利率。""自从金矿发现以后，整个欧洲的货币流通都膨胀了，利率却提高了。所以，利率并不取决于流通的货币量。"

第四，关于一般利率与市场利率的水平与决定有何联系，一般利率的长期水平又有何变动趋势，在凯恩斯的利息理论中我们了不可见。凯恩斯似乎把利率水平的决定完全归结于国家的货币政策和人们的心理流动性偏好，假使有人自作解人，认为一个国家长期的利率水平有上升之势，相信凯恩斯也不会对此提出多大的疑问，而只会觉得此乃该国的国家政策所致。只有马克思才对利率的长期变动有更为深刻的理解。马克思认为，平均利润率作为利率的上限，它是不断下降的，这就使利率的最高水平也不断下降，但这并不是决定利率长期走势的唯一解释。随着食利者阶级的人数日益增多，资本贷放阶级也将逐渐增大，未来将有更多的货币资本转化为借贷资本，而且由于信用制度的发展，社会各阶层人的游资也更容易集中，形成规模，这都将使借贷资本的供给增加，使借贷资本相对过剩，从而使利率可以完全不以利润率的变动为趋势而具有下降的趋势。

3. 关于利率的宏观经济的作用

利息与利率对于经济发展有何作用，马克思与凯恩斯也有不同看法。从宏观层面看，马克思并没有把利率看作推动经济发展的动因，相反马克思往往是把利率作为经济运行的结果来对待。马克思指出："如果我们考察一下现代工业在其中运动的周转周期，——沉寂状态、逐渐活跃、繁荣、生产过剩、崩溃、停滞、沉寂状态，……，——我们就会发现，低利息率多数与繁荣时期或有额外利润的时期相适应，利息的提高与繁荣到周期的下一阶段的过渡相适应，而达到高利贷极限程度的最高利息则与危机相适应。……，当然，另一方面，低的利息也可能和停滞结合在一起，稳步提高的利息可能和逐渐活跃结合在一起。"可见，马克思认为利息是伴随经济周期而波动的，而之所以有如此结果，马克思也有其精辟的分析。马克思指出，在经济萧条时，大量的商品过剩，执行支付手段的货币极度缺少，职能资本家增加了对货币的需求，增加了对银行的贷款需求，"人们不得不以任何代价借钱来应付支付的需要"；另一方面，"由于和利息提高相适应的是有价证券价格的降低，这对那些拥有可供支配的货币资本的人来说，是一个极好的机会，可以按异常低廉的价格，把这种有价证券抢到手，而这种有价证券，在正常的情况下，只要利息率重新下降，就必然会至少回到它原来的价格”。① 就是说，人们对有价证券的投机使得货币供给降低，银行家这时也会提高利率以获得更大收益，这都促进了危机时利率的提高。反之，在繁荣时期，信用泛滥，商品销售畅通，有价证券价格也不低，高速发展的经济伴随着相对较低的利率水平。因此，正是由于宏观经济的繁荣与萧条影响了社会对借贷资本的供求，进而使利率或高或低，使得利率的变化成为经济发展的结果，而非相反。

马克思并不鼓吹利息对宏观经济发展的作用。但是这也并不代表马克思完全将利率对经济的反作用忽视。事实上，对于利率作为“逆经济周期”调节的重要手段，马克思也做了相关的论述，他以英格兰银行为例，分析了中央银行以利率为中介目标的货币政策：“英格兰银行的权力，在它对市场利息率的调节上显示出来。在营业正常进行的时候，很可能出现这样的情况：英格兰银行不能用提高贴现率的办法，来防止金子从它的金属贮藏中适度流出，因为对支付手段的需要，将从私人银行、股份银行和票据经纪人那里得到满足。”但当“国内货币非常紧迫的时候，英格兰银行会控制利息率。”因为“在货币异常紧迫的时候，私人银行或经纪人的贴现业务比较受到限制，这种业务就会落到英格兰银行身上，于是它就有了确定市场利息率的权力”。② 说明了中央银行在经济发展正常时对利率的调节是不必要的也是弱有效性的，因为通货并不短缺，人们对支付手段等货币的需求可以不必通过中央银行货币供给的增加，只有在货币紧缺时，私人银行或经纪人的资本权力大大减弱，这时中央银行对利率调节能力才大大加强，其对利率的调控能力是可以直接对经济发生作用的。此外，从微观层面看，马克思的利息理论中关于利息作为企业成本的论述，对

① 马克思．资本论：第三卷［M］．北京：人民出版社，1975：404.

② 马克思．资本论：第三卷［M］．北京：人民出版社，1975：615—616.

企业的生产决策有着十分重要的作用。马克思认为，利息是单个企业必须面对的生产成本，因此利率的变动对企业生产有着很大的影响，利率的高低是调整企业投资计划的一个重要参考因素，也是调节宏观经济的一个重要的微观基础。

而在凯恩斯的利息理论中，利率的作用可谓牵一发而动全身，在促进经济发展的相关变量中起着至关重要的桥梁作用。利率不仅在货币市场调节着货币需求与货币供给的均衡，在产品市场还调节着实体投资与储蓄的均衡。从利率对经济发展的各个宏观变量的影响来看，利率并不是独立地起作用，凯恩斯虽然把利率的决定归为纯粹的货币现象，但他并没有忽视利率对实体经济的影响，实际上凯恩斯已经初步将货币市场同产品市场相联系，利率正是连接这两个市场的重要中介变量。因此，只要上述的利率作用机制能够成立，利率在凯恩斯的利息理论中，利率对宏观经济的影响可谓明效大验。

由此可知，马克思对利率之于经济发展的作用，并不是十分重视，马克思利息理论所体现出的利率之于经济发展的作用只是其理论体系的“附加品”，马克思只是在研究利息的本质与决定时略带地对其进行讨论。因而，马克思对此并没有刻意地研究利率对经济发展的各个变量的关系，并从宏观上对其进行深入的分析。但是即使是略带地讨论，马克思所留下的也是极其珍贵的知识财富，虽然缺少宏观的经济分析，但马克思从企业的成本与利润的分割角度为我们研究宏观经济规律提供了坚实的微观基础。而凯恩斯在利率对于宏观经济的作用上确实是有其独到的贡献的，其所论述的利率对于各个经济变量的相互关系在一定程度反映了客观的经济规律，也是各国制定现实宏观经济政策的重要理论参考。可见，两者对于利率作用的分析，走的是两条截然不同的道路，马克思依然以利息的本质为主线，而凯恩斯则依然试图从表面的经济现象中寻找现实经济运行的客观规律。

4. 关于利率的政策效应

对于利率政策的效应，马克思也没有专门的论述，我们只能从其留下的只言片语中探求。利率政策最重要的一个方面是利率的反周期调控，而要达到利率政策的目标，首先要实现的就是中央银行对利率的调控，如果以利率为中介目标的利率政策连利率本身的调节都不能实现的话，那么又何谈其他政策效应？如前论述，马克思认为中央银行在货币紧缺时对利率的调节是比较有效果的。我们在进一步探求其本质原因，货币紧缺之际正是私人银行和经纪人的资本权力受限之时，人们用于支付的货币需求得不到满足，必须求助于中央银行的货币供给，这样中央银行的货币供给就能直接影响社会对借贷资本的供求关系，而借贷供求关系又是决定利率的重要因素，所以只要中央银行的货币供给能对社会的资本借贷供求关系起到相应的作用，中央银行就具有了对利率的调控能力。归纳马克思的思想：中央银行对利率的调控能力在货币充足时是比较弱化的，这时的利率政策首先就过不了对利率这个中介目标调节的关，对宏观经济的调控就更谈不上了。而只有货币紧缺时，中央银行对利率的调节能力得到加强后，以利率为中介目标的利率政策才有发挥效应的可能。马克思在宏观上对于这之后的利率政策效应是缺乏论述的。不过马克思的贡献在于，他以利息的本质分割为基础入手，指出微观的经济基础即企业对平均利润分割为企业主收入和利息的比例，是影响企业成本核算的重要因素。也许是出于对微观企业成本计算的考虑，马克思虽然认为把利息作为利润的一部分应该放到利润里面计算，但是在研究企业的成本时，马克思又把利息当作企业的成本的一部分，利息“在职能资本家面前，就是作为商品和商品价值的生产上一个预先存在的要素独立出现的。利息量尽管变动很大，但在任何一个瞬间，对任何一个资本家来说，总是作为一个已定的量，加入这个资本家所生产的商品的成本价格”，“利息，甚至地租也可以说是商品价格（市场价格）的构成部分。利息可以说是这样的构成部分。因为它加入费用价格（成本价格——引者注）”。① 而这也正是利率调控微观企业经济决策从而影响整个宏观经济的重要因素。

凯恩斯对于利息理论的研究，本就是要为当时的资本主义国家提供一种可供参考的政策建议。从国家对利率的调控能力来看，与马克思相比，凯恩斯对中央银行之于利率的调节能力表现得更有信心，如前所述，不同于马克思的借贷资本供求的作用，依凯恩斯之意，利率是由货币供给和货币需求决定的，只要能影响货币供求就能影响利率，货币需求是由人们的流动性偏好决定的，因此，对利率的调节政府也只能从货币供给入手。凯恩斯指出，货币供给是由国家政策决定的，是从飞机上撒下来的通货，货币当局的力量可以随意使货币供给增加来压低利率，或是使货币供给减少来提高利率，从而来刺激或抑制人们的投资。凯恩斯的货币供给曲线是一条垂线，它不因利率的变化而变化，只在政府外力的干预下左右移动来达到调节利率等经济变量的目的。

但利率政策要达到调节宏观经济的最终目的也无终南捷径，对利率的调节只是利率政策能否发挥作用的一个前提条件。政府对利率的调节只是凯恩斯进一步以利率为中介目标的利率政策的基础，却不是凯恩斯利率政策里最为关键的部分。利率的一切变动在这之前都表现为货币市场的纯货币现象，要对实体经济产生影响，就必须研究利率的变动对产品市场的影响。从凯恩斯的利率传导机制来看：在 M（货币供应量）→r（利率）→I（投资）→Y（产出/就业）中，M（货币供应量）→r（利率）的传导以政府对货币供给的控制为前提，货币需求对利率的弹性也是影响其中的重要因素，L 曲线的陡峭程度就由其决

① 刘芳，苗苗. 对马克思利息理论的科学认识和实践研究［J］. 当代经济研究，1999（7）：47—49.

定，货币需求对利率的弹性越低则曲线也就越陡峭，政府通过货币供给对利率的调控就越有效。但其中最为关键的部分为 r（利率）→I（投资）这一传导过程。在凯恩斯的利率理论中，预期收益率决定于人们的心理预期，这是难以控制的，所以利率刺激投资的弹性也是不稳定的。且对于利率之于投资的刺激作用，凯恩斯则不再如政府之于利率的调节能力那么有自信，在这点上凯恩斯的理论是有两面性的，或许由于人们在正常时期都能较理性地思考，凯恩斯认为在正常时期利率的变动对投资具有较强的刺激效应，利率对企业的投资决策是有较强相关性的。但在当时大萧条的背景下，凯恩斯更为关注的是在危机和萧条时期利率是否还能对投资有如此的刺激效应，对此，凯恩斯恰恰又是持悲观态度的，凯恩斯认为在危机时刻，私人企业家对投资的前景普遍感到悲观，人们对投资的未来预期收益甚至为零，这时投资对利率的弹性几乎为零。因此，即使利率极低，也无法有效地刺激投资。况且在危机时刻，政府对利率的调节能力也值得怀疑，由于经济的萧条，人们的流动性偏好往往无限扩大，致使货币需求对利率的弹性也无限扩大，这时增加的货币供给都将落入“流动性陷阱”，而对利率的调节缺乏应有的效力。因此，依凯恩斯之意，即使在正常时刻利率政策是有效的，也不能保证利率政策在危机时刻能起到什么重要的作用。

凯恩斯与马克思都没有否认利率政策的作用，但利率政策要发挥应有的作用都必须满足一定条件，必须在特定的宏观经济条件下。马克思从借贷资本角度出发，指出中央银行只有在其能够影响借贷资本供求状况时才能有效地调节利率从而调节经济发展；凯恩斯的利息理论则认为中央银行只要能影响货币供给与需求就一定能影响利率从而调节宏观经济。因此，马克思的利率政策的局限性要比凯恩斯的大，但这正是其理论的科学与严谨之处。我们早已讨论了货币供给与借贷资本供给是完全不同的，能引起货币供求发生变化的因素不一定能引起资本借贷的供求变化，其对利率的影响也非绝对的。不过凯恩斯在利率的变动能否影响实体经济的研究上确有其独到之见，凯恩斯虽提出了以利率为中介目标的利率政策，但他并没有毫不怀疑地对其进行大肆鼓吹；他虽然认为在危机时刻政府应该采用的是低利率政策，但并不抱有多大的期望。实际上，深谙利息率及其作用的凯恩斯自己也坦言，在实践上用低利息率政策刺激总需求增长的作用是有限的。虽说凯恩斯对利率作用机制的研究在一定程度上弥补了马克思在这方面的空白，不过其对利息率作用于宏观经济的机制，以及在宏观经济调控中利息率作用的论述是否科学，目前尚无定论，但有一点可以确定的是，凯恩斯的宏观经济政策研究缺乏马克思利息理论所具有的微观经济基础，我们认为，凯恩斯关于利息率对宏观经济作用的论述，主要缺陷在于他缺乏对利息率调节宏观经济的微观基础进行分析，脱离生产谈论流通领域的经济变量之间的数量关系。在这点上，凯恩斯还真不如他的理论前辈即微观经济学家们，他们至少可以把利息和利息率作用的分析放在微观经济理论中进行。我们相信，如果深入进行经济个体的微观行为分析，也许就会发现，利息率对宏观经济的作用会由于微观经济行为的复杂性和多变性而存在着许多不确定因素，并不像凯恩斯利息理论所描述的那么清晰可见。①

（二）差异性产生的根源

凡是研究利息理论往往都避不开对利息的来源和本质、利息率的决定、利息的作用以及利率政策效应的分析，从前面的分析中我们可以看出，两者的利息理论在这些方面都存在很大的分歧。

1. 二者的阶级立场截然相反

就马克思的出身、教养、早年的生长环境和生活经历等来说，马克思是作

① 刘义圣．中国利息市场化改革论纲［M］．北京：北京大学出版社，2002：29.

为一位典型的平民知识分子（这里所谓知识分子不是指仅有知识的人，而是指既有知识又有文化—社会关怀的人）存在的。平民身份决定了他的现实境遇。与此同时，知识分子身份决定了他的理想观念，又决定了他作为文化高层一员的使命意识。马克思个人的思想与无产阶级整个阶级的生存状况的相遇，使马克思主义成为无产阶级的阶级意识，使马克思主义获得了阶级基础，又使无产阶级获得了自觉意识。无产阶级是一个受苦难的阶级，正是由于它的这一地位，它也是一个特别能战斗的阶级。在无产阶级的立场上，马克思“希望在批判旧世界中发现新世界。……要对现存的一切进行无情批判，所谓无情，意义有二，即这种批判不怕自己所做的结论，临到触犯当权者时也不退缩”，“物质力量只能用物质力量来摧毁；但是理论一经掌握群众，也会变成物质力量。理论只要说服人，就能掌握群众；而理论只要彻底，就能说服人。所谓彻底，就是抓住事物的根本”。[①] 言为心声，马克思的理论体系是与阶级斗争分不开的，马克思就是要用理论来武装人们，为人们指明斗争的现实途径和斗争的理想目标。为此，马克思的理论也就必须揭露资本主义的剥削本质，而作为马克思理论体系的一个有机组成部分的利息理论，也必然是基于无产阶级的立场而与资产阶级对立的。因此，马克思的利息理论总是与资本主义剥削工人的生产关系密不可分的。这决定了马克思在研究利息的本质时，不是从利息的表面现象出发，不是把利息归为等待的报酬或是放弃流动性的补偿，而是直接抓住了资本家剥削工人的实质，揭露资本剥削本质的利息的剩余价值来源；在探讨利息的分割与利率水平的决定时，不会只停留在货币资本家与企业主对利润的量的分割上，不会漠视分辨货币与接待资本的区别，而是从能反映货币资本家与企业主相互关系的借贷资本供求出发，指出货币资本家与企业主瓜分剩余价值的本

---

① 程广云．马克思主义文化精神及其中国化、现代化［J］．北京社会科学，1999（3）：83—88.

质；也决定了马克思不会专门对利息的作用机制与利率的政策效应进行独立成章的分析，即使是这样，从与之相关的只言片语中，也处处映射着马克思对此的真知灼见。

与马克思截然相反的是凯恩斯为资本主义辩护的阶级立场。凯恩斯所做的研究都是在不触动资本主义本质的基础上进行的，他必须完全排除对经济制度的研究，而只从技术关系来分析经济现象，他的理论的基本前提必须是资本主义制度是个完善的社会制度。在凯恩斯所处的西方世界经济大危机的时代，他必须保护与解救资本主义社会的生产关系，他必须在不触动资本主义生产关系的前提下解释经济危机的成因，他必须把危机的成因归在与经济制度无关的其他因素之上。凯恩斯利息理论也同样必须为这个目标服务，而且凯恩斯也做到了这一点，凯恩斯的利息理论不仅掩盖了资本主义危机的真实根源是资本主义制度以及由这一制度决定的资本主义经济的基本矛盾，更在不触及资本主义基本制度的基础上为国家解决这一问题提供了政策依据。不过凯恩斯关于利息来源于流动性偏好的论断比他之前的资产经济学家确是有其进步性的，至少凯恩斯的流动性偏好理论在表面上更符合经济逻辑，但他绝不是要指出掩盖在这其中的两种相对立的阶级关系；至少凯恩斯指出了资本主义非自愿失业普遍存在的事实，并在利率政策的相关分析中提出了一系列的解决办法，但他也不是要推翻资本主义制度而是要暂缓资本主义的阶级对立矛盾。凯恩斯的所有理论包括利息理论都无法摆脱他代表资本主义阶级立场的束缚，因此，凯恩斯绝对得不出，也不愿得出利息的来源是平均利润的一部分，是剩余价值的一部分，是资本剥削劳动的现实见证。而这一切都决定了凯恩斯与马克思关于利息理论的本质分野。

马克思与凯恩斯关于利息理论的差异，是有着更为深层的原因的，在一定程度上马克思与凯恩斯所代表的正是两个对立的阶级立场，而不同的阶级立场决定了不同的研究目的，以及在这一过程中所遵循的基本原则。在两种截然相反的研究目的与基本原则的引导下，他们关于利息理论的诸多不同表征也就不那么令人惊讶了。

2. **二者迥异的研究起点**

马克思经济学是以商品的研究为起点，通过分析商品的两个属性（使用价值和价值）以及商品的价值形式不断发展而经过四个阶段，从简单的商品生产出发研究了资本主义生产的发展过程，其对资本主义所有经济规律的理解都与劳动二重性有密切的关系。因此，马克思的利息理论也离不开对借贷资本或生息资本的商品属性研究。如前所述，马克思并不认为利息是用于借贷的生息资本的价格，因此从严格意义上说，用于借贷的货币资本并不是商品，以一般商品的价格规律来研究利率是不正确的，但关于借贷资本的研究依然是围绕其价值和使用价值进行的，马克思指出资本商品与一般商品不同，一般商品的使用价值是由该商品所凝结的社会必要劳动时间决定的，而资本商品的价值却不同，“作为资本的货币或商品，其价值不是由它们作为货币或商品所具有的价值来决定而是由它们为自己的所有者生产剩余价值的量来决定”。这就是说，资本商品的价值，不是由该资本本身的价值来决定，而是由它特殊的使用价值即能够生产平均利润能力来决定的。① 从价格来看，一般商品的价格，只是商品价值的货币表现，但是资本商品的价格却表现为利息。利息则是对资本商品的使用价值所支付的价格。就如同劳动是劳动力的使用价值，它本身没有价值，却有劳动价格这一范畴，与劳动价格是劳动力的价格的不合理的表现形式一样，作为价格的利息，是资本商品特殊使用价值的不合理的表现形式。而基于资本商品这种特殊的二重性，马克思对利息理论的研究就有其必然的结果，

① 陈征. 资本论解说：第三卷［M］. 福州：福建人民出版社，1997：335.

资本商品能带来平均利润的特殊使用价值决定了马克思必然将利息的本质归为平均利润即剩余价值，而揭示利息的本质；与一般商品不同的价格规律则决定了马克思对于利率水平及其决定也不必然遵循以价值为中心，以供求为影响的波动走势，而只是没有必然规律的经验分割。

凯恩斯经济学是典型的宏观经济学，它是从资源有效利用开始的，凯恩斯以整个国民经济为研究对象，通过对经济中各有关总量的决定和变化的研究来说明一国经济如何实现持续增长、充分就业、价格稳定和收支平衡、资源有效利用而没有出现闲置，包括失业和经济波动。世界上的资源（人力资本、资金、土地、森林、矿产，等等）是有限的，而人类的欲望却是无止境的。因为资源有限，人的欲望无限，所以人的行为需要做选择，进行取舍，在微观上包括消费者选择行为和生产者选择行为；在宏观上则力求经济的总量均衡（通过一定的经济总量发生作用，使之增加或减少的政策）。① 以此宏观经济为起点的研究也使得凯恩斯的利息理论必然与国民经济总量的变量相联系，事实正是如此，凯恩斯将利率作为货币市场和产品市场均衡的关键中介，是资源有效利用的重要因素。在凯恩斯的利息理论中，利息的作用发挥得淋漓尽致。在货币市场中，利率的高低调节了流动性货币的走向，是引导资金走向的风向标，为国家宏观资源的有效利用进行了优胜劣汰的选择，证明了只有那些风险收益相符的部门与项目才是资金的最佳流向。在产品市场中，利率的高低则调节了人们对储蓄与消费、储蓄与投资的分配，也直接影响着资本家的投资抉择，利率直接引导了实体经济的总量变化。在这种情况下，凯恩斯所追求的宏观上的利率政策效应也就合乎逻辑了，但在利率作用机制面前，利率政策是否有效，利

---

① 谢丽华. 马克思主义国家干预理论与凯恩斯国家干预理论的比较 [J]. 福建师大福清分校学报，1999 (1)：36—42.

率政策的目标是否能够达成，与利率同各经济变量的相互作用与作用程度的大小息息相关。这就决定了凯恩斯必须对其进行更为深入的分析，也决定了凯恩斯研究的重点所在。

两种不同的研究起点，从一开始就决定了两者所研究的利息问题将形成两种同门别支的理论。在对经济现象的分析中，马克思从商品的二重性入手，把分析的视野定格在一种社会形态何以成为这种形态，以及一个制度之所以如此构架的原因等问题上。所以他并不特别关注资源宏观的、微观的配置与有效利用；而凯恩斯的理论则基于相对人们欲望而稀缺的资源上，他所关心的必然是如何利用好这有限的资源，如何在宏观经济总量上实现最有效的均衡，因此，他也必然缺乏对经济制度基础的深入分析。

3. 二者的理论基础存在的差异

在马克思的《资本论》中，劳动价值理论与剩余价值理论乃马克思理论体系的两大基石，于这两者中，剩余价值理论是马克思研究的中心，劳动价值理论则是出发点，也是马克思《资本论》立论的理论基础。从一定程度上看，否定了劳动价值理论也就否定了马克思的《资本论》，推翻了剩余价值理论也就推翻了马克思关于资本主义必将灭亡的中心论断。因此，在马克思的理论体系中所有其他理论都以这二者为基础而展开。

以论证资本主义生产剩余价值无偿占有出发的利息理论，正是在这两个理论基石上发展起来的，其最终的回归点也必然是劳动价值理论与剩余价值理论。它就必然与价值、剩余价值、价格等有着千丝万缕的联系。在利息表现为流通中货币本身所带来的增殖的假象下，马克思就必然会千方百计地找出其本质所在。假使利息的来源是人们等待或是放弃流动性的报酬，但这根本无法从劳动价值理论和剩余价值理论中得到解释（马克思对劳动价值理论的理解是：无差别人类劳动的凝结是商品价值的唯一源泉，劳动的二重性决定了商品的二重性，抽象劳动创造了商品的价值，具体劳动则创造了商品的使用价值。具体劳动可以形式各异、五花八门，但抽象劳动则都表现为人类劳动力的支出，是可以统一衡量的无差别劳动。剩余价值表现为劳动力的特殊使用价值能创造大于本身价值的劳动的结果，对这部分增加价值的无偿占有，正是资本主义生产的本质)。在等待或是放弃流动性偏好的报酬的过程中，如何体现人类无差别劳动的凝结，具体劳动何在，抽象劳动何在，流动过程又如何产生剩余价值?以劳动价值理论为基础就必然发现利息同其他剩余价值一样，流通过程只是其实现的路径，却不是其根源。把利息的来源归为等待或放弃流动性偏好的报酬只是把利息的剩余价值本质掩盖，这正是马克思所不认同的。同样对于利息其他方面的研究，如利率的决定，也是马克思在劳动价值理论和剩余价值理论的基础上的扩展研究，利息既然是平均利润的剩余价值的一部分，对其的分割就不可能是纯粹的量的分割，资本家们所分割的就只能是无差别人类劳动的凝结，只能是剩余劳动生产的剩余价值的分割，其分割比例也只能由资本家的竞争等非规律性因素决定，而与商品交换规律无必然联系。

而凯恩斯的理论体系却是建立在人们主观的心理法则之上的，人的心理因素与社会经济关系和经济生活相比，前者是第一位的。支撑凯恩斯有效需求理论的三大基本法——人们的消费倾向、资本的边际效率与流动性偏好都是基于人们心理规律得出的结论。关于消费倾向，凯恩斯曾言：“无论从先验的人性看，或从经验中之具体事实看，有一个基本法则，我们可以确信不疑。一般而论，当所得增加时，人们将增加其消费，但消费之增加，不若其所得增加之甚。”① 消费倾向由人们的基本心理法则决定；关于资本的边际效率是资本家对未来的预期，这个预期在不同时期基于人们心理的变化而不同；流动性偏好

① 凯恩斯．就业、利息和货币通论［M］．中文版．徐毓枬，译．北京：商务印书馆，1988：85.

更是人们对流动性货币的偏爱程度，依然体现了凯恩斯以心理法则为基础的立论根本。以此为理论基础的利息理论也必然围绕人们的主观心理意识而进行。在凯恩斯的利息理论中，利息的来源与本质是人们放弃流动性的报酬，这取决于人们对流动性偏好的追求，利息衡量的是人们对流动性的心理偏好程度；利率作用于货币需求弹性大小取决于人们投机性动机、预防性动机、交易性动机，是人们主观心理对各种形式流动性偏好的具体体现；投资决策来自资本家“一时血气冲动”或“油然自发的情绪”，这仍由资本家的心理决定。这样，凯恩斯的利率政策效应实际也由这一系列的心理因素所决定：在 M（货币供应量）→r（利率）→I（投资）→Y（产出/就业）的传导机制中，货币供给对利率的调节是否有效，必须由货币需求对利率的弹性决定；进一步的利率对实体经济的影响又必须由投资对利率的弹性决定。可见，在这传导过程中，最为关键的两部分：货币需求以及投资需求对利率的弹性正是依据人们的心理规律而定的。

理论基础可谓高楼之根基，没有坚实与科学的理论基础，就无法构建系统完善的理论体系。马克思赖以为立论之本的劳动价值理论也非其个人的独得之见，但马克思完善并发展了劳动价值理论，使之成为马克思完整理论系统的坚实基础，在此基础上确立的利息理论自然也代表着科学的劳动价值观，其利息理论至今为社会主义国家尊为利率改革的主导理论。而以人们主观心理为立论之本的凯恩斯的利息理论，在缺乏科学的基础理论的前提下，就只能形成非科学的心理价值观，其利息理论也终究只能停留在对现象的描述之上。

4. 二者的论述视角的层级差别（宏微观经济的差别）

在马克思的经济思想中绝不缺乏宏观的经济视角，马克思的经济思想也被公认为宏观的动态，宏观指的是马克思对于经济周期、资本积累、社会资本再生产等宏观问题的研究，而动态的因由则是马克思在资本积累理论的基础上，对于经济增长和发展的动态研究。但马克思最为突出的贡献不仅在于这种可与现代宏观经济理论相媲美的宏观理论体系，而且在于马克思为其宏观理论打下的微观经济基础。要使宏观理论体系能够成立，就必须有自己牢固的微观基础，而且，还必须将二者有机沟通起来，帮助马克思实现这一目标的是他的价值理论。① 我们可以看看马克思在利息理论中是如何将宏观研究与微观经济相联系的：首先，劳动价值理论使个别利润率转化为平均利润率。资本主义生产的各部门的有机构成不同，必然造成利润率的不同，资本对剩余价值竞争的必然结果是等量资本获得等量利润，这就将资本主义的整个资本作为一个总量，而将整体剩余价值作为另一个总量并在其上分配，使个别利润率转化为资本主义的平均利润率。但要想把个别利润联合起来做总量分析就必将借助劳动价值理论。马克思的劳动价值理论将社会上形式各异的劳动，抽象为一般的人类无差别劳动，使得这些劳动能够加总进行总量上的分析，从而实现了整体利润的总量分析。其次，平均利润率的形成为马克思利息理论的宏微观分析打下了基础。利率之所以可以在一定时间表现为统一的既定的量，使得同一时期每个借贷者所面临的都是相同的利率，取决于个别利润率转化为平均利润，使个别的企业与个别货币资本家对利润的分割转化为所有货币资本家同企业主以阶级的身份共同瓜分工人阶级的剩余劳动，表现为工人阶级与资本家的宏观阶级对立。最后，如前所述，马克思对微观企业的成本分析也是宏观经济的重要微观基础的，作为国民经济的基本经济单位，企业是构成宏观经济的基本微观经济基础。只有以个别企业与利率的微观分析为基础，才能得出总量上经济周期与利率的相互关系。因此，对于利息的研究马克思是有着宏观视角与坚实的微观基础的，而这正是凯恩斯无法企及的。

---

① 杨文进．论宏观体系的马克思经济学 [J]．当代财经，2005 (5)：15—20.

凯恩斯以有效需求理论为核心的国民收入理论创立了现代宏观经济学，从而否定和批判了以均衡价格分析为中心的新兴古典经济学，摈弃了以个别消费者行为、个别厂商行为和这两方面行为对价值、价格的决定机制，在消费者谋求最大效用、生产者追求最大利润的刺激下通过市场机制实现一国生产资源的有效配置的微观经济理论。但是，凯恩斯却犯了一个致命的错误，即他忽视了对宏观经济的微观基础分析。凯恩斯的利息理论也同样如此，凯恩斯从宏观上分析了利率调节经济的宏观作用，却不能把利息和利息率作用的分析放在微观经济理论中进行。凯恩斯并没有表明有效需求问题的性质，即企业的成本收益计算是怎样决定的，或者说为什么会产生需求价格小于供给价格的问题。事实证明，主流经济学基于总量生产函数，把凯恩斯经济学完全嫁接在新古典的价值和分配理论之上，导致了宏观经济学严重的逻辑矛盾和凯恩斯主义宏观经济政策的失效；凯恩斯利息理论同样也无法建立在人格化的市场假设之上，西方微观经济学普遍的理性经济人理论本就是不合实际的假设。凯恩斯利息理论的微观基础必须涉及价值的决定，凯恩斯经济学必须有一种以价值和分配理论作为其前提的“微观”基础。① 但凯恩斯利息理论所缺少的正是以劳动价值理论为基础的价值观与分配论，这就决定了凯恩斯利息理论必然缺乏微观基础的支撑。

马克思的微观经济基础是以劳动价值理论为桥梁的，是以生产领域的价值个体与总量关系为宏观分析的经济基础，而凯恩斯却只将利息与利率的作用放置在宏观领域，而缺乏以生产领域为基础的价值理论，只能是在脱离生产的情况下谈流通领域的经济变量之间的数量关系。因此，马克思的利息理论虽然缺

① 柳欣，靳卫萍．论宏观经济学的微观基础：马克思、凯恩斯经济学［J］．当代经济研究，2005（5）：22—27．

乏凯恩斯利息理论形式各异的组合变化，却更为真实可信。

实际上，上述关于两者的四个更深层的分野并非独立表现为某一方面的不同，而是相互联系的。两者不同的阶级立场必然决定了他们不同的理论基础，而不同的理论基础必然决定了他们不同的研究起点，也必然使得他们产生宏、微观基础的分歧，只有以劳动价值理论为基础的马克思利息理论才能建立起坚实的微观基础，而缺失这个基础的凯恩斯利息理论只能空泛地谈利率的宏观作用，或是在寻求微观基础的过程中将他的宏观理论强加在本已错误的西方经济学的微观基础之上。

二、两种利息理论的现代耦合

马克思与凯恩斯的利息理论的分野并不能尽显两者理论的全部内容，两种利息理论博大精深，必然还有许多值得深入比较分析之处，本书亦不想如丘而止。实际上随着经济社会的不断发展，时代的不断更新，两种利息理论所赖以产生和发展的现实基础都已发生了根本变化。在这种新情况下，虽然关于利息本质问题的分野犹在，但两者在利率决定及利率运行机制等问题上的看法却渐渐显示出了一些共通的趋势，甚至原本水火不容的某些看法，也在这时候渐渐地找到了共同生存的现实土壤。

（一）利率决定共通点：倾向于市场决定机制

马克思与凯恩斯对于短期利率即市场利率决定的主要分歧，来源于两者对借贷资金与货币供给截然不同的看法，正如我们之前的论述，借贷资本与货币有着本质的区别，货币供求的变化只有在特定条件下才能作用于借贷资金的供求，能保证对利率有作用力的只有借贷资金的供求。凯恩斯把利率的决定权完全归由货币供求决定，扩大了利率的决定因素，是有失准确的。但在市场经济充分发展的今天，与各国经济增长相伴而行的是金融市场日新月异的发展，人们的融资活动已经基本以银行等金融机构为中介，借贷资金的供求及其变化必须以银行为中介实现，直接表现为货币的供给和需求。虽然借贷资金与货币之间的本质差异，无论在任何社会、任何市场条件下都将固有存在，但在形式表现上，两者却越来越体现出更多的一致性。

在当今的市场经济条件下，居民和企业要获得贷款无非通过两个市场：一个是正规的金融市场，这个市场以正规的银行、信用社为主要机构，通过对人们存款的吸收来获得货币供给，并通过贷款将这些货币供给出去。在此期间，银行的货币供给实质上都是借贷资金的供给，因此借贷资金供给直接表现为银行货币的供给；另一个是以民间金融市场为载体的民间借贷，包括私人借贷、钱庄、票号、合会、台会、典当等形式的民间的货币供给，它们通过对民间游资的吸收，再把其贷放给无法从正规金融机构获得资金的企业家或各种投资者，对这一部分的货币供给来说，实际上也是借贷资金的供给。在市场经济越是发达的国家，其正规金融的融资机构的主体地位就越是坚固，因此，在成熟的市场经济条件下，民间借贷只有很小的辅助作用，而以银行为主的正规金融机构才是人们获得借贷资金的主要渠道，以银行为主的货币供给实际上也就表现为借贷资金的供给。当然货币供给还包括不作为借贷资金供给的另一部分，这一部分货币供给是不会影响借贷资金供给的，这也是借贷资本区别于货币的本质所在。不作为借贷资金的货币供给主要指厂商和居民不是以银行等金融机构的贷款来实现交易，而以自有资金来实现交易形成货币供给，在这里厂商和居民既是资金提供者，又是资金需求者，两者相互抵消并不形成借贷关系，也就不会对利率产生影响。① 因此，马克思所说的借贷资金供给在成熟的市场经

① 王云中. 马克思利率理论与凯恩斯和萨缪尔森利率理论的比较 [J]. 当代经济研究，2005 (1)：12—16.

济条件下就直接地表现为银行货币资金的供给。这实际上也使凯恩斯的利率决定理论有了实现基础，凯恩斯所赖以调节利率的货币供给，是由国家控制的，是国家货币政策可以随意调节的外生变量，但国家对这个量的控制也无非通过银行货币的增加或减少来进行，因此，这里的货币供给也就是借贷资金的供给。

总之，在当今成熟的市场经济条件下，人们出于交易目的或是出于投资目的的货币需求，他们获得资金的路径有两条：一条是以自有的资金为货币供给来满足，这一部分不会影响借贷资金的供求状况；另一条则必须通过银行的借贷来进行，银行控制的货币供给实际上就是整个社会基本的借贷资金的供给。马克思也曾对货币供给对利率的影响有过类似的分析，他在论述流通中货币对利率的影响时曾指出，英格兰银行要想影响人们的借贷资金的供给并影响利率，必须在这么一种情况下，即人们增加的对货币的需求必须通过或者在很大程度上要通过中央银行增加的货币供给来实现，这时中央银行所增加或减少的货币供给直接决定了借贷资金的增加或减少，这里货币供给就是借贷资金的供给。马克思虽然认为市场利率是由借贷资本的供求决定的，但在当今的市场经济条件下，借贷资金的供求，却直接而且只能表现为货币的供给和需求。

这种共通也体现在货币需求的变动上，在成熟的市场经济条件下，货币需求的变动实际上也就是借贷资金需求的变动。在凯恩斯的利息理论中，当中央银行扩大或是缩小货币供给会出现两种情况：一种是货币的需求曲线不发生变化，人们对货币的需求表现为一条向下倾斜的曲线，货币供给曲线左右移动，与需求曲线相交于新的均衡点，从而决定新的市场利率。这可以解释为，当银行的货币供给增加亦即借贷资金增加时，也就意味着有更多的货币可以以有息贷款的形式投放到社会，在其他条件不变的情况下，供给的增加必然会使资金的价格即利率下降，这在短期内是不影响国民收入的，因此由国民收入决定的人们的交易性货币需求和预防性货币需求也为既定的。这时人们将用手头增大的、超过交易性与预防性需求的货币量购买债券进行投机，这部分增加的投机性货币需求是不在人们本来的预算中的，它必须通过银行借贷来实现，也就是说增加的货币需求表现为对借贷资金的需求；反之，银行的货币供给减少，人们相应的投机性货币需求即对借贷资金的需求也将减少。另一种情况是，银行货币供给的改变，会影响流动性偏好函数本身，从而影响利率。如前所述，在凯恩斯看来，由投机动机产生的流动性偏好函数不仅取决于当前的利率水平，而且受当前预期状态的影响。如果人们对市场的预期发生了改变，整个流动性偏好函数本身也会发生移动。当人们预期利率将要提高，也就是债券价格将会下降时，就会引起人们普遍地增加作为财富持有的货币需求。

这种情况实质上并不影响之前对投机性货币需求的分析，在新的情况下，人们预期的改变，实际上也没有作用到人们的交易性与预防性货币需求之上，在人们资产扣除交易性与预防性货币需求后能用于投机的货币资产并没有变化，虽然人们在货币供给与利率变动之前，就已经在预期的作用下改变了自己的投机性货币需求，但人们所增加或是减少的货币需求，依然表现为借贷资金的需求，因为人们投机需求所赖以实现的前提依然是银行的贷款。

这个发现对马克思利息理论的贡献非同一般，马克思之所以认为利息作用于经济表现得绠短汲深，根本原因就在于马克思认识到了货币与借贷资本的区别。马克思认定中央银行调节利率的前提必须是经济危机或是通货紧缩之时，在经济正常发展的过程中，货币供求变化对利率的调节是软弱无力的，这应该也是马克思鲜有论及利率政策效应的原因所在。但在成熟的市场条件下，这一限制条件已经不存在，即使是在正常的经济发展过程中，中央银行对于利率的调节即使不是立竿见影的，至少不会如马克思所说的那么苍白无力，这使得马克思的利息理论在利率政策与效应方面有了更加广阔的扩展空间。

由此，马克思与凯恩斯在市场利率的决定上是有共通之处的，虽然马克思认为决定市场利率的是借贷资金的供求状况，但是在凯恩斯所研究的成熟的市场经济条件下，借贷资金的供求就直接表现为货币的供求，借贷资金供求对利率的决定就直接表现为货币供求对利率的决定；凯恩斯的货币供求决定市场利率的机制嫁接到马克思的借贷资金供求决定市场利率机制之上，也使马克思的借贷资本成为可以加以调控的变量，使中央银行有效地调节借贷资金，改变利率水平，调节经济运行成为可能。①

（二）相似的利率变动界限说

如前所述，凯恩斯把利率水平的决定完全归于国家的货币政策和人们的心理流动性偏好，在其利息理论中，找不出关于利率的长期水平如何变动的论述。马克思则认为利率是有下降趋势的。两者对利率长期走势的看法毫无共同之处可言，但这不排除两者在利率短期水平上的某些共通的看法。依凯恩斯之意，利率是影响企业投资决策的一个重要依据，对企业来说如若市场利率太高，投资的预期收益率往往“得不偿失”，这会使企业放弃投资，反之则会刺激企业加大投资。对个别企业来说，如果利率高于他的预期投资收益率，他放弃投资决策的原因在于他所能达到的预期收益率无法适应当时的利率水平，他只能在资金的竞争中被淘汰；但在一定时期内，如若利率高得让所有的企业家都放弃了投资的念头，那么这个利率实际上是不可能存在的，因为一个社会在这样高的利率水平下将完全丧失投资需求，我们无法想象那是怎样的一个社会。这正是问题所在，对个别企业来说是正常的投资决策与优胜劣汰，上升到整体却是一般利率水平的界限。因此，在凯恩斯的利息理论框架中，社会一般

① 王云中. 马克思利率理论与凯恩斯和萨缪尔森利率理论的比较［J］. 当代经济研究，2005（1）：12—16.

利率水平也是有界限的，这个界限不以个别企业或部门所能接受的利率为转移，而是社会整体所能接受的平均利率即一般利率，这个利率的上限必须是社会整体投资的预期收益率。同样，对于利率的下限，就必须考虑到银行的收益，如同企业的投资决策一般，银行对是否提供贷款是依据其成本与收益决定的。只是与企业相反，银行的收益来自相对较高的利率（当然利率高也并不都意味着银行的收益就高，这里只做简单的说明，分析银行的成本收益对利率下限的影响），个别银行的所能接受的最低利率同其管理水平相关，如若管理落后而不能接受社会普遍的利率水平，它同样无法逃脱市场优胜劣汰的法则。但当利率低到所有的银行都被淘汰时，这个利率水平也是不现实的。因此，理论上的利率水平是不可能过低的，至少不应该为零（现实中的利率水平在特定的条件却可能为负，这也不是我们所要论述的情况）。这样，凯恩斯利息理论的一般利率水平就只能在零与社会平均预期收益率之间波动，这与马克思的一般利率水平在零与社会平均利润率之间波动的说法异常相似。而同凯恩斯利息理论的推理相同，个别企业主与货币资本家之间的利润分割比例只能代表个别企业主同货币资本家的竞争结果，马克思的利率变动界限的说法也必须基于社会整体平均利润率形成，使企业主与货币资本对利润的分割表现为对平均利润的分割。

（三）共同的利率杠杆功能

利率的杠杆功能表现在利率作为各个经济变量相互联系的桥梁上。国家通过对利率的调节可以间接控制与其相关的经济变量，以达到各个经济变量水平都能与经济发展相适宜。凯恩斯的利率杠杆功能主要体现在产品市场与货币市场实现均衡的过程中利率的中介作用。依凯恩斯之意，正是利率连接了从货币市场到产品市场的均衡，使货币的变化作用到实体经济之上。马克思对利率与各经济变量间的具体联系并无详细的论述，但从马克思的利率理论关于平均利润、利息和企业利润之间关系的分析中，也透着利率调节各经济变量的杠杆功能。

从货币市场看，按照凯恩斯的看法，利率最能发挥其杠杆功能的载体是货币供给与货币需求，货币供给调节利率，而利率则调节货币需求，三者环环相扣、紧密相连，这是马克思利息理论所没有体现的。但在当今成熟的市场经济条件下，马克思的利息理论也能找到与之相应的地方。如前所述，在现今的社会市场经济条件下，银行货币供给与人们的货币需求直接表现为对借贷资本的供给和需求，因此，马克思的借贷资本理论扩展到货币资本之上，在凯恩斯利息理论上所能反映的利率与货币供给、货币需求间的相互影响、相互依托的关系也能在马克思利息理论中得到反映。凯恩斯的货币供给是由国家货币政策控制的外生变量，通过它来间接调节利率，而马克思的货币供给是由中央的货币供给决定的，在当代社会市场经济条件下也表现为对借贷资金的供给，它也实现了对利率的间接调节；凯恩斯将利率对货币需求的关系通过人们的三个心理偏好，表现在利率与货币需求的反向关系上。这种反向关系，在马克思的利息理论中也能找到依据。在借贷资本需求表现为货币需求后，利率对借贷资本的影响就转化为利率对货币的影响。如前所述，在经济萧条时期利率上升，“由于和利息的提高相适应的是有价证券价格的降低，这对那些拥有可供支配的货币资本的人来说，是一个极好的机会，他们可以按异常低廉的价格，把这种有息证券抢到手，而这种有价证券，在正常的情况下，只要利息率重新下降，就必然会至少回到它原来的价格”。① 这实际上同凯恩斯的投机需求相似，即马克思也认为利率上升会使人们增加对有价证券的需求，从而降低对借贷资本（于今来说也就是货币）的需求。反之，在繁荣时期，利率下降，有价证券价格也不低，人们会增加对借贷资本的需求即货币的需求。因此，凯恩斯关于利

① 马克思. 资本论：第三卷［M］. 北京：人民出版社，1975：404.

率与货币需求的反向关系于今也同马克思有了统一的表现。实际上，利率作用于货币需求，也是利率反作用于货币供给的表现，对有价证券的购买必然伴随着货币供给的降低，反之也就是货币供给的增加，这正是现代国家对货币供给进行调节的基本手段，即人们耳熟能详的公开市场业务操作。

从产品市场来看，凯恩斯认为利率对投资的作用具有反向的关系，这本就同马克思的论述十分相似，只是两者的基础不同而已。马克思通过利率、利润率、利息与企业主收入的此消彼长的关系，说明了利率的高低对企业的反向作用；凯恩斯则从投资者的心理因素出发，在利率与预期收入的对比中说明了高利率对投资的抑制作用。两者从不同角度出发所得出的结论是相同的，都客观地反映了一定的经济规律。从利率对投资的作用程度看，凯恩斯基于流动性偏好陷阱理论认为，利率对投资影响力在危机时刻最为弱小，即利率对投资的弹性较小；在经济正常发展时期利率对投资的作用才比较明显，即利率对投资的弹性则比较大。这在马克思的利息理论上也可得到相应的推断，而在探讨这个问题前，笔者先对王云中教授对此的看法提出一点异议。依王云中教授之意，当利息占平均利润的份额较小，企业利润占平均利润的份额较大，企业使用借贷资本经营后，所得到的企业利润额明显高于其支付所使用借贷资本的利息时，即使利率小幅度提高，企业增加投资仍会有利可图，这时投资对利率的弹性较小；当利息占平均利润的份额较大，企业利润占平均利润的份额较小，企业使用借贷资本经营后，所得到的企业利润额明显少于其支付所使用借贷资本的利息时，投资的利率弹性将会提高，这时，即使是较小的利率变动，企业也会做出及时反应，调整其投资规模。① 对此笔者不完全以为然。在马克思看

① 王云中. 马克思利率理论与凯恩斯和萨缪尔森利率理论的比较 [J]. 当代经济研究，2005 (1)：12—16.

来，如果利率水平相对较低，也就是马克思所说的信用充足，投资相对放大的经济繁荣的阶段，这时平均利润率相对较高而利率却较为低下，即在利息与企业主收入的分割中，利息分割的比例相对较低，企业所得到的利润额明显高于其支付所使用借贷资本的利息，这时即使利率小幅度提高，企业增加投资仍会有很大的利益可图，因此投资对利率的弹性应该不大；但在投资萎缩，经济萧条或危机时刻，平均利润相对较低而利率却较高，即在利息与企业主收入的分割中，利息分割的比例相对较高，企业所得到的利润额与增加的投资相比并不相符，这时即使利率的小幅度提高对企业来说也是杯水车薪，并不会使企业增加多大的投资，即投资对利率的弹性依然较小；而只有在经济正常发展的时期，平均利润水平适中，利率水平也适中，企业主与货币资本家的竞争也并不偏向哪一方，这时的利率变动很可能会改变两者的竞争格局，从而使投资有较大幅度的变动，因此，在经济正常发展的时期，投资对利率的弹性表现得应最为明显。

利率对居民和企业的储蓄与消费也是有一定影响的，凯恩斯对利率与储蓄和消费的关系亦可以从流动性偏好出发，这里影响储蓄的主要是人们的预防性动机，影响人们消费的则是交易性动机，而这两者都是以收入为主要影响因素的，因此利率并不对其产生多大的作用。马克思的利息理论也没有对利率作用于储蓄与消费结果给出直接的答案，依马克思利息理论，有能力进行积累的不会是受剥削的无产阶级，资本主义生产的结果是贫困在无产阶级一端积累，而财富在资产阶级另一端积累。因此，有能力进行储蓄的也只是资本家阶级，利率要对储蓄产生影响，其最主要的还是针对资本家的资本积累，资本家将获得的利润或剩余价值用于挥霍还是作为扩大再生产的资本积累是决定储蓄的基本因素，马克思讨论了资本家货币资本的积累对利率的影响，却没论述利率对货币资本积累从而利率对资本家储蓄的关系。因此，马克思的利率是否影响储蓄，我们也只能按逻辑推断，我们认为，利率并不是资本家储蓄或是消费的决定因素，追逐剩余价值最大化才是资本家储蓄的本质动因，资本家储蓄的最终目的是要获得扩大再生产的条件以进一步获得更多的剩余价值，这样看来，或许利率对投资的影响能间接地作用到储蓄上。资本家储蓄的基本目的是用于扩大再生产，而扩大再生产获得的利润分割又由利率决定，这样的结果可能是，利率升高时资本家把货币储蓄在银行获得利息，而等到利率降低时再拿出来进行投资，获得较大利润分割。而对于消费，无产阶级所能获得的也只是低下的生活资料的消费，这使得利率对其的影响终是微不足道，因为生活消费在任何情况下都是必需的，这也决定了利率对消费的影响，更多的是作用在资本家之上，在利润既定的情况下，资本家就面临着储蓄与消费的选择，利率上升对资本的储蓄将起一定的鼓励作用，反之，资本家则会增加消费。在当今资本主义社会里，即使基本地位没有得到改变，无产阶级也表现出了一定的储蓄能力，在一定程度上有了消费与储蓄的选择，虽然与资本家储蓄的目的有着本质的不同，但有一点可以确定的是，无论是马克思的还是凯恩斯的利息理论，关于利率高则人们储蓄获得的利息就高，利率低人们储蓄获得的利息就低，人们将会根据利息的大小来调整自己的资产结构这一论断，是两者都无法否定的。

(四) 利率调节政策的思维趋同

马克思与凯恩斯的若干趋同之处的最终归宿应是两者在利率政策思维中的统一，凯恩斯对利率的决定机制的研究，以及对利率与各个经济变量间的关系研究，其最终目的是要为国家的宏观经济调控提供一种可行的利率政策，而不管凯恩斯利息里面那诸多的是非曲直，其独特的“逆风操作”的利率政策思维对熨平资本主义的经济危机确实起到了一定的作用。之前我们对两者在这两方面共同之处的论述，其目的也是要借凯恩斯的反周期调控利率政策理论推出马克思的利率政策思维，论证两者在利率政策思维中必然存在的统一之处。

凯恩斯反周期的经济政策的基本原理是利用利率对经济的反作用，凯恩斯认为，要在经济萧条时通过增加货币供给，降低利率政策来刺激投资，增加产出和就业，从而恢复经济的发展速度；但在经济运行过热时，凯恩斯却坚决反对提高利率。凯恩斯指出："要挽救经济繁荣，其道不在提高利率，而在降低利率，后者也许可使繁荣延长下去。消除商业循环之良方，不在取消繁荣，使我们永远处于半衰退状态；而在取消衰退，使我们永远处于准繁荣的状态。"① 凯恩斯认为，即使经济危机是由投资过度引起的，也不应该采取提高利率的措施以阻止经济达到繁荣。因为提高利率会阻遏一切有用的、合理的投资，并对消费需求产生抑制作用。因此，他对那种主张提高利率以消除商业循环的投资过度论及其他理论提出尖锐的批评，指出："想用提高利率办法来挽救由此所产生的情况，其愚拙和因为要医病所以把病人医死实不相上下。"② 可见凯恩斯的反周期调控只是针对经济萧条期，并不能算是完整的反周期调控。而从马克思对经济周期对利率的影响来看，萧条时期的利率往往较高，而繁荣时期的利率往往较低，这在一定程度上是对经济周期的推波助澜，在经济危机时刻，高利率带来的借贷资金的高成本，必然造成极大的信贷紧缩，这对本已经萎缩的投资水平是致命的打击；而在繁荣时刻的低利率更是对过热的经济火上浇油，低利率往往带来信用的进一步膨胀。事实正是如此，放任市场自发调节的经济发展必然是大起大落的周期轮回。因此，在马克思与凯恩斯利息理论共通的利率的决定与利率的杠杆功能之下，以马克思利息理论为指导的完整的反周期利率政策思维也就顺理成章。既然自由放任的市场调节会使经济呈周期波动，那么利率政策的作用就应熨平经济周期使经济趋于平稳，这不仅在经济危

---

① 凯恩斯．就业、利息和货币通论［M］．中文版．徐毓枬，译．北京：商务印书馆，1997：278.

② 凯恩斯．就业、利息和货币通论［M］．中文版．徐毓枬，译．北京：商务印书馆，1997：279.

机时刻要实行低利率政策，而且在经济过热，甚至在繁荣时期也要注意适当提高利率水平抑制信贷与投资过度膨胀。

在利率政策的实际操作上，凯恩斯认为中央银行可以运用三大货币政策工具：其一，公开市场业务。中央银行可以在金融市场上买进或卖出政府债券，以调节商业银行的准备金数量和贷款能力。其二，贴现率政策。中央银行可以根据经济形势，提高或降低贴现率，提高或降低商业银行从中央银行的融资成本，进而减少或增加其可贷资金的数量。其三，改变法定准备金率。中央银行提高或降低法定准备金率，就会使商业银行降低或提高资金的贷放能力来对利率进行调控。而这三者能否符合马克思利息理论的原理则与凯恩斯的三大工具取决于其能否影响借贷资金的供求有相通之处。这正是我们之前已经讨论过的话题，首先，在公开市场业务下，中央银行通过对债券的买卖所收回和发出的货币供给，正是银行用于信贷的货币资源，它直接表现为借贷资金的供给，而对于人们购买债券所需的货币资金，实际上都是人们在利率预期作用下的投机需求的增加或是减少，而这部分货币需求的变化，我们前面已经指出其实现的途径都必须通过银行的信贷。因此，在公开市场业务下，中央银行买卖债券所影响的正是借贷资金的供给和需求。其次，贴现率政策，中央银行通过提高或降低贴现率，增加或减少商业银行从中央银行取得资金的成本，这实际上也是对借贷资金的调节，正如我们前面所论证的，在成熟的市场经济条件下，银行的货币供给就表现为借贷资金的供给。最后，对改变法定准备金率政策，中央银行提高或降低法定准备金率，所提高或降低的商业银行资金贷放的能力，实际上也就是借贷资金的供给能力。因此，三大货币政策工具实际上都能实现对借贷资金的调节来对利率进行控制，这正符合了马克思的借贷资本理论。实际上马克思本身也对这三大政策工具有所论及，“英格兰银行的权力，在它对市场利率调节上显示出来”。[①]“和利息的提高相适应的是有价证券价格的降低，这对那些拥有可供支配的货币资本的人来说，是一个极好的机会，他们可以按异常低廉的价格，把这种有息证券抢到手，而这种有价证券，在正常的情况下，只要利息率重新下降，就必然会至少回到它原来的价格”，这表现了马克思的公开市场业务的原始思想；“英格兰银行按照资金的流入流出来提高或降低它的贴现率，虽然它这样做时，自然也总是考虑到公开市场上占统治地位的贴现率”[②]，是马克思对贴现率政策的相关分析。

① 马克思．资本论：第三卷［M］．北京：人民出版社，1975：615.
② 马克思．资本论：第三卷［M］．北京：人民出版社，1975：408.

第二章

两种利息理论范式对中国的适用性

第一节　马克思利息理论对中国的指导性

马克思经济学是从揭示经济关系的本质的视角，把利息作为分配范畴，在利息与剩余价值、利润、企业主收入等相互关系中，研究利息的来源、本质及利率的决定等问题。其指出，利息的来源和本质是产业工人创造的、由职能资本家让渡给借贷资本家的一部分剩余价值的特殊转化形式。它体现了借贷资本家和职能资本家共同瓜分剩余价值的关系。从长期来看，利率是由平均利润率调节和决定的，而从短期来看，市场利率是由借贷资本或借贷资金的供求决定的。马克思虽然研究的是资本主义制度下的借贷资本和利息，但是，其中的科学原理对于社会主义经济条件下的利息问题的分析也具有指导意义。资本主义经济和社会主义经济都是市场经济，有些基本原理是共同适用的，有些范畴还原为一般的基础也具有共通的一面，只不过两种经济形式的社会形式、所体现的生产关系以及量的规定性等有所不同而已。具体表现在以下几个方面：

一、在利息的来源问题上

第一，利息是利润的一部分。马克思认为，利息本质上也是剩余价值的转化形式，它是职能资本家为了取得货币资本使用权而转让给货币资本家的一部分剩余价值，这就是利息的本质。“利息最初表现为、最初是，并且实际上始终不外是利润即剩余价值的一部分，……事实上，只有资本家分为货币资本家和产业资本家，才使一部分利润转化为利息，一般地说，才创造出利息的范畴；并且，只有这两类资本家之间的竞争，才创造出利息率。”① 可见，利息的来源同利润是一致的，只不过是名称不同而已。如果把马克思揭示的利息的资本规定性抽象掉，就其一般原理而言，在社会主义社会，利息就是信贷资金有偿使用而支付的报酬，它本质上是劳动人民在生产过程中创造的纯收入。这里所说的“纯收入”实际上就是利润，之所以不称利润而称纯收入，是因为这一利息理论是在计划经济体制时期形成的。由于在传统计划体制中，企业必须根据国家的计划从事生产活动，而不能去追求利润，故在利息理论上就不宜提利润，于是只好将利润改换为“纯收入”。从目前中国实行社会主义市场经济体制的情况来看，我们完全可以还“纯收入”本来面目——利润。因此，在社会主义条件下，利息也同样来源于利润，是利润的一部分。确认利息是利润的一部分，这在理论上有助于利息与企业利润问题的研究，从而把利息同企业留利挂起钩来，使利息直接触动企业以及企业职工的物质利益；在实践上更加深入地发挥利息推动企业提高经济效益的作用。

第二，利息又是一种成本。在中国长期的社会主义经济实践中，利息一直是在企业成本或费用中列支的，即使在实行新的财会制度的今天，利息仍然是在企业总成本中支付的，是企业总成本的一部分，有人认为这不符合马克思利息理论原理，也掩盖了利息的本质和来源。其实不然，马克思实际上也认为，从微观生产企业的角度看，利息应是一种成本。马克思指出：利息作为占用资本的成本，对职能资本家来说始终是一种耗费，即总成本中的一个项目。利息在职能资本家面前，就是作为商品和商品价值的生产上一个预先存在的要素独立出现的。尽管利息量变动很大，但在任何一个瞬间，对任何一个资本家来说，它总是作为一个已定的量，并加入这个资本家所生产的商品的成本价格；

① 马克思．资本论：第三卷［M］．北京：人民出版社，1975：415．

利息，甚至地租也可以说是商品价格（市场价格）的构成部分，因为它加入费用价格。因此，所谓将利息列入企业成本不符合马克思利息基本原理的说法，是不足为训的，相反，利息列入企业成本，则有利于发挥利息和利润各自不同的功能。

随着改革开放的深入和经济全球化趋势越来越明显，中国与其他国家的经济往来日益增多，这就在客观上要求中国的财会制度要与国际会计规则相接轨，把利息作为一种生产成本来处置。把利息计入企业成本，尽管在实践上会使利息的经济学界定与企业财务核算的实际操作发生差异，但这并不否定或掩盖理论上业已揭示的利息的来源与本质。事实上，把利息计入企业成本，可以真实地反映企业的生产成本，有利于企业在竞争中强化其成本管理，利用成本和利润这对此消彼长的关系，促使企业千方百计地减少资金占用和节约资金使用，加速资金周转，提高经济效益。

按马克思的利息理论，既然利息是利润的一部分，那么从理论逻辑上说，利率应该低于企业的资金利润率。但是，中国有关统计数据却显示，当前中国资金利润率一般低于利率。这种差异似乎成为一个谜。实际上，理解问题的关键是在实际的企业财务核算中，利息表现为生产费用，借款人从一开始就认识到这部分纯收入属于贷款人，因此计入成本价格，然后再计算利润。如果在计算资金利润率时，不是减去而是加上利息部分，严格理论上的资金利润率要远远高于实际中的资金利润率，也一定大于利率。所以，这种理论与实际的不一致，只是现象与本质的不一致，并没有否定马克思理论。当然，由于当前中国银行和国有企业之间产权尚不清晰，国有企业存在软约束，个别企业即使在利率与资金利润率出现倒挂的情况下，对银行资金仍然存在较大需求。这是一种非正常现象，是经济体制不完善的表现，并不表明理论的失真。利率体制改革应该探索怎样的利率体制才能有效限制国有企业对资金的畸形需求。

二、在利率的形成问题上

从利率产生和形成机制上看，马克思经济学首先从利息入手，认为利息是与资本相联系的范畴。“只有资本家分为货币资本家和产业资本家，才使一部分利润转化为利息，一般地说，才创造了利息的范畴，并且只有这两类资本家之间的竞争，才创造出利息率。”① 货币作为资本存在着一种特殊的使用价值。货币资本家在一定期限内将自己所拥有的货币资本贷放给职能资本家，实际上就是把货币资本的使用价值让渡给职能资本家。职能资本家占用货币资本家提供的货币资本，就必须把借入的货币资本执行职能所获得的平均利润的一部分作为利息交给货币资本家。因此，利息是伴随货币资本家和职能资本家的分离、借贷资本的形成而出现的经济范畴，是职能资本家使用借贷资本所支付的代价。利息与借贷资本的比率就是利率。马克思指出：“利润分为纯利润和利息这种纯粹量的分割，怎么会转变为质的分割？……为了回答这个问题，我们必须更详细地谈一下利息形成的实际起点，也就是从这样的前提出发：货币资本家和生产资本家实际上互相对立，不仅在法律上有不同的身份，而且在再生产过程中起着完全不同的作用，或者说，在他们手中，同一资本实际上要通过双重的完全不同的运动。一个只是把资本贷出去，另一个则把资本用在生产上。”② 这就是说，只有资本的所有权和使用权的分离，并人格化为货币资本家与职能资本家的对立，才使职能资本家必须把平均利润的一部分作为利息交给借贷资本家，才有了利息的形成从而利润的分割。马克思还引证了拉姆赛的话，指出：在平均利润已定的情况下，平均利润分割为企业利润和利息的比例

① 马克思．资本论：第三卷［M］．北京：人民出版社，1975：415.

② 马克思．资本论：第三卷［M］．北京：人民出版社，1975：417—418.

决定着利息率的高低，而“这个比例取决于资本的贷出者和贷入者之间的竞争”。[①] 马克思的这些精辟论述，对于分析中国利息率的形成具有重要的理论指导意义。

第一，把利息率市场化与国有企业产权制度改革、国有银行商业化等体制改革结合起来。随着经济体制改革的深入进行，中国社会主义市场经济的纵深发展，利息率形成的政府行为已越来越体现出它的负面作用。尽管近年来中国进行了不少的利息率改革试验，中央银行的利率市场化改革方案目前也取得了初步成效，利率在部分市场内已经形成了市场化定价机制，一定程度上打破了原来的管制利率对于利率在国民经济中的宏观政策传递中介的作用，假以时日一定能完全实现市场化的利率调节机制。这是因为，市场利息率赖以形成的微观基础，即国有银行和国有企业之间真正意义上的借贷关系，在短期内还不能完全得以确立。据有关经验研究表明，中国目前有 80%的贷款发生在国有企业和国有专业银行之间，也就是说，中国金融活动中的资金借贷双方主要是国有企业和国有银行，而国有企业和国有银行“本是同根生”，具有天然的“亲缘关系”，共享着国家的“父爱主义”。由于它们事实上都同属于国家所有，是同一个产权主体，而非真正独立拥有法人财产的产权主体，因此，它们之间的借贷关系不是马克思所说的“实际上互相对立”。尽管是“亲兄弟明算账”，但是怎么算，也还是与外人不同。无怪乎有的学者把这种借贷活动称之为：同一个所有者“自己同自己进行借贷”的虚拟的借贷活动。在这种情况下，因为没有真正法律上或契约关系上的交易行为，没有“贷出者和贷入者之间的竞争”，资金借贷的价格即利息率就不可能由资金市场的供求关系决定，而只能采取国家直接规定利息率的行政做法。可见，利息率市场化改革不可能超越历史与现

① 马克思．资本论：第三卷［M］．北京：人民出版社，1975：425．

实的条件限制，目前主要障碍来自制度因素，如果不能把资金的借贷双方重塑成具有健全的利益驱动和风险约束机制的法人实体和资金市场竞争主体，没有为了追求各自利润最大化而选择最有利的交易对象进行竞争性的资金借贷活动，利息率市场化只是设计者的一种空谈快意或纸上谈兵。

有鉴于此，我们应该按照马克思利息理论的基本原理和建设社会主义市场经济的总体要求，把利息率市场化与国有企业产权制度改革、国有银行商业化等体制改革结合起来，协调进行、共同推进，为市场利息率的最终形成、从量变到质变创造适宜的微观基础。一方面，我们要根据党的十五届四中全会通过的《中共中央关于国有企业改革和发展若干重大问题的决定》精神，对国有工商企业进行深化改革，主要是通过企业制度创新即建立现代企业制度，综合性地解决企业深层化的体制问题，革除传统“国有企业”制度的弊端，包括政企不分、职能错位、负盈不负亏、预算软约束，以及在金融活动中的不计利息争贷款、资金久借不还、债多不愁等种种不良行为，使之成为自主经营、自负盈亏的法人实体和市场竞争主体以及集中追求经济效益目标的经济组织，自觉限制对资金的畸形需求和担当融资的风险。另一方面，要转换国有专业银行的经营机制，构建现代商业银行。要把中国目前的四大专业银行改造成“四自”的商业银行，使之真正独立地拥有经济法人的地位，实行企业化经营，能够在国家货币政策原则和金融方针的前提下，根据资金的稀缺程度和供求情况，按照价值规律的要求，合理确定资金的借贷价格即利息率水平，并对企业投资的项目做自主评估，自主决定放贷、自主承担呆坏账的风险，而不必奉政府之命为国有企业提供资金，可以自行对预算约束较为严格的私营企业和个体经营者增加贷款的比重。总之，我们要通过改革建立现代企业制度和现代银行制度，构成企业和银行之间产权明晰、互惠互利、公平竞争、自担风险的资金借贷关系，为利息率市场化改革目标的早日实现创造必要的条件。

第二，坚持利率由一般利润率决定的基本原理和规范要求，利用利率杠杆自觉调节借贷资金的供求。从客观角度看，在市场经济条件下，市场利率由借贷资金供求状况决定，利息率的形成客观上要求与社会资金的供求状况相一致，只有这样，利息率才能正确反映并调节社会资金的供求；从主观角度看，人们可以利用利率杠杆自觉调节借贷资金的供求，这正是马克思关于市场利率由借贷资金供求决定原理的实际价值所在。

中国存贷款利率的变化在2015年全面放开管制之前主要由中央银行根据中国金融市场和宏观经济状况来进行调整，之后存贷款利率基本上以市场的流动性供需即资金的借贷情况由市场自行决定。利率在中国经济调控中具有重要作用，1990—1991年，中国连续三次下调存款利率，连续两次下调贷款利率；1993年连续两次上调存贷款利率；1996—2002年，连续八次下调存款利率水平，连续七次下调贷款利率水平；2004年12月19日，同时上调了存贷款利率水平；2006年4月2日，又上调了贷款利率水平；2006年8月19日，同时上调了存贷款利率水平。2008年10月，中国存贷款的基准利率出现首次下调，并且下调幅度大、周期长，这主要是受美国次贷危机引发的全球金融危机的影响，需要下调基准利率来刺激经济，直到2011年2月又开始慢慢上调存贷款的基准利率。在2013年以后，央行连续多次下调贷款的基准利率并且接近于低位水平并且放开了对贷款地利率上限管制要求，目的是想更加充分地发挥市场化的贷款利率对投资的影响，降低企业的融资成本以刺激资本更好地投入到实体经济中。在2015年存款利率在市场化放开利率上限后，存款利率一直处于下降的趋势，这也符合存款利率管制放开后先降后升的规律。

中国存贷款基准利率水平的变化见图2－1和图2－2，中国利率水平的调整对于宏观经济的运行、治理通货膨胀和通货紧缩都发挥了重要作用。

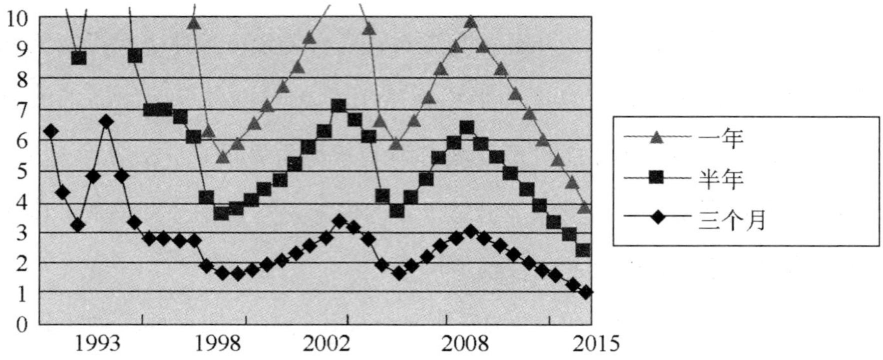

图 2－1　存款基准利率变化趋势图

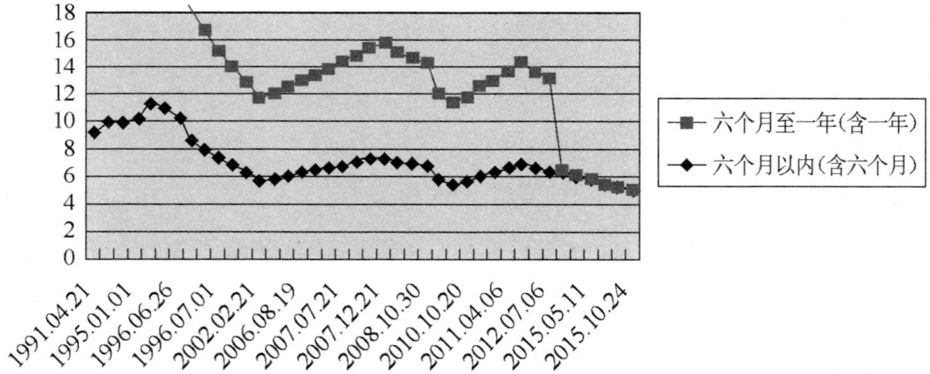

图 2－2　贷款基准利率变化趋势图

然而，在大部分产品的价格已经市场化的今天，中国利率的市场化改革已经在部分领域取得了显著成效并且初步完成了形式上的改革，诸如在商业银行存贷款基准利率的管制方面已基本放开限制。据央行统计发布数据，在 2015 年 10 月 24 日，中国人民银行下调金融机构人民币贷款和存款基准利率，以进一步降低社会融资成本。其中，金融机构 1 年期贷款基准利率下调 0.25 个百分点至 4.35％；1 年期存款基准利率下调 0.25 个百分点至 1.5％；其他各档次贷款及存款基准利率、人民银行对金融机构贷款利率相应调整；个人住房公积金贷款利率保持不变。同时，对商业银行和农村合作金融机构等不再设置存款利率浮动上限，这标志着中国利率管制基本放开，利率市场化改革取得了关键性进展。然而这仅仅是对货币市场（主要是以银行间市场和央行与银行间的交易的市场为主）的一次改革的尝试，在资本市场和央行的公开操作市场方面的改革仍然需要假以时日的努力。

利润率决定利息率是在市场机制发挥作用的条件下，通过对资本的供求竞争实现的。同一笔货币当作借贷资本还是直接以自有资本形式发挥作用，必然取决于对两种形式资本的收益率的比较，即比较利息率和资本收益率。如果产业资本家取得以利率计算的自有资本的利息之后，获得一笔企业主收入，资本收益率就高于利息率，就会出现市场上的套利情况，借贷资本向直接的自有资本转移；反之，利息率高于资本收益率，产业资本家的自有资本向借贷资本转移。利息率的运动规律可简述为：平均利率由一般利润率决定与调节，利率围绕利润率波动，在长期趋势中平均利率等于一般利润率，或者，均衡利率等于一般利润率。

三、在利率的作用问题上

在市场经济条件下，利率及其变动直接关系到金融市场各个主体的经济利益，从而成为一个重要而有效的经济杠杆，在调节储蓄与投资、调节生产、促进经济发展等方面具有强大的功能和作用。马克思的利率决定理论，虽未论述这些影响因素，但从马克思利息理论中关于利率作用原理的一些主要论点来看，非常精辟深刻，因而依然值得我们作为研究现实利率政策调整的重要理论基础和决策依据。

第一，根据马克思利率的稳定经济功能，当经济运行正常时期，中央银行应该保持货币供给的既有平衡，亦即保持借贷资金的供求平衡，从而保持利率基本稳定。这样利率会基本上在平均利润率水平以下，并沿着平均利润率的变动轨迹而波动，其走势和平均利润率大体一致，从而保证经济按既有的状态正常运行。考虑到中国目前利率还没有市场化，利率是由中央银行根据经济运行态势自主确定的，因此，在经济运行正常时期，应该使利率水平在平均利润率水平之下保持等距运行，既不能太低于，也不能等于或高于平均利润率。根据马克思的利率促使资本在借贷资本和职能资本这两种不同部门之间转移的一般界线的功能的分析，结合中国目前银行存贷款差额较大，国家大力发展民营经济以扩大就业、增强中国经济的民间驱动力的情况和政策主张，虽然在经济进入新常态的平稳低速增长的去产能阶段，但仍需继续实行较低的利率政策，以鼓励民间自主创业。当然，为了稳定经济，并不排除对那些重复建设，出现过热的项目和部门实行信贷管制或差别利率政策。

第二，马克思关于市场利息率变化最终受制于实际产业发展状况的原理，其理论价值在于：中央银行必须以实际产业的发展、经济的形势变化为背景灵活地实行利率调整政策。利率与通货膨胀在一个市场化程度较高的社会中，运用高利率可抑制的过度投资，因此可以防止通货膨胀的发生；当经济萧条时，通过降低利率，可防止过度紧缩。这点被世界各国不失时机地调整利率政策的实践所验证。比如，日本中央银行针对 20 世纪 90 年代初形成的产业增长不景气状况，多年来一直实行零利率政策或超低利率政策，以此来刺激民间设备投资需求和民间消费需求的恢复，促进经济的回升。又比如，2000 年下半年，欧元区产业发展、经济增长速度保持较高水平，随之通货膨胀率大大超过欧洲央行的目标通货膨胀率。根据产业发展这一背景变化，2000 年 10 月 5 日，欧洲中央银行把利息率提高了 0.25 个百分点，其目的是抑制经济过热和通货膨胀上升。根据马克思利率理论中蕴含的利率对投资的反方向调节功能和投资对利率的弹性效应，当经济处于低迷和膨胀时期，央行应分别采取不同的货币利率措施。具体说来，当经济处于膨胀时期，中央银行应该通过紧缩货币供给，使利率等于或高于平均利润率水平，以抑制投资和消费，使经济维持在正常水平；当经济处于低迷或衰退时期，中央银行应该通过扩大货币供给，使利率大大低于平均利润率水平，必要时甚至实行“零利率政策”，以促进投资和消费，刺激经济增长。然而，近年来全球经济发展增速低迷，欧洲央行和日本央行的负利率政策在经过一轮又一轮的量化宽松的政策期过后经济发展并没有取得实际成效，原因可能在于市场对于宽松政策的预期已经形成，市场出现流动性过剩和潜在的流动性陷阱的阶段，继续实施宽松的政策长期效果如何，有待继续观察。

中国 1990 年以来，每次所实施的利率调整政策都与不同时期产业增长和经济发展的背景变化分不开。当前引起利率下调的直接原因——借贷资金供求非均衡，追究其缘由，依然是最近六七年中国实际产业部门的收缩和经济不景气。由于实际产业部门生产的相对过剩，生产能力大量闲置，投资不旺，开工不足，下岗增多，经营困难，经济增长率缓慢回落等，造成了借贷资金需求的增长赶不上借贷资金供给的增长。中央银行下调利率，减轻产业部门负担，刺激经济扩张，以适应国民经济持续发展的需要。

但是，利率的调节作用的大小往往取决于一国的经济环境与经济条件。一国经济越发达，利率的作用就越明显；反之，在越不发达的国家中，利率被扭曲得越严重，对经济也就失去了调节作用。基于同样的理由，我们可以看出，那种认为通过降低利率就能刺激投资，从而能促进国民收入增长的观点也是值得商榷的。从理论上来说，降低利率确实能够刺激投资，但从实践来看，中国的问题不在于投资规模，而在于投资效率。由于利息是投资者的成本，因此，在中国的投资主体（主要是地方政府或国有企业）负盈不负亏，并没有真正的内在压力切实关心投资成本的情况下，中国的投资需求函数中并不包括利率这一因变量，只要不存在规模限制，中国的投资需求就是无穷大的。这意味着，在中国，降低利率的直接后果可能并不是投资规模的显著变化，而有可能是投资效率的降低。这是因为，投资主体在不承担投资风险或投资失败的财产责任的情况下，利率的降低必然使得那些投资成本过高或内部收益率低于影子利率的项目更可以没有压力地大胆立项和投资，这就必然从整体上大大降低投资效率，而投资效率的降低就意味着国民收入不可能实现预期的增长。可见，认为在中国通过降低利率可以最终刺激国民收入增长，即刺激经济增长的观点是值得商榷的。值得我们高度重视的是，如果那些高成本、低效率的企业或投资项目在利率降低以后得以继续存在并占用大量的银行信贷资金，必然导致中国国有商业银行的呆账或坏账继续增加，这就不可避免地会形成金融风险，从而将严重危及中国宏观经济的稳定。

第三，从马克思对市场利率与经济周期的相关论述中不难理解：市场利率的变化不仅是经济周期变化的结果，而且是经济周期变化的现实表现。市场利息率的变化反映着经济周期的变化。既然如此，央行就可以通过调整利息率进行“逆经济周期”调节，把利率作为“逆经济周期”调节的重要手段。经济低迷阶段，央行通过适时适度地降低利率，鼓励投资和消费，带动借贷资本需求的增加（贷款增加），以刺激经济增长；经济过热阶段，央行通过适时适度地提高利率，抑制投资和消费，使借贷资本需求减少，以防止通货膨胀和经济危机的发生，保证经济持续稳定增长。美国在 20 世纪的后四十年中，先后发生过六七轮经济周期。在每一轮周期经历收缩阶段时，美联储都采取了逆向的扩张货币政策，主要是调低利率政策。比如，1960—1961 年，美国陷入轻度萧条，为促进投资和刺激经济增长，美联储实施了相对宽松的利率政策，降低了长期利率。从 1970 年 11 月到 1971 年 2 月，在短短几个月的时间里，美联储连续 5 次降低利率，由 6%降至 4.75%，遏制了 1970 年以前日益恶化的经济危机。每当周期进入扩张阶段，美联储又不失时机地采取逆向的紧缩货币政策，主要是调高利率的政策。比如，自 1999 年 6 月以来，美联储 6 次降息，到 20 世纪末，美国经济呈现强劲增长势头，特别是 2000 年第一季度、第二季度经济增长率分别高达 4.8%和 5.6%。美联储为避免经济扩张过度，又适时提高了利率。2008 年美国次贷危机过后，美联储为摆脱危机并保证就业的稳定，开始大规模使用增加美联储资产负债的形式直接购买大额存单，并不断通过直接购买的非常规货币政策手段向市场注入流动性资金，并且配合低利率甚至是负利率（降低实际利率以提高资本的投资收益率）的政策以刺激市场投资和消费。非常规货币政策一直持续到 2015 年，经济形势开始出现好转后才逐渐被终止，在就业恢复至均衡水平下的充分就业水平左右。为应对通胀危机，美联储又时刻注意加息的时机把握问题。

事实上，我国央行也根据国家经济政策的需要，随经济波动而上下调整存贷款利率。据专家考察，中国新一轮经济周期于 1991 年开始启动，1992 年进入高速增长阶段，1993 年出现严重的通货膨胀，经济增长速度便逐年下滑至 1999 年。在这一轮周期中，针对过度扩张带来的通货膨胀形势，我国央行曾实施过从紧的利率政策；针对过度收缩引发的通货紧缩、经济速度下滑形势，我国央行又适时地实施了调低利率的政策，在 2008 年的金融危机阶段，央行又果断出台了四万亿刺激计划加上央行不断下调市场基准利率以更好地刺激经济的回暖。在 2012 年以后，央行又适度微调基准利率，时刻把握经济的动向，避免刺激政策过度发挥引起的经济过热现象。在最近两年经济又开始进入新一轮的低速增长的新常态阶段，因而央行又进一步地多次下调基准利率，以更好地刺激经济的恢复。这一切表明，中央银行已将利率作为一种重要的货币政策工具，发挥它“逆周期”调节的作用，以配合其他宏观调控政策。当然，在现实经济中还有一些因素，如物价、税收、汇率等都与利率有关，它们在利率的决定上都会起重要作用。

第四，利率是宏观调控的中枢杠杆和传导机制。政府经济政策的实施，必须借助于可利用的政策工具。作为经济政策重要工具之一的货币政策工具，主要有公开市场业务、法定存款准备率、再贴现率等。这些政策工具的利用，无一不是借助利率机制实现的。一是公开市场业务，是指中央银行在公开市场上买进或卖出有价证券的活动，其目的是为了扩张或收缩信用，调节货币供给量；二是调整再贴现率，增加商业银行的贴现成本，抑制商业银行的贴现活动，减少货币供给量，货币供给不足，导致利率上升、储蓄增加、投资减少、总需求下降，反之，中央银行调低贴现率，以增加货币供给、降低利率、促进投资增加；三是调整法定准备金率，增加信贷资金的供给量，信贷资金供给的增加，导致利率下降，投资增加，总需求增强。从微观角度说，利率对企业和个人的投资决策及对人们储蓄形式选择起决定作用，进而影响货币需求的变动。从宏观角度来看，总量上利率与储蓄是反方向变动的，提高利率会减少实际总储蓄量，也会减少消费；高利率会抑制投资，导致收入下降，因而政府对利率及利率体制改革都持审慎态度。当代金融机构的资产运作形式呈多样化发展趋势，贷款不是唯一的资产运用方式。由于政府债券信誉好、流动性强、安全性高，因此成为金融资产的主要流动性资产。当利率变动后，金融机构的资产调整就会在企业贷款和政府债券之间转移。政府债券利率由中央银行根据金融政策要求确定，企业贷款利率由金融机构根据市场的资金供求情况等来确定。这样，政府债券利率与企业贷款利率之间存在一定的差异，这正是金融机构对利率调整存在弹性的可能。金融机构根据利率的变动调整自己的资产结构，使得中央银行利用利率作为宏观经济调控的工具成为可能而且有效。

第五，利率对储蓄有重要的调节作用。从储蓄总量来看，由于利息构成人们的储蓄收益，在收入不变的情况下，当利率上升时，随着储蓄收益的增加，人们的储蓄倾向也会提高，从而增加储蓄总量；反之亦然。从储蓄结构来看，存款、证券、长短期金融资产等不同种类的利率对储蓄结构的分布有重要影响，例如，在短期利率上升时，储蓄中短期金融资产的比重就会增加。从储蓄形式看，利率对人们采用什么形式进行储蓄有重要影响，例如，当利率提高时，人们多采用存款储蓄形式；而当利率下降时，人们可能采用持币储蓄或实物储蓄等形式。所以，利率的变动可以起到调节储蓄总量、结构和形式的作用。但利率对储蓄的影响还应做具体分析，不同人、不同动机、不同用途的储蓄对利率的反应是不同的。如果在储蓄构成中包含太多预防性的储蓄和太多中低收入阶层的储蓄，则这些储蓄对利率变动的反应是迟钝的。同时，利率虽是影响储蓄的重要因素，但不是最主要因素。影响储蓄的最主要因素无论什么时候都只能是收入，包括现期收入、预期收入和持久收入。另外，还有预期支出和居民消费价格指数（CPI），如果预期收入降低而支出扩大，则不管利率是多少，人们还是要为未来的消费而储蓄。如果物价指数过高，货币贬值很快，而利率的提高又赶不上物价的上涨，人们则会因为恐慌而挤兑存款。所有这些因素的影响，往往超过利率对储蓄的影响，而使利率的作用变得不明朗。

第二节　凯恩斯利息理论对中国的适用性

在市场经济条件下，利率对经济的影响与作用表现在利率与各经济变量的相互关系上，在产品市场上主要表现为利率对储蓄、投资、消费的影响；在货币市场上则表现为货币供求的联动与均衡关系。在某种程度上凯恩斯利息理论也正是以利率同各种经济变量之间相互依存、相互制约、相互影响为基础，成就了产品市场、货币市场以及两个市场的同时均衡。凯恩斯利息理论对中国的适用性研究应与中国的经济实际相结合，主要表现在产品市场和货币市场利率机制功能的发挥上，以及凯恩斯利息理论与中国经济环境的契合性上。

一、产品市场与利率机制功能实证

（一）利率与储蓄之相关性实证分析

凯恩斯认为，利率的波动会引起货币需求的变动，而不会直接影响储蓄水平的变动，在消费倾向不变的情况下，直接制约储蓄水平的是收入的多少而不是利率的高低。凯恩斯还提出，利率的变动从总量上看是与储蓄呈反方向变动而不是同方向变动的，提高利率一定会减少实际总储蓄量。这些理论正确与否，在不同国家有着不同的经验结果。

中国人民银行的研究表明，中国利率对居民储蓄存款率的影响是显著的。但是，从1980年以来的居民储蓄存款增长和利率变动情况来看，无论利率是升还是降，也无论实际利率是正还是负，居民的储蓄存款始终保持稳定而快速的增长，平均年增长率为32.94%，1994年最高达45.8%，均高于GDP和居民个人收入的年增长率，利率和储蓄的关系到底如何成了难解之谜。为此，国内经济学者对利率与储蓄的相关性问题进行了大量的实证研究，得出了各不相同的结论：有的研究发现储蓄的利率弹性为正；有的研究表明储蓄的利率弹性为负；还有的研究认为利率对储蓄的影响不显著，正负效应不确定。

为了更好地解释中国利率与储蓄的相关性问题，本书也采用实证的方法进行分析。李焰（1999）认为，1995年以后，由于受到社会保障制度改革等因素的作用，中国居民的储蓄状况发生了较为重大的变化，因此，以1995年为分界线，分别对1980—1995年及1996—2014年相连的两个时期储蓄的利率弹性进行分析。由于存款基准利率的变动对居民储蓄有一定的影响，用基准存款利率水平作为利率基准水平来分析与居民储蓄之间的关系较为符合实际。（计量软件选用 GAUSS LIGHT 5.0 版；除特别注明外，本研究数据皆是依据《中国统计年鉴》相关各期计算得出。）

储蓄的利率弹性是指储蓄变动对利率变动做出反应的敏感程度，可用公式表示为：ES＝储蓄变化率/利率变化率。其中：ES 表示储蓄的利率弹性；储蓄变化率是指利率变化后与变化前的储蓄的差值与利率变化前的储蓄的比值；利率变化率是指利率变动后与利率变动前的差值与变化前的利率的比值。在实证模型方面，考虑到收入对储蓄的影响及名义利率与实际利率对储蓄影响的不同，分别建立以下两个模型进行回归分析：

$$S=a+bY+cr+df \qquad \text{模型（1）}$$

$$S=a+bY+cR \qquad \text{模型（2）}$$

其中，S 为城乡居民储蓄存款额；Y 为绝对收入水平；r 为名义利率；R 为实际利率；f 为通货膨胀率。回归结果如下：

表 2－1　利率与居民储蓄率相关性（1980—1995）

1980—1995 年	常数项 a	绝对收入 Y	名义利率 r	实际利率 R	通货膨胀率 f	拟合优度 R^2	D－W 检验	利率的偏回归系数
模型（1）	－630.75 （－1.026）	0.154 （11.861）	－44.992 （－0.425）	—	－6.539 （－0.255）	0.967	1.55	0.015
模型（2）	－938.53 （－4.860）	0.150 （17.496）	—	9.448 （0.382）	—	0.967	1.40	0.011

从表 2－1 的回归结果看，1980—1995 年，名义利率与储蓄的相关性为负，实际利率与储蓄的相关性为正；但由于二者的 T 检验值及其对储蓄的偏回归系数都很小，所以认为在此阶段，无论是名义利率还是实际利率，对城乡居民储蓄存款的影响均为不显著，储蓄的利率弹性较弱。

在此期间，中国居民储蓄的利率弹性弱的原因是多方面的：首先，中国居民的人均收入还很低，储蓄主要是为满足预防性动机。预防性动机对应的是对货币的谨慎性需求，这部分储蓄大多是为了子女教育、养老、医疗及其他的意外支出。由于低收入水平与较强的预防性动机，利率的变动难以使居民的储蓄水平有较大幅度的改变。其次，中国资本市场不发达，居民投资渠道的选择空间狭窄。虽然降低利率会影响储蓄的收益，引起储蓄向其他投资渠道分流，但资本市场的不发达导致可供居民选择的投资品种少，居民消费支出以外的收入结余部分大多还是被用于储蓄，转向其他金融资产则很少，这客观上降低了储蓄的利率弹性。

表 2－2　利率与居民储蓄率相关性（1996—2014）

1996—2014 年	常数项 a	绝对收入 Y	名义利率 r	实际利率 R	通货膨胀率 f	拟合优度 R^2	D－W 检验	利率的偏回归系数
模型（1）	－4540 （－0.608）	1.1127 （57.169）	190.05 （1.1043）	—	48.475 （1.041）	0.925	1.403	0.033
模型（2）	－3858.40 （－0.51）	1.1090 （57.779）	—	－362.25 （－2.044）	—	0.903	1.55	0.048

从表 2－2 的回归结果看来，1996—2014 年，名义利率对居民储蓄有较弱的正效应（T 检验值为 1.1043，偏回归系数为 0.033）；实际利率对居民储蓄有微弱的负效应（T 检验值为－2.044，偏回归系数为 0.048）。综合比较表 2－1 与表 2－2的实证分析结果发现：无论是名义利率还是实际利率，1996—2014 年储蓄的利率弹性均大于 1980—1995 年，显著性也有逐渐增强的趋势。究其原因，主要有以下几点：其一，随着金融业的发展和市场化程度的提高，居民的各种经济行为与金融体系的关系越来越密切，居民的金融意识不断增

强，从而提高了居民储蓄对利率的敏感性。其二，随着居民储蓄规模的不断扩大，利息收入量也越来越大，居民对利率的关心程度随之大大提高，储蓄的利率弹性逐渐增强。其三，储户结构的变化对储蓄的利率弹性提高有一定影响：一是高收入阶层从而高额储蓄阶层的比例不断上升，大额储户的金融意识更强、对利率的敏感度更高；二是城镇居民储蓄相对于农村居民储蓄的比例逐年增高。一般来说，城镇居民储蓄的利率弹性高于农村居民储蓄。所以储户结构的这些变化会在总体上提高储蓄的利率弹性（韩汉君，1999）。但是由于1995年以后的社会保障制度改革加上中国的市场化程度加深，并且与国际接轨的幅度增加，经济受国际经济环境的影响也不容忽视，这加大了人们对未来预期的不确定性，增加了人们的谨慎性储蓄，因此，储蓄的利率弹性虽然有所增强但仍然较小。由此可见，中国利率和储蓄的关系与凯恩斯的观点相类似。

（二）利率对消费之弱有效性实证分析

新古典经济学家认为，降低利率可抑制储蓄，促进当前消费。但凯恩斯认为，相当温和的利率变动，对于消费倾向的影响不大，但利率的长期性变动，会使消费与利率发生反方向的变动，原因是高利率抑制投资，造成收入下降，因而消费量也随之减少。

为了更好地解释中国居民消费与利率之间的关系，本书采用了1980—2014年的相关数据，运用实证分析方法对中国居民消费与利率的相关性进行检验。在国外，发达的消费信贷市场使贷款利率对居民的消费决策和消费行为产生影响；在中国，由于消费信贷市场还不够发达，贷款利率对居民消费产生的影响还不太明显。因此，我们主要分析存款利率与消费之间的关系。

考虑到中国城市和农村居民在收入、消费等方面均有差异，为了能更加完整地分析中国利率对居民消费的影响，将用以下两个模型分别对中国城市和农村居民消费与利率的相关性进行回归分析：

$$gC = a + bgY + cr + df \qquad 模型(1)$$

$$gC = a + bgY + cR \qquad 模型(2)$$

其中，gC 为居民消费增长率；gY 为 GDP 增长率；r 为名义利率；R 为实际利率；f 为通货膨胀率。回归结果如表 2－3 所示。

表 2－3 利率与居民消费增长相关性（1980—2014）

类别	模型	常数项 a	GDP 增长率 gY	名义利率 r	实际利率 R	通货膨胀率 f	拟合优度 R^2	D－W 检验	利率的偏回归系数
全国	(1)	1.361 (0.698)	0.635 (5.938)	－0.248 (－0.845)	—	0.406 (1.782)	0.925	1.422	0.032
全国	(2)	1.947 (1.164)	0.694 (7.696)	—	－0.276 (－1.693)	—	0.907	1.563	0.254
城市	(1)	2.807 (0.784)	0.673 (3.285)	－0.349 (－0.731)	—	0.472 (1.697)	0.792	1.684	0.0370
城市	(2)	3.472 (1.027)	0.673 (4.369)	—	－0.458 (－1.362)	—	0.748	1.59	0.174
农村	(1)	－0.254 (－0.049)	0.724 (3.874)	0.027 (0.0681)	—	0.258 (0.974)	0.791	0.94	0.0085
农村	(2)	0.749 (0.316)	0.749 (4.848)	—	－0.235 (－0.976)	—	0.738	0.98	0.037

从表 2－3 的回归结果来看：无论是名义利率还是实际利率，对居民消费的影响效应均不显著，居民消费的利率弹性较弱。但通过对比也可以发现，名义利率与农村居民消费之间有微弱的正相关性表现的是利率的收入效应，利率上升后农村居民储蓄收入上升，会刺激进一步的消费，而与城市居民消费之间却有着微弱的负相关关系，这表示城市居民利率的替代效应较大，利率上升会减少消费以增加下期消费的可能性；实际利率对城市居民与农村居民的效应均为负，这有可能是实际利率的高低与投资的收益有直接的关系，实际利率越低，投资预期的未来收益率将上升，居民会预期未来收入增加而刺激消费增

加；无论是名义利率还是实际利率对居民消费的效应，城市居民的显著性都强于农村居民。

消费结构的改变是利率的消费效应难以体现的一个重要原因。从中国市场的消费结构看，目前中国城乡居民的消费存在着断层现象，居民对低层次的消费已经饱和而高层次的消费水平尚未达到，这就制约了利率对消费的效应。就高额消费而言，从理论上说，人们可以通过消费信贷实现超前消费。但由于中国消费信贷发展的严重滞后，使得贷款利率对居民消费决策的影响效果不显著，同时在城市和农村二元经济的背景下，城乡居民在收入分配中处于不平等的地位，消费信贷在城市的发展明显高于农村，并且城乡居民对于超前消费还存在心理上的差异，这就导致了城镇居民消费的利率弹性高于农村居民，也说明了为何实际利率对中国城市居民消费影响的显著性水平高于农村居民。

（三）利率刺激投资之有限性实证分析

在凯恩斯看来，利率对刺激投资起着一定的作用，但利率对投资的作用效应并不是确定的，还取决于它其与资本边际效率的对比关系。当利率下降时，若资本边际效率下降的幅度超过利率下降的幅度，利率对投资的影响程度就会受到削弱，甚至无效。凯恩斯还指出利率的下降是有限度的，当利率降到一定水平以后，由于人们预期的作用，货币的投机需求会变得无限大，即使投入更多的货币也只能落入货币投机需求的“流动性陷阱”之中。

为了能更有效地解释中国利率与投资之间的关系，采用以下两个经验模型进行实证检验：

$$gI = a + bgY + cgY(-1) + dr + ef \qquad \text{模型（1）}$$

$$gI = a + bgY + cgY(-1) + dR \qquad \text{模型（2）}$$

其中，gI 为固定资产投资增长率；gY（−1）为滞后一期的 GDP 增长率；

r为名义贷款利率；R为实际贷款利率。在模型中所使用的数据是根据分析需要计算出的1980—2014年的相关数据，由于考虑到1996年是中国利率市场化改革的启动之年，故以1996年为分界线，将研究的数据范围分为两个阶段：第一阶段为1980—1995年，第二阶段为1996—2014年。同时，考虑到不同性质的经济主体对利率敏感性的不同，我们将分别对全社会固定资产投资、国有企业固定资产投资、集体企业固定资产投资、个体企业固定资产投资与利率的关系进行分析。检验结果如表2－4和2－5所示。

表2－4　不同投资主体的投资增长与利率的相关性（1980—1995）

类别	模型	常数项 a	GDP增长率 gY	GDP增长率滞后项 gY(－1)	名义贷款利率 r	实际贷款利率 R	通货膨胀率 f	拟合优度 R^2	D－W检验	利率的偏回归系数
全社会	(1)	20.546 (0.894)	2.282 (4.275)	0.030 (0.046)	－3.342 (－1.125)	—	－1.235 (－1.627)	0.728	1.78	0.123
	(2)	－10.734 (－0.795)	2.422 (4.265)	－0.632 (－1.166)	—	1.317 (1.612)	—	0.648	1.746	0.206
国有	(1)	28.053 (1.334)	1.871 (3.832)	0.186 (0.314)	－3.756 (－1.383)	—	－1.344 (－1.937)	0.708	1.66	0.175
	(2)	－6.802 (－0.523)	2.027 (3.705)	－0.552 (－1.056)	—	1.435 (1.823)	—	0.58	1.75	0.250
集体	(1)	24.866 (0.441)	3.651 (2.785)	－0.422 (－0.266)	－4.069 (－0.558)	—	－2.487 (－1.335)	0.53	2.13	0.033
	(2)	－19.936 (－0.653)	3.853 (2.996)	－1.370 (－1.116)	—	2.604 (1.408)	—	0.483	2.16	0.165
个体	(1)	61.703 (2.019)	0.532 (0.750)	0.522 (0.606)	－7.032 (－1.781)	—	0.286 (0.283)	0.354	1.86	0.260
	(2)	15.59 (0.847)	0.739 (0.955)	－0.454 (－0.615)	—	－0.166 (－0.149)	—	0.121	1.327	0.002

从表2－4的回归结果看，1980—1995年，名义贷款利率与各经济主体固定资产投资之间均有负的相关性；实际贷款利率仅与个体私营企业固定资产投

资之间存在负的相关性，与其他经济主体固定资产投资间的相关性均为正。通过进一步对 T 检验值与偏回归系数的观察发现，无论是名义贷款利率还是实际贷款利率，对各经济主体投资影响的显著性水平与相关性水平都很小，各经济主体投资的利率弹性都很微弱。

表 2－5　不同投资主体的投资增长与利率的相关性（1996—2014）

类别	模型	常数项 a	GDP 增长率 gY	GDP 增长率滞后项 gY（−1）	名义贷款利率 r	实际贷款利率 R	通货膨胀率 f	拟合优度 R^2	D－W 检验	利率的偏回归系数
全社会	(1)	−8.83 (−0.735)	4.317 (2.685)	2.384 (1.660)	−3.058 (−1.875)	—	−5.839 (−2.296)	0.784	2.04	0.463
	(2)	0.153 (0.0008)	2.828 (1.937)	−0.927 (−1.433)	—	0.436 (0.369)	—	0.631	1.81	0.0217
国有	(1)	−28.75 (−4.625)	2.694 (2.389)	2.589 (1.733)	−1.479 (−0.568)	—	−6.847 (−2.385)	0.827	2.51	0.0658
	(2)	−26.479 (−6.83)	1.639 (1.600)	−0.375 (−0.498)	—	3.185 (2.859)	—	0.669	2.16	0.0291
集体	(1)	13.587 (0.793)	2.537 (1.677)	1.036 (0.438)	−4.385 (−1.284)	—	−2.69 (−0.485)	0.607	1.757	0.306
	(2)	16.48 (1.379)	1.8697 (1.473)	−1.064 (−1.644)	—	−1.849 (−1.058)	—	0.527	1.79	0.278
个体	(1)	65.43 (1.837)	−3.921 (−5.470)	−0.486 (−0.269)	−3.673 (−1.875)	—	8.683 (4.569)	0.903	2.63	0.575
	(2)	66.439 (8.793)	−3.831 (−4.506)	1.385 (3.78)	—	−4.562 (−8.762)	—	0.976	2.18	0.971

根据表 2－5 的回归结果发现，在 1996—2014 年，名义贷款利率对各经济主体固定资产投资的影响效应均还为负，而且显著性水平依然不高；实际贷款利率对全社会固定资产投资、国有企业固定资产投资的影响效应为正，对集体企业与个体私营企业固定资产投资的影响效应为负，其中与个体私营企业固定资产投资之间存在显著的负效应（T 检验值为－8.762、偏回归系数为

0.971)，实际贷款利率的下降会带来个体私营企业投资量的明显上升，个体私营企业投资对利率变动的敏感性强。

对比表2－4与表2－5的回归结果我们发现，无论是名义贷款利率还是实际贷款利率，第二阶段投资增长的利率弹性均高于第一阶段；就集体企业和个体私营企业而言，在第二阶段，实际利率对投资增长均有负效应，其中对个体私营企业投资的影响较为显著。

根据表2－4与表2－5的回归结果，可做出如下分析：

第一，从总体上看，中国投资的利率弹性低，利率变动与投资增长之间的关系还不太显著。其主要原因：一是由于经济体制转轨时期，人们对投资的预期收益率小于实际利率、对利率变动的反应不敏感；二是由于受到制度因素与金融体制不完善的制约，银行和企业之间存在着体制性的“软预算”约束，从而使贷款资金的分配脱离了利润最大化的标准，弱化了利率杠杆对投资的调控能力；三是投资市场不完善制约了利率机制效应的发挥，原有计划经济体制的弊端遗留导致部分企业对利率的不敏感性还在一定程度上存在着。以上多种因素的相互作用，抵消了利率政策对投资的刺激效应。

第二，集体企业、个体私营企业投资与实际利率成负相关关系，个体私营企业投资对实际利率的敏感性越来越强。一般看来，集体和个体私营企业具有较好的盈利能力，其投资行为与实际利率呈负相关关系，对利率变动的反应相当灵敏。20世纪90年代中期以前，由于社会上存在所有制偏见，使得集体与个体经济融资渠道狭窄，扩大投资主要依赖内源融资；同时由于集体与个体私营经济具有规模偏小、自有资本较少、抗风险能力差等弱点，使其在获取银行贷款方面处于劣势，降息后它们虽有扩张投资的愿望，却无法筹集到充足的资金，以至于这两类企业对利率变动的敏感性不如预期的强。自1996年市场经济体制改革开启至今，随着市场经济体制与利率市场化改革的深入，国家放松了对市场与金融机构的管制，近年来随着利率市场化改革的系统深入，民间资本得以有合适的资历进入金融市场，民间金融市场也逐渐发育完善，这都给个体经济的融资难问题提供了解决办法，政府对投资体制性约束放宽，使得个体私营企业能更有效率地依据利率变化做出理性的反应，从而促使其投资对利率的敏感性增强。

第三，随着中国市场经济体制改革的深入，投资主体对利率的敏感性正在逐渐增强。这主要表现在以下两个方面：一是改革的推进加快了政府与企业的分离，形成政府和企业相对独立的经济利益关系，由于企业的权责清楚、产权明晰，所以利率的大小直接影响企业的盈利能力，从而增强了企业投资对利率变动的敏感性；二是非国有经济主体在固定资产投资中所占份额的日益扩大。利率变动对不同投资主体的影响效应不同，非国有经济固定资产投资对利率有相当的敏感性，其投资行为与实际利率成负相关关系，随着经济体制改革的深化，非国有经济主体在投资中所占的比重越来越大，这也直接带动了其他投资主体对利率变动敏感性的增强。

根据上述对中国利率与影响产品市场均衡的相关因素的实证分析，得到的结论是：实际利率与储蓄、消费、投资都存在一定的相关性，同时，随着时间的推进，伴有显著性水平逐渐增强的趋势。这在一定程度上与凯恩斯利息理论中的相关论述相印证，说明凯恩斯利息理论在中国具有一定的适用性。而且可以预见，随着中国市场经济体制改革的深化，市场观念将日益深入人心，社会保障体系将逐步完善，人们对未来的预期也趋于稳定，凯恩斯利息理论对于中国的适用性也将逐步增强。

二、货币市场与利率机制功能考释

凯恩斯认为货币供给是外生变量，由国家货币当局决定，他的货币供给曲线是一条垂线，不受利率的影响，只在政府外力的干预下左右移动来达到调节利率的目的。尽管嗣后凯恩斯的追随者认为凯恩斯流动性偏好利息理论为诠释利率对货币供给的反作用提供了理论依据。但是，笔者以为，流动性偏好利息理论毕竟只研究了货币供给如何影响利率，利率对货币供给反作用的分析则乏善可陈。因此，本部分将把分析的着力点放在利率与货币需求的关系上。

第一，利率与投机货币需求。根据凯恩斯利息理论，投机货币需求主要取决于利率因素，与利率呈负相关关系。因此，投机货币需求是运用利率调节货币需求的最有效“作用点”。随着中国经济的发展以及人们收入的增加，边际效用递减规律的普遍性使人们消费的边际效用和直接投资于生产的边际生产力都有所下降，人们也渐渐将投资目标转向生息资产以获取利息与资本利得，中国证券市场的迅速发展壮大更是为人们从事投机活动提供了各种渠道。投机货币需求在中国的货币需求中逐渐占有了一席之地。

但是从总体上来看，中国投机货币需求量仍然比较小，缺乏利率弹性。其根本原因在于中国资本市场对投机货币缺少吸引力。从国债来看，中国国债期限较长、品种较少、数量较小、可供人们选择的余地并不多，且大量的国债为商业银行所持有。国债风险低、效益高是商业银行的优质资产，商业银行并不大愿意将其出售。因此，国债市场交易不旺，中国的投机货币需求在国债市场未能被充分激发。从股票市场来看，股票市场是吸收中国投机货币的最大市场。但股票价格的失真与股票市场各种失范运作的存在，使得中国股票市场对投机货币的吸引力犹如涓埃。即使是在 2003—2004 年，中国实际利率偏低，甚至为负数，而股市行情还比较看好的情况下，储蓄存款仍然是中国居民的首选。从企业债券来看，由于企业发行债券必须符合多项严格要求，企业债券市场眇乎其小、按辔徐行，加上中国企业信用制度不健全，投资企业债券的风险与收益并不对称。因此，中国企业债券对于人们的投机货币需求吸引力亦微不足道。

第二，利率与交易货币需求和预防货币需求。凯恩斯指出，虽然利率主要影响投机需求，但利率对收入的影响会间接地影响到交易货币需求与预防货币需求，若利率降低，则收入增加，人们保持现款的机会成本也减少，人们的未来预期也变得更加美好，因此交易货币需求与预防货币需求也随之而增加。只是这种影响比利率对投机货币需求的影响要小得多，可以视有若无。在现实中，中国的交易货币需求、预防货币需求和利率的关联性与凯恩斯的论述大致相同，即利率与交易货币需求和预防货币需求之间存在弱相关性。在中国，交易货币需求与预防货币需求主要受货币化程度、收入以及社会保障制度完善程度等因素的影响。其一，中国的货币化程度过高加大了交易货币需求。由于中国市场经济体系还不健全，市场的信用制度尚未完善，人们对于信用卡和网络支付等非现金交易使用得还比较少，因此加大了人们对交易性货币的需求。其二，社会保障制度的不完善使得中国的预防货币需求过大。现阶段人们的收入水平都有了很大的提高，但与此同时，中国的医疗、养老、保险、教育制度的改革却远远滞后于市场经济改革发展的步伐，无法满足人们的需求。这些无疑都加大了居民对未来的不确定性支出，这也是中国储蓄存款居高不下的一个关键缘由；还有，由于中国资本市场不健全，可供中国居民选择的金融投资品非常缺乏，现有的金融投资品预期收益又太低，风险太大，所以居民即使有闲置的货币在手中也只会把它们存入银行，从而转化为预防货币需求，利率也就丧失了其应有的调节功能。

三、主流学派的市场利率理论与中国经济环境的契合性

以任何一种学术思想为背景的理论和政策主张，其良好实施效果的取得都离不开一定的制度环境的支撑。凯恩斯的利息理论及其利率政策也不例外。无论是从基本概念还是原理来看，凯恩斯经济学说的分析对象都是发达的市场经

济，这就决定了凯恩斯利息理论及其利率政策比较适用于较为健全的市场经济体制。中国目前正处于经济体制的转型时期，凯恩斯利息理论能在多大程度上为中国所用，它能否为中国的利率深入改革指明一条可行的道路，主要取决于中国现有的经济环境与凯恩斯利率运行机制所依赖的经济环境之间的契合程度。

（一）微观基础的现实考察与前瞻分析

凯恩斯的利息理论及其利率政策是建立在健全的微观经济基础之上的，主要表现在：

第一，“主体到位”，即经济主体对利润有着强烈的预期和追求，对利率变化有灵敏的反应。关于投机动机，凯恩斯认为，投机动机即由于未来利率的不确定性，人们便根据对利率变动的预期，为了不失时机地从事各种有利的投资活动获取收益而持有货币的念头。从这个定义中可以看出，投机动机是一种“预期”，它所表达的是对利润有着强烈追求、对利率变化有着灵敏反应的经济主体的经济行为。

在中国，要塑造追求自身利润最大化和密切关注利率变化的经济主体，对于企业和商业银行来讲，必须建立以现代产权制度为基础的现代企业制度，成为以利润最大化为经营目标、自主经营、自负盈亏、自我发展、自我约束的经济主体；对于社会公众来说，只有在完善的社会保障制度的前提下，他们才会具有较为强烈的投机动机，根据市场利率的变动进行投机决策。

就中国主要经济主体之一的国有企业来说，迄今尚未完全建立现代企业制度，还未完全成为成熟的市场主体，对利率变化的反应仍较为迟钝。但新时期国有企业改革已转入到了重点推进、着力突进阶段，并取得了重大进展。公司制改革，尤其是境内外上市，对建立现代企业制度起到了积极的促进作用。公司制企业形成的多元股东结构，有利于形成规范的公司法人治理结构。国有控股、参股的境内外上市公司，国有出资人已基本到位，产权清晰、权责明确有了制度保障。随着国有企业改革的日益深入，国有企业作为经济主体，对市场利率等价格信号反应的灵敏性将日益增强。

目前，国有商业银行的改革被视为政府的一项重大工作。中国建设银行、中国银行、中国工商银行都已基本完成股份制改革，从国有独资商业银行变成股份制的商业银行。而且，随着金融机构存贷款利率上下限管制相继放开，国有商业银行拥有较大的市场自主定价权，可以根据风险和收益自主定价，这将在很大程度上促进国有商业银行在市场经营方面走向成熟。

就中国目前情况看，由于中国社会保障体系不完善，社会公众有太多的思想包袱，既要“育儿”又要“养老”，缺乏投机心理、投机意识比较淡薄、对利率变化的敏感性不强。但是也应该看到，近几年来，中国在教育、医疗、文化等方面下了不少功夫，取得了一定的成果。在最近的“十三五”规划中对于社会保障体制改革又提出“改革完善社会保障制度，坚持全民覆盖、保障适度、权责清晰、运行高效，稳步提高社会保障统筹层次和水平，建立健全更加公平、更可持续的社会保障制度。完善社会保险体系，健全社会救助体系，支持社会福利和慈善事业发展”的发展要求。因此，可以预见，随着社会保障制度的建立和完善，人们将提高抗风险能力，解除后顾之忧，必然更多地从事投机、投资活动，增强对利率变化的敏感性。

由此可见，中国的经济主体正在逐步向成熟的市场主体过渡，向凯恩斯利息理论所要求的市场主体靠拢。

第二，“市场到位”，即要兼具发达的货币市场与资本市场，为投资者转换资产形式提供平台。凯恩斯把资产归纳为两种，即货币和债券。当利率上升，人们就会减少货币持有，增加债券购买；反之，当利率下降，人们则会增加货币持有，减少债券购买。换言之，随着预期的改变，人们往往会改变资产的持有形式，这就要求有发达的市场组织（货币市场与资本市场）为其提供条件。

自实行市场经济体制改革至今二十几年过去了，中国新兴的资本市场已经从一个试管婴儿成长为一名巨人，成为亚太地区仅次于日本的第二大资本市场，在解决企业融资和促进居民投资方面起到了重要的作用。货币市场在中国利率市场化改革的推动下也取得了重大的发展，在很大程度上满足了企业与居民的流动性偏好。货币市场与资本市场之间的资金直接流动渠道的建立，更是为投资者进退资本市场，转换资产形式提供了通道。但是从总体上看，当前中国金融市场发展不平衡，存在明显的“跛行”现象。在金融市场中，资本市场发展相对迅速，货币市场则比较缓慢；在资本市场中，股票市场发展相对迅速，债券市场则相对滞后；在货币市场中，同业拆借市场、短期国债回购市场发展相对较好，而票据贴现市场发育不足。在“十三五”规划纲要中提出“完善金融机构和市场体系，促进资本市场健康发展，健全货币政策机制，深化金融监管体制改革，健全现代金融体系，提高金融服务实体经济的效率和支持经济转型的能力，有效防范和化解金融风险”这个总体原则就很好地体现了对发展完善的金融市场体制的决心。在具体的内容中又提到要提高直接融资比重，建设直接融资和间接融资协调发展的金融市场体系（积极培育公开透明、健康发展的资本市场。中国总体金融结构仍以银行间接融资为主，资本市场制度尚不完善，直接融资占比仍然偏低，宏观杠杆率高的同时，经济金融风险集中于银行体系。“十三五”时期，应着力加强多层次资本市场投资功能，优化企业债务和股本融资结构，使直接融资特别是股权融资比重显著提高），同时也要积极引导民间资本扩大民间资本进入银行业，要规范发展互联网金融，做到主流业态与新兴业态协调发展的金融体系。因而，我们相信在不久的将来，中国的金融市场单一的市场环境将会逐渐打破，市场的完整性将得到不断提升，为利率发挥在市场中的传导中介作用提供应有的市场环境。

（二）宏观环境的现实考察与前瞻分析

从宏观角度来看，凯恩斯利率政策有效运行的环境，一是利率由市场决定，二是政府对市场利率进行管理。

第一，利率决定市场化。凯恩斯利息理论认为利率由货币供求决定，利率随货币市场供求的变化而变化。目前中国利率制定权还主要掌握在中国人民银行手中，与凯恩斯利息理论所需的经济环境还有差距。但是，自 1996 年起，中国就开始了利率市场化的改革。所谓利率市场化，是指中央银行放松对商业银行利率的直接控制，把利率的决定权交给市场，由市场主体自主决定利率，中央银行则通过制定和调整再贴现率、再贷款率以及公开市场买卖有价证券等间接调控手段形成资金利率，使之间接地反映中央银行货币政策的一种机制。利率市场化是中国利率体制改革的核心，中国利率市场化改革最终的目标就是形成在社会资金供求关系中，以基准利率为中心，市场利率为主体，既有国家宏观调控功能，又有市场自我调节功能的一种利率管理系统。经过近年来的持续稳步推进，利率市场化改革已取得了初步成效：金融机构的自主定价权不断扩大，人民银行管理的利率范围不断缩小，利率管理种类不断减少，利率管理期限结构不断简化，利率形成的市场化程度不断提高，国家放开了银行业等金融机构的存贷款利率上下限的管制，利率在银行间市场内的市场化已经初步实现。

第二，对市场利率管理。凯恩斯利率政策主要是主张中央银行通过公开市场操作对利率进行间接调控，从而调节经济运行。这就要求有高效运作的公开市场。由于中国的公开市场业务起步较晚，和发达国家相比还有一定的差距。但是经过十几年的发展，中国的公开市场在数量、规模和市场效应上都取得了一定的成绩。公开市场业务品种逐步丰富，交易对象不断扩大，其利率的市场化程度不断提高，传导机制初步形成，业务操作对引导货币市场利率走势，传达货币政策意图发挥着日益重要的作用。2003 年 4 月以来，我们选择发行央行票据作为央行调控基础货币的新形式，在公开市场上连续滚动发行 3 个月、6 个月及 1 年期央行票据。2004 年以来，针对外汇占款持续增加的情况，根据市场利率变化与货币政策需要，通过数量招标与利率招标方式，灵活调节金融体系的流动性。2005年共发行125期央行票据，发行总量为27882亿元，并且更多地采用价格招标方式贴现发行央行票据，发现市场利率水平，了解商业银行对利率走势的预期。央行票据的收益率水平与货币市场利率的关联性不断加强。2006年公开市场操作央行票据发行采用美式招标方式——多重价格招标方式，这可以说是公开市场操作由钉住货币数量改为钉住利率的探路石。央行根据货币调控需要，近年来不断开展公开市场业务工具创新。2013年1月，立足现有货币政策操作框架并借鉴国际经验，中国人民银行创设了短期流动性调节工具（Short－term Liquidity Operations，简称SLO），作为公开市场常规操作的必要补充，在银行体系流动性出现临时性波动时相机使用。这一工具的及时创设，既有利于央行有效调节市场短期资金供给，熨平因突发性、临时性因素导致的市场资金供求大幅波动，促进金融市场平稳运行，也有助于稳定市场预期，有效防范金融风险。对于短期利率的调控，央行在运用短期回购利率的基础上又创设了常备借贷便利（Standing Lending Facility，简称SLF）利率，并着重培育使其成为中国利率走廊调控的利率上限，借以利用利率走廊的调控机制培育和引导短期市场利率的形成。对于中长期利率，央行需要继续挖掘再贷款，并且补充了中期借贷便利（MLF）、抵押补充贷款（PSL）等政策工具对中长期流动性的调节作用以及中长期政策利率的功能，这些尝试为基准利率的形成、建立中央银行间接调控机制、深化利率市场化改革创造了条件。随着利率市场化进程的推进，公开市场操作将在利率调控中发挥更大的作用。

综上，虽然现阶段中国经济环境与凯恩斯利息理论及其利率政策有效应用所需的经济环境还有一定的差距，但是用发展的眼光、从发展的趋势来看，中国的宏微观经济环境与凯恩斯利息理论及其利率政策的契合性将日益显现。从这个意义上来说，凯恩斯利息理论及其利率政策还是可以为我所用，为中国利率调控的货币政策实践提供有价值的参考借鉴的。

第三章

马克思利息理论的中国化发展

用马克思的利息理论指导中国的经济实践，这是我们应该遵循的一般原则。但是，面对实践中所遇到的新情况、新问题，我们又不能教条地对经典理论照搬照抄，而应结合实际，科学地认识和研究，要把马克思利息理论作为一个开放的需要在实践中继续发展的理论体系，从中国的现实情况和实际需要出发，大胆探索，勇于实践，实事求是，不断赋予利息理论以新的内容。

第一节　关于“利息来源与本质”理论的发展

在中国社会主义社会中，利息也是普遍存在的一个经济范畴，那么其来源和本质与资本主义社会中的又有何不同呢？马克思为了将社会主义的利息同资本主义利息区别开，抽象掉了依附在利息上的资本规律性，认为它本质上是劳动人民在生产过程中创造的纯收入，就其一般原理而言，社会主义利息就是信贷资金有偿使用而支付的报酬。这点并不完全适用于中国社会主义经济的发展。自从中国社会主义制度建立以来，利息就一直相伴中国经济社会发展而存在。在传统计划体制中，企业必须根据国家的计划从事生产活动。企业是国有企业，它所代表的是国家整体的利息，因此它并不是独立的利益实体。企业亏损不必自己承担，盈利也不能独自享用。企业的资金需求可以通过两条渠道得以满足：一是国家的财政资金的直接调拨；二是从国家银行中借贷，这在本质上是没有区别的，因为企业得到的利润会以税收等形式上缴，银行的利息最终也是由国家支配的，这一切都是在代表国家利益的不同部门的转移罢了。企业也并不以利益最大化为目的，故在利息来源上就不宜提利润。在这个阶段下中国的利息制度统一以马克思的理论为标准，计入中国的社会纯收入，这在当时特定的阶段下是符合实际情况的，但并不代表这是适合中国经济发展的不易之论。从中国目前实行社会主义市场经济体制的情况来看，利息反映的虽不是阶级间的剥削关系，但我们完全可以还“纯收入”本来面目——利润。社会主义的市场经济也有市场经济的一般特性，如果说“纯收入”概念在过去高度集中的产品经济体制下能适用的，那么在目前国有经济、集体经济和私营经济并存的条件下，是否还能将利息归为纯收入就值得商榷了。本书认为，在社会主义市场经济条件下，利息也同样来源于利润，是利润的一部分。

一、中国利息来源和本质的理论与实践悖论

在中国长期的社会主义经济建设实践中，利息一直是在企业成本或费用中列支的，即使在实行新的财会制度的今天，利息仍然是在企业总成本中支付的，是企业总成本的一部分，有人认为这不符合马克思利息理论原理，也掩盖了利息的本质和来源。但反对者指出，马克思对同一个问题在不同场合中有不同的看法："平均利润中采取利息形式的那一部分，在职能资本家面前，就是作为商品和商品价值的生产上一个预先存在的要素独立出现的。利息量尽管变动很大，但在任何一个瞬间，对任何一个资本家来说，总是作为一个已定的量，加入这个资本家所生产的商品的成本价格。"① 这就是说，对职能资本家来说，利息在他们贷入货币资本进行生产之前，已经在契约上确定了，不管利息如何变化，在一定时间内利息总是一个已定的量，被资本家计算入他们的成本价格中去。根据这一论述，一些学者认为：马克思实际上也认为，从微观生产企业的角度看，利息应是一种成本。因此，所谓将利息列入企业成本不符合马克思利息理论原理的说法，是不足为训的；相反，利息列入企业成本，则有利于发挥利息和利润各自不同的功能。

那么这就出现了矛盾，即马克思到底是要把利息归为企业利润还是归为企业成本。而关于利息应该计入企业利润还是应该计入企业成本，早在中国社会主义改革开放的初期，就已经作为理论和实践上的一个问题提出，但时至今日仍聚讼纷纭，莫衷一是。问题的复杂性在于双方观点各异，又同出一炉，依据

① 马克思．资本论：第三卷［M］．北京：人民出版社，1975：985.

的都是马克思利息理论的有关论述。

二、利息来源理论与实践的辩证统一

实际上，马克思认为利息来源于利润即剩余价值，揭示的是事物的本质关系，而他所提及的利息是资本的成本，则是对资本主义现象形态的描述。我们不能满足于对事物现象的浅陋理解，也不能用对事物本质的理解来否定事物现象存在的必然性。马克思指出："如果事物的表现形式和事物的本质会直接合而为一，一切科学就都成为多余了。"① 问题往往在于现象与本质的不一致。利息与其他剩余价值的转化形式一样，最初总是神秘化地表现为资本的产物，这是有一定客观原因的。马克思指出："这个神秘化的形式必然会从资本主义生产方式中产生出来。"② 之所以如此，主要是在资本主义生产现实中，"一个资本家思考问题完全是由他的利益和他的利己的动机决定的。"③ 对借款的资本家来说，因为他一开始就会认识到利息这一部分价值是属于贷款的人，因此他绝不会把它计入利润，而只会把它当作与工资、地租一样的生产费用计入成本价格。所以，利息计入企业成本并不是没有客观依据的。

发展马克思利息理论的实质就是不能教条化，我们认为，利息到底应该计入企业成本还是计入企业利润，应该尊重实践的选择，而不应该拘泥于理论上的规定。坚持以马克思理论为指导，必须坚持一切从实际出发和理论联系实践的马克思认识论观点，要把马克思利息理论当作一个开放的需要在实践中继续发展的理论体系，要从中国的现实情况和实际需要出发，大胆探索，勇于实践，实事求是，不断赋予利息理论以新的内容。随着改革开放的深入和经济全

① 马克思．资本论：第三卷［M］．北京：人民出版社，1975：923.
② 马克思．资本论：第三卷［M］．北京：人民出版社，1975：985.
③ 马克思．资本论：第三卷［M］．北京：人民出版社，1975：986.

球化趋势越来越明显，中国与其他国家包括资本主义国家的经济往来日益增多，客观上要求中国的财会制度要与国际会计规则接轨，把利息当作一种生产成本来处置。把利息计入企业成本，尽管在实践上会使利息的经济学界定与企业财务核算的实际操作发生差异，但这并不否定或掩盖理论上业已揭示的利息的来源与本质，而且，由于作为企业成本的利息和作为企业利润的利息在量上是一致的，这种差异也不会影响利息支出作为衡量企业经营好坏的一个依据，对企业以致社会经济活动的调节和诱导作用。事实上，把利息计入企业成本，可以真实地反映企业的生产成本，有利于企业在竞争中强化其成本管理，利用成本和利润此消彼长的关系，促进企业千方百计地减少资金占用和节约资金使用，加速资金周转，提高经济效益。

第二节　关于“利率一致性”理论的发展

从马克思对利息的本质和利率的决定分析中，可以概括出利率具有一致性的特点，由于“利率，不管是中等利率还是各个特殊场合的市场利率，都与一般利润率的情况完全不同，表现为一致的、确定的、明确的量”。[①] 它在每一瞬间都是作为一个固定的量出现的。因为在市场上，一切借贷资本总是作为一个总额，和执行职能的资本相对立，从而以借贷资本的供求关系，决定当时市场的利息状况。“信用制度的发展和由此引起的信用制度的集中，越是赋予借贷资本以一般的社会的性质，并使它同时一下子投到货币市场上来，情形就越

① 马克思．资本论：第三卷［M］．北京：人民出版社，1975：413.

是这样。”① 因此，利率也具有显著的一致性特点。虽然市场利率会随着供求的变动而变动，但这种变动并不发生在个别借款人身上，而是在所有的借款人身上都发生同样的变动，如利率由4%提高到5%，不是个别借款人，而是所有借款人都按5%来借入货币资本，所以利率就表现为固定的、既定的量。“利率的大小固然也会变动，但因为它对所有借款人来说都一样地发生变动，所以在他们面前总是表现为固定的、既定的量。”②

本书以为，马克思将银行资本家作为一借贷资本的供给整体来分析是有一定道理的，毕竟银行资本家所代表的都是资产阶级的利益。但换个角度思考，在银行资本家内部实际上是存在着普遍的竞争的，他们之间是优胜劣汰的关系。以美国为例，在1953—1978年的25年间，由于竞争被合并的银行达3819家之多，进入90年代以后，由于管理法规方面的松动，银行竞争更是与日俱增，并购浪潮风起云涌。而在银行间的竞争除了管理等方面的因素外，价格战也是重要的决定因素，各个银行为打击对手都争相以较低的利率放贷，而以较高的利息争夺储蓄。因此，马克思所说的这个整体似乎并不团结。关于这点马克思自已也有论述，他认为，过去资本家剥削的对象主要是小商品生产者和农民，现在剥削对象则扩展到中小资本家身上了，在这个剥削过程中，小鱼为大鱼所吞掉，羊为交易所的狼所吞掉，中小资本为大资本所吞掉。从这点看银行家们并不想以一致的利率来放贷他们的借贷资本。另外，虽然货币市场上的货币资本仅仅被当作可能的资本，不管它的使用方法有多么不同，都可以根据每个特殊生产部门的需要，被分配在不同部门的不同资本家之间。但这只说明了资本的分配，并不能确定分配到各个部门的利率就一定是一致的。实际

① 马克思．资本论：第三卷［M］．北京：人民出版社，1975：410.
② 马克思．资本论：第三卷［M］．北京：人民出版社，1975：409.

上，各个部门不同的利润率本身就决定了各个部门的不同风险，而不同的风险所要求的利率本身也不可能相同，正如前面所说，决定利率的基本机制虽然还是货币供给与需求的均衡，货币供给主体的信贷配给与货币需求方的激励机制与逆向选择使得利率并不那么容易被决定，如果都使用统一的利率，那结果只能是资金的不合理配置，导致风险与收益不相匹配。而对于此，马克思虽然在谈到平均利润率的形成时也有相关的论述，由于各个部门不同的利润率必然会导致资本向高利润部门流动，使得该部门的利润率被增加的资本所稀释，从而形成平均利润，这个平均利润的形成是有将风险统一化的趋势的，在等量资本获得等量收益的情况下，风险高的部门就会被淘汰。但是马克思也说过，平均利润只是个趋势，而不是常态。因此，各个部门的常态是利润率与风险的差异，这也决定了利率面对着不同的部门，往往以不同水平相对。所以，我们认为，马克思市场利率的一致性指的是个不断接近的趋势，且这个趋势也必须是有前提的，一方面应是以资本主义平均利润率已经形成为前提，这时各个部门的利润率已经因资本竞争而相同，相同的资本所面对的风险与收益的组合也是确定的，这时将社会需求作为一个整体，与银行资本相对立就更合乎情理；另一方面，竞争使各个银行并不都以相同的利率来面对相同的需求，但竞争又使各个不同的银行主体的利率水平趋于一致。在相同的社会需求下，高利率的银行放贷必然不如低利率的放贷来得容易，社会的低利率的选择必然使高利率的银行降低利率，否则银行就无法放出贷款获得利息，因此，假使竞争能够进行得充分而又不至于形成垄断，那么竞争的结果就必然使各个银行利率水平有趋近一般利率之势，而这个趋势的水平则是由作为整体的社会借贷资本的供求来决定的。由此可以看出，对借贷资本的需求与供给的一致性都只是趋势而非常态，因此，马克思所说的一致的市场利率也只能是个趋势。

中国现阶段，借贷资本主要集中在国家控股的银行手中，由银行按央行指导下的市场化的利率向工商企业贷放，从这个意义上说，赋予了借贷资金以一般社会性质，因而使利率更表现为一致的、确定的、明确的量。但这个一致的量并没有满足上述两个前提，因此，这个一致的、确定的量也非马克思所指的一致的市场利率，而是在国家干预下的强制性的统一的利率。实际上，在上述的两个条件中，前者是决定因素，因为，即使各个银行间面对相同的货币需求者，他们能够通过竞争而表现出相同的利率水平，但是假使他们本来所面对的就是不同条件的两个需求者，我们就不能要求他们也对两者实行统一的利率。中国没能满足的正是前者，长期以来，中国农业部门和工业部门之间本身就是极不平等的关系，国家的工业化情结使得农业长期以来不是作为原料供给就是作为资金供给基地，中国的二元经济结构十分严重，因此，要想使社会上的各个部门都能体现出相同的借贷条件是不大可能的，况且发展中国家实行平衡的增加战略本身就不大可取，而只能把资金投在主导性部门上，从不平衡向平衡发展过渡。且正如前面所说，市场利率表现为一个统一的量也只能是个趋势，而非常态，即使今后中国各部门的经济发展协调了、平衡了，中国的商业银行独立经营了、竞争充分了，其所能达到的也只是一致性的利率趋势，而非真正意义上的一致利率。不过，在国家经济和金融体制改革尚未深入展开和市场经济尚未充分发育起来的条件下，出于对国民经济进行宏观调控的需要，统一规定专业银行的利率是情有可原的。但即使是这样，也必须尽量遵循市场的资金配置方向，必须以借贷资本的供求状况为决定利率的基本出发点。但中国在规定和调整利率时，却没有很好地做到这一点。多年来，尽管借贷资金需求大大超过供给，中国规定的利率却一直偏低。在规定贷款利率时考虑工商企业的承受能力或资金利润率较多，而考虑银行的经济效益较少，使银行虽承受了信贷资金供应的巨大压力，却得不到收益，甚至贷款越多亏损越大，从而严重影响银行职工的积极性和金融事业的扩展。对工商企业来说，尽管眼下减少了开支，占了便宜，但从长远来看是有害的。因为企业可以不必想方设法节约资金和提高资金效益，仅靠吃银行廉价的大锅饭，而不求上进。其结果往往是银行贷款利率一再下调，贷款不断增加，但企业的成本仍在上升，经济效益并未增长，亏损也不见缩小。可见，只有逐步放开利率使它由供求关系来调节，实现利率市场化，才能促进企业在市场经济激烈的竞争中、在优胜劣汰的无情法则下去奋力前行，才能促进整个国民经济的良性发展。所幸的是，近年来的利率市场化改革已取得初步的成效，在 2015 年，银行商业贷款的最低下限已经被取消，原来靠银行贷款度日的企业如果不能按照市场竞争的要求来提高企业自身的竞争实力、增强自身的盈利能力，只怕会免不了遭受破产清算的被淘汰命运。

第三节 “利率决定理论”的发展

马克思早已指出一般利率只以社会平均利润率为变动界限，利率不应超过社会平均利润率。其理论现实意义在于：中央银行确定一个合理的利率水平时，必须以平均利润率为基础。在正常情况下，确定的贷款利率应当低于一般利润率水平，要把平均利润率作为利息的最高界限。[①] 但在这个最高界限内的利率水平的决定还是有待探讨的。如果确定的贷款利率水平等于一般利润率水平，大部分部门和单位所得利润正好全部支付利息，就没有任何可支配的利润了，这将导致借款规模的缩小；如果确定的贷款利率水平大大高于一般利润率

① 马克思. 资本论：第三卷［M］. 北京：人民出版社，1975：401.

水平，大部分部门和单位经营所得利润不足以支付利息，这时企业不仅不会借款去经营，而且还会把它的自有资金从经营中抽出来去放贷，这对经济是不利的；如果确定的贷款利率水平大大低于一般利润率水平，利息支出对实际部门和单位来讲几乎没有影响，借贷资金所有者经营资金就不会有多大积极性，降低了社会资金的使用效率，这对经济的发展也是不利的。实践也表明，利率水平过高或过低都是有害的。在中国改革开放以前的相当长的时期里，官方利率处于低水平并长期被冻结，其结果是：资金需求过旺难以遏制，诱发盲目投资和通货膨胀。这是利率水平不合理的典型一例。

值得注意的是，马克思的利率的变动界限说法是建立在社会平均利润率形成的基础上，马克思所说的社会平均利率不是社会各部门利率的简单平均，而是等量资本通过竞争后获得的等量利润。它的形成基础是资本可以自由转移，哪一个部门或产业利润率高，资本就如潮水般涌入，一旦利润率降低到一定水平，资本又马上抽出投入另一个利润率高的部门，经过长期竞争，社会上形成了一种利润率差不多的水平，这就是平均利润率。因此，要形成社会平均利润率就必须有充分的市场竞争。在中国现实中，由于财产或资源难以流动或转移、产业不能自由进出、价格不尽合理、没有形成真正公平的市场竞争机制以及许多企业的资源或要素并不是通过市场机制组合而成的，可以这么说，在中国现实中从来就没有形成过社会平均利润率。但在理论上人们又强调利率由平均利润率决定，因此这种状况就曾给中国以往的利率政策的制定带来很多的难题，如：一是难以确定合理的利率水平（因为没有社会平均利润率作为依据）；二是难以着眼于市场供求而经常地适时调整利率（因为着眼的是社会平均利润率，而从短期来看，社会平均利润率又变化较慢），以充分发挥利率的杠杆作用；三是难以真正根据风险大小或期限长短来确定合理的利率结构，在中国长期的利率政策实践中，存在着一个不符合金融规律的假定，即所有借款者的风险都相等，这不能不说与强调利率由社会平均利润率决定有关；四是在中国各行业的利润率因资源配置不合理和价格扭曲而相差悬殊，企业利润率大小并不真正取决于企业效率大小的情况下，又不得不根据各行业利润率的不同来设置，反而会强化价格扭曲状况的行业差别利率，同时又不得不对利润率过低的行业实施有悖于市场规则的优惠利率；五是特别是在中国企业利润率过低的情况下，又不得不长期实行低利率政策，结果既造成中国资金使用效率的低下，又导致资金需求过大，从而造成资金的长期短缺（价格过低必然导致短缺）等，而所有这一切都给中国的经济发展带来了不利影响。

更有甚者，目前有不少人只是简单地根据中国在统计上近似地得出社会平均利润率的平均资金利税率（中国的平均资金利税率是在企业会计报表的基础上将各个不同行业的资金利税率加以综合得出的，但这并不是现实意义上的社会平均利润率，它只具有统计上的意义）水平不断下降的结论，并提出应进一步大幅度降低利率，真可谓“药石之言”。这实际上是要求中央银行放弃“适度从紧”的货币政策，从根本上误导中国的利率政策的应用。从成本的角度来看，利率的降低将使那些实际成本过高的低效率企业得以生存，并进一步耗费稀缺的财产资源，这就将会从整体上使中国企业的平均资金利税率进一步下降，从而形成“平均资金利税率低——利率降低——平均资金利税率进一步降低——利率进一步降低”的恶性循环。如果真的按照这种主张将利率进一步大幅度下降，后果不堪设想。

因此，探讨中国在经济体制转轨时期的利率决定问题，必须在马克思理论的指导下，从中国实际出发，另辟新路。按照马克思的理论，一切影响借贷资本供求关系的因素都会影响利率，那么，国家经济政策，即货币政策对利率的影响也就毫不例外了。中国货币政策的目标是，保持货币币值稳定和以此促进经济增长。于是，币值稳定和经济增长就应该成为中国确定利率水平的基础，只有与币值稳定和经济增长相适应的利率水平才可看作合理的、适度的。这也就是说，根据宏观经济形势的需要，在通货膨胀率和经济增长率这个区间内调整利率，从而达到币值稳定和促进经济增长的目的，才是切实可行的。

究其原因，一是通货膨胀率和经济增长率是一个可观察的经济变量，它容易为各经济主体所了解并据此做出自己的经济决策；二是利率介于通货膨胀率和经济增长率之间，并随其变动而改变，有利于影响经济主体的经济活动和经济决策，从而能有效地发挥利率杠杆的作用，并可逐步增强利率弹性；三是在中国目前经济条件下，经济增长率表明的是在一个考察期内社会经济活动所能达到的规模、水平、速度以及国民收入水平，它是社会经济活动的综合指标，它还可以分解为不同行业、不同部门的经济增长率，以利于被不同行业、不同部门所掌握；四是通货膨胀率和利率一样会影响一国的储蓄、投资和经济增长水平。所以，利率匹配通货膨胀率有利于减轻通货膨胀对国民经济产生的不良影响，使利率保持在正常的水平上。可见，以通货膨胀率和经济增长率作为利率波动的区间，是比较符合中国目前的经济实际的。

马克思利息理论的提出，本身就是整个利息理论的发展与进步。但任何一个经济理论都不可能毫无缺陷，在经济理论建立之初，它必须突破传统理论范式的束缚，同时还要接受传统反对者们的质疑，最后才能为人们所接受，而为人们所接受并不代表这个理论即是真理。一个经济理论想要证明其正确性，最后还必须回到实践中加以检验。每种经济理论都可能经历这样的过程，在初始阶段社会对其赞赏有加，荣誉光芒四射。但这种蜜月期总是持续不了多久，当出现新的无法用该理论解释的经济现象时，该理论似乎突然变得一无是处。因此评价一种经济理论，不在于其是否曾经辉煌，而在于该经济理论能否与时俱进，不断发展完善。当经济理论不能在现实中得以印证时，我们不能简单地将其摒弃，而应以发展的眼光来看待它，思考如何使它进一步完善发展，以适应时代的变化。马克思利息理论作为社会主义国家利率政策与改革的主要指导理论，虽然主导地位未曾被撼动过，但在新的社会经济条件下出现的某些与现实相左的结论也使得有些经济学家渐生疑心。在马克思利息理论所提出的年代，资本主义发展虽然十分迅速，但也只是处于资本主义的初级阶段，与今天成熟的市场经济相比依然有着诸多的不同之处。马克思虽然见微知著，但经济社会依然发生了一些他始料不及的情况。马克思利息理论虽然有其科学的理论基础但却渐渐地与当代社会的接轨出现了一些裂痕。

第四节　关于"利率的作用理论"新发展

利率具有优化资金配置功能和经济调节功能。利率对投资的影响是指利率作为投资的机会成本对社会总投资的影响。在投资收益不变的条件下，因利率上升而导致的投资成本增加，必然使那些投资收益较低的投资者退出投资领域，从而使投资需求减少；相反，利率下跌则意味着投资成本下降，从而刺激投资，使社会总投资增加。正是由于利率具有这一作用，西方经济理论界与货币管理当局都把利率视为衡量经济运行状况的一个重要指标和调节经济运行的重要手段。因此，自 20 世纪 30 年代大萧条以来，有效控制利率水平在西方货币政策体系中曾一度占有举足轻重的地位。

第二次世界大战后，西方各国为了恢复生产，刺激经济快速发展，都不约而同地把经济增长和充分就业作为经济政策的主要目标。低利率政策因为有利于刺激投资，扩大生产规模，有利于经济的迅速增长而被广泛采用，并且在战后的二十多年里，对经济的发展确实起到了积极的促进作用。例如，在整个

20 世纪 50 年代和 60 年代，美国实际年均国民生产总值（GNP）增长率都在 4% 左右。日本从低利率政策中获得的好处更大，企业大量利用低利贷款，减少了利息负担，降低了企业产品成本，增加了企业利润，促进了企业投资，加速了工业发展。日本的低利率政策对日本投资的迅速增长、工业的高速发展和进出口贸易的开展都发挥了重大作用。从 20 世纪 70 年代起，西方各国国际收支极度不平衡，并发生了普遍性的通货膨胀。与此同时，国内经济逐渐停滞，形成了可怕的“滞胀”局面。为了缓和经济危机，西方各国相继转向推行高利率政策，以压缩投资，抑制通货膨胀，结果取得了极大的成效。英国的通货膨胀率从 1975 年的 24.2%下降到 1982 年的 8.6%，又继续下降到 1988 年的 3.8%。日本的通货膨胀率也从 1974 年的 24.3%逐渐下降到 1988 年的 0.5%。但是 2010 年以后，由于各国金融市场的交流联系加强，国际货币政策互相传染，而且日本、欧洲和美国为摆脱经济危机的影响都实行了长期的量化宽松政策，在一系列宽松政策作用下，市场流动性泛滥，且市场对利率变化的弹性逐渐缩小。在之后的低利率乃至于负利率时代，货币政策的低利率刺激效果收效并不明显。

由此可见，利率的变动对投资规模乃至整个经济活动的影响是巨大的。这一点不但为西方经济学理论一再强调，而且也在实践中反复得到了证实。但利率作用的充分发挥必须具备诸如市场化的利率决定机制、灵活的利率联动机制、合理的利率水平和结构等诸多条件。各微观经济主体在市场经济中所处的位置以及对利率的敏感程度是决定利率能否发挥作用的关键。金融市场的发达程度是利率能否在各市场间迅速传导并引导资金流动的前提。利率种类的多少，利率市场化程度以及中央银行是否以利率作为宏观调控的工具等都是利率作用发挥程度的评价标准。换言之，若要利率发挥应有的作用，则必须具备上述条件。

但在中国现实经济生活中，特别是在目前的经济进入低速平稳增长的新常态阶段，利率作为宏观调控的重要经济杠杆之一，其作用的发挥会受到诸如经济开放度、市场开放度、利率弹性、金融监管、银行、企业市场经济主体定位等人为因素和非经济因素的制约。

一、产权残缺，利率形成机制并未实现完全的市场化

从产权经济学的观点来看，“交换是权利的互相转让”，价格只是资源或产品的产权大小或强弱的数量表现，也就是说，价格的形成和决定问题实际上是产权如何决定和产权如何交易问题的现实反映。只有在产权界限明晰的情况下才会有定价制度，如果产权界限不清，定价制度则难以建立，价格功能也难以发挥。其原因在于产权不明确，经济行为主体可以任意地占有经济物品，无须斤斤计较地交换，从而也就形不成公正、合理、权威的价格。由此可见，产权与价格具有内在的关联机制。利率作为一种价格，其实质必然也是产权问题。

从产权来看，在金融市场上，决定利率且直接受利率影响的微观主体是作为借贷主体的银行和企业。对于银行和企业双方来说，能否自由地在借贷交易中确定利率，实质上是作为贷方的银行能否在借贷市场上自由运用作为自有财产的资金的一种权利，以及作为贷方的企业能否凭借自己的信用、抵押物等财产获得资金或稀缺资源使用的一种权利，也就是说，银行和企业是否拥有独立的产权是市场利率产生的前提和基础。

利率水平的确定机制，实质上就是资金产权的定价机制。在产权经济学家看来，产权理论是价格理论的基础，市场交易实质上是产权的交易，价格只是产权的标价。因为，就市场交换来看，一方面是商品流的转换；另一方面也是权利的相互转让。作为交换过程量的关系或比例的价格，不但是商品价值的货币表现，更重要的是商品产权所有者的一种权利，是产权所有者在市场机制的

驱使下，保护自己利益、实现自己意志的一种权利。从这一层上讲，交易中的产权决定了商品的交换价值，给商品定价实质上是给该商品产权标价，任何物品的交换价值都取决于交易中包含的产权。因此，资金产权权利量的大小是制约利率高低的至关重要的因素。现行利率体制不合理的产权制度的原因，产权经济学认为，产权残缺会引起价格扭曲。产权残缺的主要表现有产权限制或约束、产权不能交换、产权模糊和产权配置不当等现象。产权残缺之所以会扭曲价格，是由于价格本质上是一种商品产权的标价。所以，对产权的限制、制约与扭曲，实质上也就是对商品价格的扭曲。

从中国利率市场化改革的实践看，中国的利率改革是在原有的不合理的产权制度框架内进行的，也就是说，在对传统的不合理的利率体系进行改革之前，并没有首先对国有产权制度进行改革以形成合理的产权制度，只有国家才真正拥有绝对性的财产权利，国家实际上仍然掌握全社会绝大部分资源。不合理的产权制度造成了事实上的“产权残缺”，这必然导致了中国利率体制的不合理。

利率形成机制的非完全市场化是传统的国有产权制度造成的遗留问题。国有企业和国有银行的全部资本或财产同属于一个唯一的所有者——国家。它们之间的借贷实际上是同一个所有者“自己同自己借贷”的虚拟的借贷活动。既然这里的借贷活动是一种同一个所有者的虚拟的借贷活动，则借贷的价格——利率也就必然基本上由自己来决定。也就是说，虽然中国的经济体制改革对传统的高度集中统一的利率管理体制进行了一些改革，但由于这种改革是在传统的国有产权制度框架内进行的，因此，它就不可能改变在国有产权制度框架内“自己对自己收付利息”，利率必然由国家来决定这一根本性质。这样，在国有产权制度框架内所进行的利率改革至多只能是允许对官方利率做有限的浮动，而根本不可能涉及利率形成机制的改革问题。可见，只要不对传统的国有产权制度进行根本改革，则无论对利率进行什么样的改革，利率由国家统一决定并由国家统一进行管理这一基本的制度安排是不可能有任何变动的，利率形成机制的非市场化和利率管理体制的行政化干预现象是依然存在的问题。

从1993年的两个决定《关于建立社会主义市场经济体制改革若干问题的决定》和《国务院关于金融体制改革的决定》最先明确利率市场化改革的基本设想；到1995年《中国人民银行关于“九五”时期深化利率改革的方案》初步提出利率市场化改革的基本思路；再到2003年中国人民银行在《2002年中国货币政策执行报告》中公布中国利率市场化改革的总体思路即2004年一直到2013年都持续坚持稳步推进利率市场化改革；2013年中央开始提出加快推进以利率市场化改革为主的金融体制改革内容，并在同年取消了贷款的最低利率限制，在2015年又放开商业银行存款利率上限，之后央行开始扩大公开市场操作的频率和幅度以不断适应利率市场化改革推进对其提出的新要求，可以看出中国的利率市场化改革走出了一条循序渐进的路子。回顾这段利率市场化改革的历史，我们不难发现，这是一路走来，一路坎坷。从中国的现实经济情况看，在宏观经济管理中，利息率的变动，无论是对投资，还是对储蓄和消费，都是严重缺乏弹性的。其宏观调控的杠杆作用眇乎其小。按照凯恩斯的利息理论，降息的主要作用在于引进投资，从而增加社会总需求。然而，自1996年以来，中国连续多次降息，却没有因此启动国内需求。为此，国内有些学者强调，降息效果不如预期，问题出在中国市场经济体制尚未完全建立起来，中国经济的利率弹性较低，导致利率调节的失灵。企业特别是国有企业的投资需求对利率变动不很敏感，居民储蓄主要出于预防动机，而预防动机对利率是无弹性的。这种分析和主张，虽然按照凯恩斯的利息理论一定程度上解释了中国的经济现实，但不一定切中时弊。原因是，在凯恩斯之后的一些学者修正了凯恩斯的理论，论证了预防动机具有利率弹性，预防动机的货币需求是利率的递减函数。

沿着这种思路考察中国前期降息的作用，与其说降息有利于降低投资成本，刺激投资需求从而社会总需求，不如说降息更有利于减轻企业债务负担，增加企业利润，搞活企业。而搞活企业，是搞活宏观经济的基础。

中国国有企业和国有银行还并非严格意义上的市场主体。如果微观经济主体不能根据利率的变化进行理性的经济活动，利率机制就会失去微观经济基础而难以发挥作用。真正的市场主体要求实行预算硬约束，否则就不可能在全面分析成本收益的基础上正常经营。而目前作为资金主要需求方的企业，产权制度改革滞后，机制不健全，权责不明确，管理不科学，预算软约束，企业行为还远未完全市场化，对利率信号反应不敏感。加之部分企业信用观念淡薄，经济合同和信贷约束淡化，使利率约束性几乎丧失。从作为资金供给方的国有商业银行来讲，虽然 2004 年确立了股份制改革的目标和方向，国务院也用“举世瞩目、万众关心、破釜沉舟、务求必胜”16 字表达了改革的决心。而且中国银行和中国建设银行经过了财务重组（包括核销、剥离、注资）等公司治理结构改革阶段，2005 年 10 月 27 日中国建设银行已在香港正式挂牌上市，就在近日中国邮政储蓄银行在香港集中上市，标志着中国大型银行业基本上完成了上市改造和混合制的改革。但国内的国有或国有控股的混合制银行在经营理念、资本充足率、资产质量、产权制度改革、公司治理结构的完善、内控机制的健全、内部分配激励机制、技术手段及国际经验等和外资银行均有很大的差距。特别是在贷款定价水平与质量衡量标准上、对金融风险的认识程度上、在防范风险及处理手段和能力等方面都亟待提高。也就是说，一方面，在银行本身运行并不稳健的情况下结合利率市场化实际，短期内势必导致银行之间的过度竞争，随后竞相提高存款利率和降低贷款利率，造成存贷利差收小，从而降低利润给银行带来过大的竞争压力；另一方面，可能带来国有商业银行贷款定价不当的风险。因为长期以来国内银行均是被动地依赖人民银行的利率政策来决定存贷款的利率，缺乏根据风险收益确定资产价格的经验，一旦自主决定，很可能无法准确地计算成本与收益，使得银行的道德风险加大，不良贷款增加，金融风险积聚，利率的作用大打折扣，从而降低经济资源的配置效率。

从产权制度角度看，中国目前依然是传统的国有产权制度，政府是绝大部分经济资源的产权所有者，国有企业和国有银行的资本金都是国家所有。所以，银行与国有企业之间并不存在实质性的债权债务关系，它们之间的借贷只是同一个所有者“自己借自己的钱”，这样，作为债务人的企业向银行贷款就不会有任何内在压力或自我约束力，相反，企业会尽可能多地占有银行贷款，当资金紧缺时更是如此。企业也有充足的理由去这样做。因为企业虽为国有，但改革之后国家不再有任何资金投入，企业的运作只能靠银行贷款；另外，企业不仅要承担旧体制遗留下来的社会负担，而且还要承担经济体制改革所产生的新的社会成本。所以，企业的行为实际上在一定程度上也得到了政府的默认。在这种情况下，银行和企业的贷款约束与利率约束必然弱化。有不少企业取得贷款时，不要说利息，甚至连贷款本金也不准备归还，取得贷款就像获得一笔收入。不仅如此，在企业逼商业银行、商业银行逼中央银行的“倒逼机制”下，企业贷款的“胃口”越来越大，投资也日益膨胀。

二、金融市场发育不完善，条块分割严重

金融市场不发达，特别是各个金融市场之间条块分割、相互封闭、互不关联，就不可能形成通畅的社会融资渠道，资金的供求就不能通过利率变化进行有效调节，也难以形成真正的市场利率。如目前中国的货币市场存在规模小、市场参与主体少、各组成市场每一组成市场在区域间都严重分割等问题。由于货币当局的公开市场业务是通过货币市场进行的，市场参与主体少，导致货币

市场的利率不能充分反映社会资金的供需状况，不能给货币当局提供及时、准确、充足的市场信息；市场规模偏小，又限制了货币当局开展公开市场业务的规模和效率。这样导致货币当局对货币供应量和利率的调整很难做出正确的判断。加之中国银行间同业拆借市场虽已建立，但还没有形成真正意义上的基准利率，国债发行市场上国债利率的带动作用也远未充分发挥，影响了利率市场化深入改革的进程。另外，受许多非市场因素的干扰，中国现代投资体制改革远未到位，资本流动性很差，资本增量配置还不能在全社会各部门间自由进行，资本存量也难以通过市场实现重组。同时，由于发展战略和体制以及价格体系不合理等原因，存在着少数行业和企业的垄断。这些受政府高度保护和享有垄断利润的行业和企业必然会吸引大量的投资，而其他行业和企业大都只能备受融资难的煎熬。这样，决定利率高低的主导因素——社会平均利润率难以形成，不同行业和地区间的资本回报率相差很大，从而使利率的资源导向及配置功能趋于弱化，由资金市场的供求和价值规律来决定利率的升降更无从谈起。

金融市场发育不完善。金融市场发达与否，直接影响到社会资金的流通渠道和供求机制的调节作用。金融市场不发达，就不可能形成通畅的社会融资渠道，资金供求关系也就不可能通过市场利率的变化而重新调节。在中国目前的条件下，金融市场的发展刚起步，各种金融机制还不健全，利率制定权归国家所有。

中国的利率管制政策在维护金融体系稳定、促进经济发展和金融深化等方面曾取得令世界瞩目的成就，但市场机制缺失和利率管制政策也制约了中国经济尤其是金融业的发展。随着中国市场经济体制改革转型加快，利率市场化的改革也在不断深入发展，利率管制政策已经失去了其生存的宏微观环境，利率市场化的改革已经基本完成。然而中国利率市场化的进一步深入改革仍然存在着众多的约束，主要表现为目前中国的金融市场尚未完善，商业银行缺乏有效的风险防范机制，公司治理结构不科学和内控机制不健全，业务结构单一，国有企业产权不明晰，缺乏现代企业制度，民营企业融资渠道狭窄等。只有消除上述约束，中国的利率市场化进一步深入改革方可稳健进行。为此，当前必须做好以下几方面工作：

第一，在宏观层次上调整国有经济布局，对国有企业实施战略性改组。要改变原来通过“覆盖全社会”形式来实现国有经济主导作用的做法，转向加强国有经济的控制力、影响力和带动力，从力图搞好每一个国有企业，转向力图总体上搞好国有经济，努力实现公有制与市场经济的有效结合；要对国有企业进行分类改组，坚持和完善“抓大放小”方针，通过市场形成的办法培育实力雄厚、竞争力强的大型企业和企业集团，同时放开搞活国有中小企业；要在坚持国有、集体等公有制经济为主体的前提下，支持、鼓励和引导“天生”对利率较为敏感的个体、私营等非公有制经济的发展；要在市场准入、银行信贷、上市融资以及发行债券等各方面取消所有制歧视，对不同所有制企业实行同等待遇。

第二，在微观层面上建立和完善现代企业制度，使国有企业成为真正的市场主体。“产权明晰，责任明确，政企分开，管理科学”的现代企业制度，是适应社会主义市场经济要求的企业组织制度，是公有制与市场经济相结合的有效途径。只有通过建立现代企业制度，才能消除国有企业政企不分、职能错位、负盈不负亏、产权不明晰的弊端，使之成为自主经营、自负盈亏的法人实体。国有企业建立现代企业制度，核心内容在于建立与市场经济相适合的经营机制，实行严格的有限责任制度，形成科学的企业法人治理结构。

第三，进一步开拓和完善金融市场。只有如此才能为利率市场化进一步的深入改革创造条件。诸如前述分析，人们投资需求取决于利率与投资预期的收益率的对比，只有预期收益率超过实际利率水平时人们才会去投资。目前中国的利率市场并没有实现全面深入的市场化改革，金融市场上的市场利率不可能提供科学准确的信息，投资具有盲目性，为避免投资风险，投资意向就处于首鼠二端之中，难以刺激投资需求。

第四，扩大内需，进一步提高消费倾向，从而改革消费需求利率弹性低的现状。从纯理论上讲，降低利率，消费和投资的意向会有所增强。但从中国目前实际状况出发，居民收入差距在进一步拉大，城乡低收入居民占国民收入比重缩小，高收入阶层占国民收入的比重扩大。低收入阶层的积累性、预防性的储蓄难以转化为消费，更难以转化为投资；高收入阶层的消费倾向在降低。凯恩斯说过，“消费是公众的消费”，是穷人的消费，这是有道理的。加之目前经济进入低速增长的新常态状态，制约着降息所应产生的预期效应。因此，如何提高居民收入水平，扩大城乡消费倾向，增加投资倍数作用已是当务之急。

加速社会保障货币化、住房交易化、教育产业化、国家资本投资证券化，并运用好利率货币政策手段，对扩大国内需求无疑有重大的现实意义。但我们应该清醒地看到，这种作用是非常有限的，其有限性是由利息的本质决定的。

中国经济对利率的弹性之所以低，对应前四个作用，我们发现：居民的消费之所以热不起来，关键是对货币的投机需求很微小，居民的存款多是出于谨慎动机，而谨慎动机对货币的需求对利率是无弹性的；同时，居民相对收入和预期收入的降低，也是影响消费的主要原因。这里所说的相对收入是居民收入相对于过高的预期支付压力而言的。一是降息对企业债务的减轻是暂时的，从根本上改变不了企业亏损的局面；二是降息对投资的刺激不大，关键不在于利息成本的高低，而在于企业找不到预期利润率高的好项目；三是降息对股市的帮助不大，关键的原因在于没有相应的产业发展作为微观基础，人们对股市的信心始终是建立不起来的。此外，中国股市不规范、投机性强、风险大，居民不敢轻易进入。

说明利率对宏观经济的微弱作用，不是要否定利率对经济的反作用，也不是要否定政府在宏观经济中的作用。由于利率是易于独立于一国生产之外而产生的固定的量，所以是政府最易控制的变量。政府完全可以将其控制在适当的范围内。这适当的范围就是：使利率对各部门利益的调节，不至于制约一国的产业体系，亦不至于危及其金融体系，亦即应使利率成为协调各方利益的工具，而不是一种不稳定的根源。在这一范围内，政府对利率进行微调以避免问题堆积是责无旁贷的。

三、加强供给侧结构改革和需求结构调整

从目前情况来看，人们将问题归结为供给总量偏大，而且结构不合理，因此提出供给侧改革的策略以鼓励国内企业提高对市场的把握力，减少过剩供给的情况，挖掘市场真正的消费需求以调整其生产结构，以适应消费的需求。本书认为，消费结构调整才是我们面临的重要任务。中国的国情是农村仍是日常居民消费的重要领域，忽视农民消费总量及其消费结构的不合理现状，供给方面的结构调整将是难以奏效的。当然这是从国内角度而言。因此在制定利率政策时，支持什么，就应实行低的优惠利率；限制什么，就要提高贷款利率。只有这样，才能充分发挥利率在调整消费结构和产业结构中的作用。

重视实际利率指标的参数作用。我们在介绍弗里德曼名义货币收入理论时已指出，他特别注意指标名义量和实际量的区分。对于利率也是如此，应将其分为名义市场利率和实际利率。1988 年中国实行保值储蓄，名义年利率已达到 24%以上，人们仍不愿储蓄；目前存款的名义利率 2%左右，而居民储蓄大幅度增加；2014 年中国城乡居民储蓄存款年底余额已达 48.526 万亿元，同比增长 8%。何也？这就是实际利率的作用。西方某些发达国家已制定实际利率水平的标准，由国家指导调控是有道理的。

既然利息是人们积累财产的行为所应得到的报酬，则利息的高低会直接影响到人们积累财产的动机及行为，这样，在目前我国人们积累财产的动机较强，而人们积累财产的渠道过于单一，即人们主要是通过在银行存款的形式来积累财产的情况下，只要利息率不低于一定的水平，适当降低利息率并不会影响人们的储蓄愿望。这就可以解释为什么中国虽然于 1996 年 5 月 1 日和 8 月 23 日连续两次降低利息率，并没有导致储蓄减少的现实。同时，这也可以解释为什么连续两次力度较大的降息并没有达到力度较大地刺激消费或市场需求的目的这一现象。事实上，降低利息率之所以没有达到大力刺激消费的目的也与财产有关，因为人们购买产品进行消费活动是为了获得效用最大化，如果产品对人们没有用，人们就不会购买，这种产品也不可能形成人们的财产。而恰恰中国目前许多企业所生产的产品并不符合人们的需求，在这种情况下，即使利息率较低，人们仍然会认为继续在银行存款也比购买自己目前并不需要的产品有利。因此在产品结构并不符合市场需求情况下，靠降低利息率来刺激消费是不现实的。

四、资本保值与风险报酬

借贷资本作为资本使用权商品的载体，只是贷放而不是出卖，因此在商品经济活动中，必须尊重和维护资本的所有权。资本所有权在经济上的实现就是资本的保值，即保持资本作为货币本身的价值，不管存在风险与否，都涉及资本保值的问题。风险报酬，主要是基于资本保值的要求。如果债权人的部分甚至全部贷出资本要冒届期无法收回的危险，他会要求风险补偿。金融风险，无论是市场风险、价格风险还是汇率和信用风险等，归根到底都是针对资本所有权而言的，而非使用权商品本身。在实际经济生活中，借贷资本的保值通常采用两种方式：第一种是保值贴补方式。当存在通货膨胀时，参照通货膨胀率给出相应的保值贴补率。但由于通胀率本身的时间滞后问题，保值贴补并不能完全保证资本保值。第二种是提高利率。当存在通胀或债权人预计将发生通胀时，他会要求提高利率。存在信用风险的时候，他也会这么做。这是高利贷利率总比银行利率高的原因。利率提高的部分，就是资本实际贬值或可能贬值的补偿。因此，这时的利息已不完全是资本使用权商品的价格，它同时包含了资本贬值的补偿部分。利息作为资本使用权商品的价格，永远是一个大于零的正数，因而借贷期满时债权人收回的货币数量（本金＋利息），总要大于他期初的投入（本金），即名义货币量总是增加的。但是，当通货膨胀率超过利率的时候，他的实际所得却可能是零甚至是负数。这种情况下债权人为什么还愿意贷出资本呢？毫无疑问，他将首先寻求更好的投资途径，但在没有更好的投资途径的情况下，如果他不贷出，就只可能因通货膨胀白白遭受损失，而借助资本使用权商品出卖所得的利息，他可以部分或全部地弥补货币贬值给他带来的损失，如果存在较高的金融风险，一般投资者则会转求其他投资方式甚或宁愿货币贬值，也不愿遭受可能的更大的损失。

第四章

凯恩斯之后市场利率理论的新发展

随着中国利率市场化改革的深入发展，货币政策也逐渐由传统的数量型调控转向以调控市场利率为中心的价格调控方法，因而在新的国内外的经济形势下，积极探讨最新的利率政策理论和利率调控理论显得尤为重要。本章的内容主要是介绍利率微调、利率走廊调控机制和利率规则调控三大理论机制及其应用的问题，继而从理论的介绍内容里吸取目前中国货币政策转型可利用的经验。

第一节　利率微调及平滑调控机制

利率微调（Interest Rate Fine－Tuning）和利率平滑（Interest Rate Smoothing），这两个概念形式上十分接近，关系也十分密切。但是在实际操作过程中，两者的本质内涵却存在着很大的不同。利率微调是在宏观调控方式由“粗犷”型到“细微”型转变的大背景下产生的，它主要强调的是利率调控幅度上的细化。与利率微调不同，利率平滑调控除了强调小幅调整外，还同时重视政策在一定时间范围内、在同一方向上的连续性，即政策惯性。不难看出，利率平滑调控是在利率调控趋向“微调”化的过程中应运而生的一种调控方式。从根本上讲，利率平滑调控方式满足利率微调的要求，利率微调的概念是涵盖利率平滑调控的。

一、利率微调机制

(一)“利率微调”的货币政策含义及其特点

所谓“利率微调”，就是央行根据当前经济运行的趋势，采取积极主动的方式对利率进行微小幅度、多次性逆风向的调整，通过改变信贷资金的使用成本来改变信贷资金的供应量，以此平抑经济运行的走势，实现一国经济增长保持在调控当局所预期的水平上运行，通常是潜在的增长率水平附近。利率微调可以说是一种“维持现状”而非“改变现状”的中性货币政策，它主要采用公开市场操作以及再贴现政策来间接地影响基准利率，使其一步步变动到货币当局的目标范围内，与其他的货币政策相比，利率微调具有“适轻量”以及“精确”调控的特点，具体来说利率微调具有以下显著特点：

第一，利率调整幅度较小。一般来说，采用利率微调这种方式来调控利率时，利率调整的幅度相对来说都是很小的，且多数不会超过 50 个基点(0.01%为 1 个基点)。但需要说明的是，这种小幅度调控不是一成不变的，当经济遇到较大的冲击，无法靠这种小幅调控来慢慢消化冲击影响时，货币当局在必要时期也是会采取 50 个基点以上变动幅度的利率调控。但是，就利率调控总体变动轨迹来看，大幅调控仍是“非常态”的，微调才是利率调控的“常态”。

第二，利率微调进行得较频繁。由于利率微调每次调整的幅度都很小，但是要达到一定的预期调控效果，利率微调就必须在一定时间内进行多次调控，即增加调控的频率。这样做的优点是可以在进行调控的过程中紧密观察调控效果，并可以根据前期调控结果进行及时修正。由于利率效果具有时滞性以及经济波动本身具有惯性，因此，这种频繁的调控可以对每次微调的结果进行观察，以便确定下一步调整的策略。

第三，利率微调具有前瞻性。利率微调是一种前瞻性的调控方式，即不等到经济已经出现较大幅度的波动之后再进行补救式的调控，而是在观察到经济可能走向高涨或发生衰退时，就使用利率进行预测性、逆风向的前瞻性的调整，消除因经济继续高涨而可能带来的通胀或防止经济的衰退。所以，货币当局能够准确地了解经济现状并预测其走势，适时采取合理方向上的调整，是利率微调的关键。

第四，利率微调有利于公众形成稳定的合理预期。公众预期既是维持利率稳定的保障，又是造成利率波动的原因，因此采取易为公众理解的调控方式，避免预期错位对利率的扰动至关重要。较之“大刀阔斧”的利率调控，利率微调能更好地向公众传递央行调控意图，引导公众形成合理预期，增强央行利率调控政策的效果。所以说，利率微调的象征意义与其实际意义一样重要，该利率调控方式可以通过向公众发出强烈的调控信号而促使其形成理性预期，从而降低了利率调控的成本或代价。

（二）利率微调操作需要坚持的几个原则

第一，央行调整利率的适时性——前瞻性。根据国内外利率政策操作经验，货币政策对于实体经济产生作用具有一定的时滞（通常为 9—18 个月）。要发挥利率政策的作用，就要考虑到利率政策作用的时滞和持续的期限，在具体操作上，提前做出安排进行预调，使利率政策决策具有前瞻性，减少随意性，提高利率政策决策的科学性，发挥利率政策在宏观调控中的效果。由此可见，央行调整利率水平必须以预期的各项价格指标和经济增长指标为依据，在通货膨胀到来之前提早上调利率，而在经济出现衰退之前提早下调利率，通过及时主动地调整利率水平，减缓经济可能产生波动的幅度。

第二，央行调整利率的适度性——小幅度。要想合理地利用利率渠道的传导途径，利率政策就应该是一种小心的、渐进的调控过程。利率的小幅度变动除了可以减少调控过程中意外的负面影响，还可以对经济调控的结果做出及时修正。此外，将一次调整的力度转化为多次小幅调整，使得央行的利率政策更具有连续性，有助于社会公众预期的形成。事实上，利率小幅度调整的实际意义并非旨在强调央行的干涉行为，而是为了反映央行对经济调控的决心。

第三，央行调整利率的适量性——高频率。相对于传统的利率调整模式，在利率微调模式下，利率调整的次数要更多一些，这是因为，利率微调的基本理念就是改“一步到位”的调整方式为多次小幅渐进的方式。但是，利率调整的频率也不适宜过快，这是因为调整的频率过快会使得利率政策发生效果叠加。因此，在利率微调模式下，央行应该采取谨慎的态度，在两次利率调整之间还应留有适当的时间间隔，以利于央行更好地观察前期利率政策的效果，为下阶段的利率调控做好充足的准备。

第四，央行调整利率的灵活性——逆风而行。尽管利率政策的制定要遵循一定的规则，但在具体操作过程中依然要体现政策的相对灵活性。用“逆风而行”来对央行微调利率的具体操作方式进行规定，意旨为使央行在调整利率的过程中不受任何外界因素的干扰，而是依据经济运行态势灵活取舍，“逆风向行事”平抑经济周期，以实现货币政策目标。当然，要想实现利率政策操作的灵活性，央行就必须先实现对经济运行态势的精确把握，否则，央行的利率政策不仅难以达到预想的效果，甚至还可能会出现反向的效果。

（三）中国利率微调的尝试

近年来，中国宏观调控的水平不断提高，尤其是在具体模式的运用上，已逐渐放弃了以往被动的盲目干预的做法（在经济出现严重衰退或过热时，才被迫采取高强度的应急措施，容易造成经济的大起大落）；取而代之的是，在经济出现过热或衰退苗头时，就迅速采取紧缩或扩张措施，这不仅避免了经济强幅振荡，而且保持了经济平衡快速增长。就此而言，中国的宏观调控已经步入其发展演变过程的第二阶段。但与科学的精确干预相比，中国当前的宏观调控依然属于粗放型的干预模式，由于此种宏观调控模式难以避免经济运行惯性的冲击，因此也无法将经济稳定在适度增长区间。由此可见，要与构建和谐经济的发展思路保持一致，中国的宏观调控尚需完成由第二阶段向第三阶段过渡的进程。基于保持经济平稳较快增长，防止“过山车效应”的宏观调控目标，中国宏观调控的改革取向应该是由粗放干预向精确干预转变，通过采取适当的微调工具对宏观经济进行“适轻量”调控，以此来引导社会的合理预期，确保宏观调控目标的顺利实现。

利率作为宏观调控的重要手段，其调节宏观经济运行的方式也有“粗调”

和“微调”两种。所谓利率粗调，是指在经济增长严重偏离轨道后，央行被迫大幅度调整利率水平，以期达到缓和经济周期性波动的目的，由于该调控方式缺乏主动性，同时强度较大，常常出现“扭偏过度”的情况，因此是一种效率较低的调控方式。而利率微调是指央行适时小幅度地反复调整利率水平，以此来应对经济运行中不可避免的小扰动，平滑经济波动。该调控方式主张以当前及预测的经济状况为依据，是一种主动性较强、效率较高的调控方式，其实施目的在于，通过改变信贷资金的使用成本来改变信贷资金的供应量，以此平抑经济运行的走势，实现一国经济增长，保持其在调控当局所预期的水平上，即通常是在潜在的增长率水平附近。这种调整方式主要是以央行通过公开市场操作和改变再贴现率等间接手段引导市场利率水平变动至央行所设定的目标范围。

在中国，尤其是1998年改革货币调控机制以来，以货币供应量为中介目标的数量型货币政策在保持物价稳定、稳定经济增长方面发挥了重要作用，但是近年来，随着中国金融业创新步伐的加快及宏观经济环境的不断变化，货币供应量的可测性、可控性、相关性等问题已日益突出。借鉴国外的做法，中国也开始了转变货币政策中介目标的实践，而且在利率调整上也呈现出与发达国家相似的微调特征，如：2002年以前，中国央行对利率的调整幅度均在0.5%以上，大多数保持在1%以上。而从2004年10月28日开始，中国央行连续9次上调金融机构存贷款利率，调整幅度都不超过27个基点。这体现了央行将利率调整从一次性、大幅度调控向多次、小幅度微量调控模式上的转变，表明了国家旨在通过经常性的微调利率来平抑宏观经济波动，从而使经济增长保持在适度的增长率水平。更值得注意的是，中国新近出现的这种利率微调是利率平滑。

（四）利率微调机制的国际经验及对中国的启示

这里以利率微调最成功的美国和英国为典型代表。

美国是世界上市场经济最发达的国家，观察美国微调利率的实践过程，可以帮助我们理解和把握在市场经济条件下实施利率微调政策的一些前提条件。其一，美联储在实施利率微调政策时，并非由于美国经济已经出现过热或紧缩现象，通常只是基于美联储对通货膨胀或通货紧缩的预期。这种宏观调控的前瞻性思维使得美联储的利率微调政策时常闪现出一种先发优势，从而达到预防经济大幅度波动的目的。这种前瞻性的利率政策调控意识正是中国央行应该进一步增强的。其二，美联储在实施利率微调政策时，虽然以联邦基金利率为操作目标，但也非常注重各种政策工具的搭配使用。联邦基金利率是美国银行利率体系的核心，起着引导和调节社会利率水平的作用。与此相配合，三大传统的货币政策工具——公开市场业务、法定存款准备金率和再贴现率在美国也得到了较为充分的运用，其中，公开市场操作更是由于其市场性、灵活性及可控性等特点，运用频率更为频繁。其三，美联储利率微调政策的有效实施，与其国内利率市场化的成熟度密不可分。美联储并不是对市场利率进行直接的人为干预，而是通过所掌握的政策手段来加以调节和引导。由此可见，美国利率微调政策的内生性较强，市场利率的变动极少体现政府或中央银行的货币政策意向，从而使得利率操作具有灵活性，进而强化了其利率微调政策的实际效果。

英国的价格稳定和经济增长情况良好，在很大程度上与它采用通货膨胀定标规则指导下的利率微调密不可分。这种新的利率政策操作模式具有以下特点：一是英格兰银行于 1994 年出版《货币政策委员会会议纪要》，这种货币政策程序化和透明度的提高有助于增强公众对货币政策的预期性；二是 1998 年的《英格兰银行法》赋予了英格兰银行运用货币政策工具的独立性，并从法律上要求英格兰银行实现价格稳定；三是英格兰银行主要的货币政策工具就是公开市场操作，通过在公开市场上的操作来管理市场上的短期利率水平；四是英格兰银行在公众沟通的渠道和方式上有许多创新之处，特别是《通货膨胀报告》。

比较美、英两国的利率微调实践，不难发现，两者的共同之处有六点：一需要有能够独立调控利率的中央银行，如美联储与英国央行均具有利率政策决策与操作的高度独立性；二需要有明确的利率政策操作目标，如美国以经济增长率和通货膨胀率为双重目标，英国以通货膨胀率为单一目标；三需要有能够与利率完美搭配的其他货币政策工具，如美英两国均使用公开市场操作来调控市场上的短期利率水平；四需要有前瞻性的利率政策决策思维，如美国以预期数据为依据，提前采取预防性措施，从而达到"未举而先张"的政策效果；五需要有公开、透明的利率政策决策信息，如英国《货币政策委员会会议纪要》及《通货膨胀报告》的及时发布，均有助于增强公众对货币政策的理性预期；六需要有成熟度高的利率市场化，如美国利率市场化水平高，市场主体对利率变动的反应灵敏，从而强化其利率微调的实施效果。

从两国利率微调的经验可以得出对中国进行利率微调可能有益的建议：

第一，适时把握利率微调的时机和方向。原则上说，利率调整得过早或太晚，利率政策的实际操作效果都会被削弱，甚至与宏观政策意图背道而驰，它要求中央银行在进行利率政策决策时，能够剔除利益集团博弈因素，通过对国内经济运行状况，以及国际经济运行态势和利率变动趋势进行理性分析和判断，准确选择调控时机。此外，在利率微调模式下，利率调整方向的选择也极其重要，它应该参考的主要标准是国内的宏观经济运行状况，一旦国内经济运行遭遇大的冲击、经济运行状态发生大的逆转时就需要及时改变利率的调整方向；而如果国内经济运行状况基本稳定、经济并未受到会引起其大幅波动的实质性冲击时则无须改变利率的调整方向，只需在同方向上采用连续微幅的利率调整方式来适度减缓冲击的力度即可。

第二，保持中央银行的独立性。在中国，虽然中央银行的职能正在不断扩展并完善，但就现状而言，中央银行的利率政策决定权依然集中于国务院，并且同时还受到多个部门的权力制衡，从而导致利率政策的实际效果背离了政策制定前的判断与初衷，产生了许多令学术界与社会公众置疑的问题。基于此，要想在将来使利率微调的作用得以充分显现，保持中央银行及其利率调控的独立性就势在必行。从广义角度看，一国中央银行的独立性是指一国央行在获得独立于政府的地位后，既不受政府干预又不受外国影响而独立地制定和实施货币政策。因而，中央银行的独立性有两个层面的含义：对内来看，中央银行的独立性是指货币政策的目标、操作等不受其他部门的干预；对外来看，中央银行的独立性是指本国货币政策的操作、效果不受国外经济环境的影响。为此，中国央行也必须从这两个方面加强自身的独立性。

第三，利率微调信息的“公开效应”与推新。近年来的理论研究与实践均表明，增强利率政策信息的透明度是利率政策有效实施的必要保证。中国自1994年开始向社会公布各层次货币供应量统计数据以来，中央银行的利率政策透明度也在逐步提高。但与国际货币基金组织《货币和金融政策透明度良好行为准则：原则宣言》的要求相比，中国还需要进一步增强利率政策的透明度：其一，进一步推动信息化建设。构建和完善信息化平台，利用现代电子科技产品、网络“平台”增强与公众的沟通。其二，完善和规范信息公开制度。要规范信息披露的内容、方法、时间和形式；通过各种途径向公众披露利率调整的决策以及相关的工作程序；及时准确地发布各项经济统计指标，公布政策的实施效果，避免公众对政策的制定和执行产生误解；提高对未来经济金融形势预测的准确性，增加预测性报告的实质内容，以使公众更好地把握宏观经济发展趋势与利率政策走向，更好地引导市场预期，提高利率政策操作效果。其三，明确规定中国维持物价稳定的货币政策目标。在明确维持物价稳定的政策目标下，中央银行既要对通货膨胀承担责任，又要对通货紧缩承担责任，从而避免其在制定与实施利率政策方面的随意性。其四，加强和完善宏观经济指标统计。中国对外公布宏观经济统计数据的完整性和及时性还不够，如在金融统计数据中还存在公布的统计项目比较少、报表缺乏合规性、统计指标设置重复、数据来源不清等问题，这就不利于公众对宏观经济形势的了解和正确预测。因此，有关部门应该尽快加强和完善各项宏观经济指标的统计，为利率政策提供准确的依据。

第四，完善市场体系建设和金融监管。利率是个复杂的经济变量，与经济的诸多方面密切关联。利率微调的运作过程也是一个复杂而综合的系统链条，需要许多相关政策的配套与协同，来降低利率微调效果与预期目标偏离度，因此，必须强调在整个宏微观经济环境下的配套改革，从而为利率微调作用的正常发挥创造相应的外部条件。一是国家有必要继续将注意力集中在推进市场体系的建设和完善上，在市场体系不断完善和发展过程中，为市场化背景下的利率微调政策的制定和执行创造基础性条件；二是国家有必要通过对市场主体的建设，打造好与中国利率微调政策相关的微观主体：建立商业银行的企业化体制和商业化机制，确保商业银行在市场利率中的主体地位；三是国家有必要在金融监管方面也进行改革，逐步推进以资本充足率为核心内容的监管方式，强化风险监管，建立对金融风险的及时校正机制，减少风险的积累；四是国家有必要在不至于引发金融风险的前提下，建立货币市场与资本市场之间规范有效的沟通机制，促进价格信号在两个市场之间的有效传导，促进资金在两个市场之间的有序流动。

二、利率平滑调控机制

(一) 利率平滑调控的本质内涵

利率平滑，即基准利率是趋向于在同一方向上连续、小幅变动的，而相反方向的变动相对较少且间隔时间长。有学者做过相关的实证检验，包括美国、加拿大以及澳大利亚等国家在内，许多西方国家的基准利率变动均在不同程度上具有这种“平滑”的特性。

如果货币政策，即以利率作为工具变量的最优货币政策规则，对诸如通货膨胀和国民产出等宏观经济变量的反应是有序的、系统的，那么利率变动的平滑特性也就反映了这些宏观变量变动的平滑性、持续性。当中央银行的行为可以由一个利率反应方程来表达时，这种利率与主要宏观经济变量变动的相关性就会成为可能，这种利率规则就是一种本期利率会系统地反应国民总产出、通货膨胀以及滞后期利率变动的方向。这种规则的一般形式可以归纳为：

$$r_t=\rho r_{t-1}+(1-\rho)(r^*+\pi_t)+\alpha(\pi_t-\pi^*)+\beta y_t \qquad (4-1)$$

根据这个公式，本期基准利率 r_t 是由滞后期的基准利率 r_{t-1}、均衡时的实际利率 r^*、通货膨胀率 π_t、目标通货膨胀率 π^* 以及产出缺口 y_t 共同决定的。系数 α 和 β 表示现期基准利率对产出以及通货膨胀的反应程度，同时 ρ 表明滞后期的基准利率在决定现期基准利率中所占的权重。公式（4-1）其实就是包含了滞后期基准利率且经过扩展后的泰勒规则。

很显然，如果国民产出、通货膨胀的变动是具有持续性的，那么通过公式（4-1）所描述的这种系统作用关系，基准利率的变动就会显现出一些“平滑”特性。然而，基准利率沿同一方向持续变动的“平滑度”究竟有多大，这还要取决于像公式（4-1）这种利率反应方程的两个特性。一是滞后期利率的系数 $\rho\in(0,1)$，它表明滞后期利率对于其他宏观经济变量变动的局部调整特性。

特别需要指出的是，它同时也表明当国民产出与其潜在水平存在差异、通货膨胀与其目标水平有偏差时，都会引起沿同一方向连续的政策操作，直至国民产出和通货膨胀回归到其期望的路径上。二是利率规则反映经济变动的总体反应能力是由系数 α 和 β 决定的。对于给定的 ρ，国民产出和通货膨胀的系数值较小将导致利率变动得更加谨慎，也就是说会使得利率变动趋于稳定。很多学者将各国的数据用于拟合公式（4-1），拟合的结果显示各国货币当局均对利率平滑这种调控模式具有明显的偏好，美联储的数据更是表明其平滑系数 ρ 高达 0.8。

综上所述，概括来说利率平滑调控是基于包含了滞后期的基准利率的经扩展后的泰勒规则来进行的，也就是中央银行使用货币政策来稳定国民产出以及通货膨胀目标的货币政策规则。利率平滑调控的特点是：一是基准利率的变动多数情况下是沿同一方向进行的，也就是说，升息或降息周期持续的时间都比较长，很少进行利率反方向的调整；二是从调整的频率来讲，基准利率沿同向调整的频率要远高于前后逆向调整的频率，说明央行会在采取逆向利率调整之前的较长时间内维持基准利率的稳定；三是基准利率的调整幅度都是比较小的，一般会低于 50 个基点（以 0.01%为 1 个基点）。①

（二）利率平滑调控的作用机理

利率对于实际经济活动的影响，集中地反映在利率对经济均衡和经济波动的影响这两方面，所以，利率调控的主要目的也就在于，通过央行的利率调控使实际经济逐渐趋于均衡以及避免经济大幅波动。但是从利率调控的作用特点上看，由于利率调控经济的过程中存在着时滞性和政策实施后期较大的惯性，

---

① Brian Sack, Volker Wieland. Interest－Rate Smoothing and Optimal Monetary Policy: A Review of Recent Empirical Evidence [J]. Journal of Economics & Business, 1999, 52 (1—2): 205—228.

因此，需要对传统利率调控方式在运用上加以变化，以克服利率调控所带来的周期长、见效慢等缺点，使经济增长速度维持在既定的增长目标范围内。这就需要我们在调整利率的过程中幅度不能过大，要根据所观察到的调控效果随时进行政策跟进和搭配，以巩固当前的调控结果。即当经济将走向高涨阶段时，通过对利率进行预测性的、逆风向的平滑调整来消除因经济继续高涨而可能带来的通胀；而一旦经济存在收缩倾向但并未进入实质性衰退时，同样采取预测性、逆风向的降息行为，防止经济的继续衰退。其政策宗旨为：在经济处于不同的经济均衡状态之间的过渡过程时，采用利率平滑调控机制，以提高货币政策效率为着力点增强货币政策有效性，以一种渐进的平滑收敛政策调整路径搜寻和趋近于宏观经济均衡状态，即宏观经济总量供给和需求的均衡，进而趋近于社会总供给和总需求的均衡。① 利率平滑调控的操作特点可以从以下几方面体现出其作用机理：

1. 持续性特征引导经济在更优轨道上运行

利率平滑调控的持续性特征，使得货币政策在影响利率预期形成以及长期国民经济状况方面更有效，进而更有效地将经济运行引向均衡状态。② 利率政策影响经济活动，包括投资、消费以及储蓄，都是通过影响长期利率而非当期利率来实现的。长期利率与短期利率的关系是基于预期收益曲线假设的，即长期收益曲线是由短期收益曲线均值组成的。因此，如果利率政策的变化是长期持续的，那么长期收益曲线将会因为短期利率的微小变化而产生较大的变动。之所以会产生这样的效果，是因为当央行的货币政策表现出明显持续性特征

---

① 闵光远，胡海欧．宏观经济均衡状态的利率平滑搜寻机制研究及在中国的应用［J］．经济学动态，2007（8）：16—21.

② Ágnes Csermely，András Rezessy. The theory and practice of interest rate smoothing［J］. MNB Bulletin，2007，2（2）：6—15.

时，短期利率的微小调整常常被认为是新利率周期的开始。

短期利率变动对长期利率的显著影响，可以通过两种传导机制使得国民经济在更优的轨道上运行。第一种传导机制是以利率平滑调控能够通过缩小短期利率波动幅度来达到预期宏观经济效果这一特征为基础的。因为，不同的经济冲击，通常情况下会使得通货膨胀率沿着相反的方向变动。在这种情况下，具有利率平滑特征的货币政策，根据最新得到的经济信号就不必再继续沿同一方向变动利率，即不必再沿着本轮利率周期的方向变动；这样，长期利率就会因为短期利率的变动而发生相应的变动。在第二种传导机制中（Woodford，1998），起作用的不再是利率平滑调控模式，而是利率变动的长期属性。由于前瞻性预期的影响，通货膨胀和国民产出不再仅仅受现期货币条件的影响，这些指标同时也由未来货币政策情况决定。那么，如果央行的行为能够影响到长期利率，国民经济就会达到更好的水平。如果市场参与者预期到现期的利率政策是具有持续性的，那么微小的现期利率变化就更起到稳定经济状况的作用，央行只需通过微幅变动现期利率水平来发出信号，就能将经济运行引向更优的轨道上来。

然而，央行只有在严格遵守利率平滑调控方式的情况下，即央行严格地将其短期利率控制在一种“利率轨道”中，才能有效地影响公众的预期。这表明，央行不能随意地在任何时候改变其利率政策，因为央行必须将滞后期的利率政策情况考虑进来，即央行必须保持其利率政策的惯性。尽管这种利率政策惯性在短期内会限制央行应对经济波动时所能选择政策的范围，但是从长期来看，这种利率政策惯性有助于央行将国民经济维持在均衡状态，因为正是央行利率政策所表现出的惯性，使得公众的预期更有效地被央行所利用。

2. 微幅调整特征降低宏观经济调整成本

中央银行在进行利率调控时，之所以倾向于采用平滑的操作方式，其中最主要的原因就是央行面对的不确定性，这种不确定性主要来源于两个方面：一是央行所得到的宏观经济数据的不确定性；二是央行进行利率调控所依靠的货币政策规则中参数的不确定性。不论是哪种不确定性，都会给央行利率政策的实行制造障碍，从而导致央行的利率调控对于国民产出和通货膨胀的影响效果具有不确定性。所以，当央行遇到这种不确定情况时，就应该采取较谨慎的政策操作方式，在利率调控时采取小幅、渐进的调控方式，避免由于大幅调整利率而造成经济的大起大落。

由于央行取得的宏观经济数据有时是不准确的，对这些数据进行修正就变得稀松平常，而且央行所能利用的分析工具也不足以精确地判断冲击所带来的影响，换句话说，货币当局并不能准确地预测到调整利率对其他宏观经济的影响。因此，央行在调整基准利率的过程中，应该采取小幅渐进的平滑方式，这样就能够使货币当局有充足的时间来观察前期小幅调整利率对宏观经济产生的影响和作用，货币当局并在此基础上，结合新获得的关于国民产出和通货膨胀等宏观经济指标，决定下一步的利率调整方案。因此，平滑调控的小幅度变动除了可以减少调控过程中意外的负面影响，还可以对经济调控的结果做出及时的修正。这是因为：一方面，作为货币政策的一种精确干预手段，央行需要及时准确地把握利率调整的幅度和水平；另一方面，由于利率作用于经济的时滞较长以及经济波动本身亦具有惯性的特点，因此，需要对每次微调的结果加以观察，以确定下一步的调整策略。

总结起来，利率平滑调控中小幅调整的特点是可以有效地降低央行利率调整对经济运行影响的不确定性，降低利率政策调整本身对经济运行造成的冲击和波动，提高了利率政策调整的效率，降低了利率政策调整的成本。

3. **同方向特征提高利率政策调控效率**

基准利率调整方向的频繁变动，不利于央行向公众传递其政策信号，而且也会导致公众对于央行调控能力的怀疑，也不利于央行了解经济运行机制的信息和其掌握货币政策的传导机制。

在央行的利率调控过程中，由于利率作用于经济的效果存在时滞性，所以一次微小的利率调整对于宏观经济的影响效果是很有限的，还不能够完全将宏观经济运行引向央行期望的路径上去。但是，由于利率平滑调控机制中利率调整在同一方向上的延续性特征，使得公众可以对利率政策形成理性的预期，央行一次微小的利率调整常常被看作央行一系列利率调整的开始，具有很强的信号作用。这样，在公众和市场合理预期的帮助下，央行微幅调整利率的政策效果被扩大了，而且央行将宏观经济引向均衡所需花费的时间也相应缩短了。但是，公众和市场预期的形成是以央行的信誉为基础的，只有央行保持良好的信誉，利率政策的预期效果才能实现，这一点在利率平滑调控方式中显得尤为重要。在利率平滑调控中，央行在同一方向上持续调控利率的目的就是向公众及市场传递信号，表明央行在接下来的一段时间内都将沿着这一方向进行利率政策操作，那么，如果公众和市场对央行的信任度较高，他们就会形成与央行政策意图相同的预期，央行微小的利率调整就会起到更显著的效果。央行这种在同一方向上的连续利率操作，可以有效避免政策调整的反复和曲折变化，有利于公众及市场预期的形成，有利于缩短政策实行时间，提高利率政策调控效率，这种调控宏观经济效率的提高，可以从图 4 －1 中得到体现。①

如图 4 －1 (1) 所示，中央银行进行货币政策操作，将宏观经济由初始均衡状态 E_1 调整到新的均衡状态 E_2，两种均衡状态之间的过渡路径可能有多种，以图 4 －1 (2) 表示，分为直线渐进型 M_1、弯曲渐进型 M_2 和曲折型 M_3 等路

① 闵光远，胡海欧．宏观经济均衡状态的利率平滑搜寻机制研究及在中国的应用 [J]．经济学动态，2007 (8)：16—21.

径。比较两种均衡状态之间的搜寻“距离”，以直线渐进型路径最短，引导经济趋向均衡状态的效率也最高。

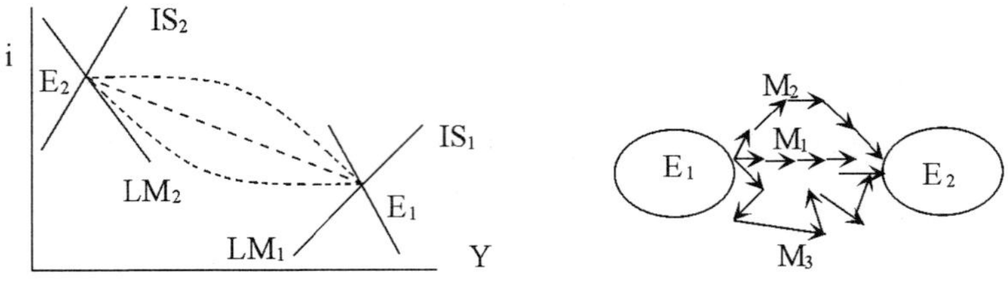

(1)　　　　(2)

图 4－1　货币政策执行效率

可以说，央行是在不完全了解宏观经济状况的情况下，采取小幅渐进的谨慎方式来调整利率，并且将这种调控利率的方式尽可能地在同一方向上持续进行。在这种调控模式下，央行可以在充分观察利率调控的前期效果的基础上来制定接下来的利率政策，从而更有效地控制利率变动对于国民产出和通货膨胀的影响效果、降低利率政策的调整成本。同时，利率平滑调控这种模式能够提高央行的信誉度，有助于公众和市场形成有利政策操作的预期，进而缩短了央行将经济引向新均衡状态的时间，提高了利率政策的执行效率。

(三) 利率平滑调控的一个数理模型解释

这里运用的模型是在参考 Clarida，Gali and Gertler（1999）的模型以及郭万山（2004）的模型基础上得到的，该模型基于通货膨胀钉住制度，是一个包含货币及短期名义价格刚性的动态一般均衡模型。

1. 对传统货币当局多时期损失函数进行修正

在现有的货币政策动态优化模型分析框架下，货币当局的损失函数通常包含两个目标变量，即通货膨胀和产出缺口，而货币当局使用的货币政策工具则是名义利率。在有弹性的通货膨胀目标制下，货币当局对于通货膨胀的控制是不完全的，因此，产出缺口和通货膨胀对于货币政策工具的变动做出的反应存在滞后性。设 i_t 表示短期利率，π_{t+1} 表示在第 t 期可利用信息条件下，对 t+1 期通货膨胀所做的预期，则（$i_t-\pi_{t+1}$）表示 1 年期的真实利率。根据简单的后顾性菲利普斯曲线（公式 4－2）和 IS 曲线（公式 4－3）：

$$\pi_{t+1}=\pi_t\alpha_t y_t+\xi_{t+1} \tag{4-2}$$

$$y_{t+1}=\theta_t y_t-\phi_t\ (i_t-\pi_{t+1\mid t})\ +\eta_{t+1} \tag{4-3}$$

其中，π_t 表示第 t 期的通货膨胀；y_t 为第 t 期产出缺口；参数 α_t，θ_t，ϕ_t 均假定为正数。参数的时间下标表示模型参数是随时间的变化而变化的，具有某种程度的不确定性。参数 α_t 代表产出缺口的变动对通货膨胀的影响程度；参数 ϕ_t 表示货币政策乘数，ϕ_t 值越大，表示货币政策效果越明显；θ_t 代表经济的持续程度。ξ_{t+1} 和 η_{t+1} 分别为独立同分布的具有零均值和固定方差的供给冲击和需求冲击。此时，货币当局的多时期损失函数可以假定为：

$$E_t\sum_{T=t}^{\infty}\delta^{T-t}\ \frac{1}{2}[(\pi_T-\pi^*)^2+\lambda y_T^2] \tag{4-4}$$

其中，π^* 为通货膨胀的长期目标；$\pi\geqslant 0$ 表示产出缺口稳定权重；δ 表示贴现因子，满足 $0<\delta<1$；E_t 表示在第 t 期可利用信息下的条件数学期望算子。货币政策制定者就是要选择名义利率 i_t 使得损失函数公式（4－4）达到最小。因此，传统的货币政策优化模型可以描述为：

$$\begin{aligned}&\min_{i_t}E_t\sum_{T=t}^{\infty}\delta^{T-t}\ \frac{1}{2}[(\pi_T-\pi^*)^2+\lambda y_T^2]\\&\text{s.t.}\quad \pi_{t+1}=\pi_t\alpha_t y_t+\xi_{t+1}i_t\\&\qquad\ \ y_{t+1}=\theta_t y_t-\phi_t\ (i_t-\pi_{t+1\mid t})\ +\eta_{t+1}\end{aligned} \tag{4-5}$$

从公式（4－3）和公式（4－4）可以看出，名义利率变动首先影响产出缺口，滞后期为 1 期；名义利率对通货膨胀的影响是通过产出缺口传导的，滞后期为 2 期。在价格粘性条件下，货币政策传导机制可以描述为：第 t 期名义利率上升引起第 t+1 期产出缺口的下降，进而导致第 t+2 期通货膨胀的下降，即名义利率对两个不同的目标变量（产出缺口和通货膨胀）的作用时间不同。但是，传统的多时期损失函数却忽略了这一点，动态优化问题公式（4-5），要求所选择的名义利率 i_t 同时控制 π_t 和 y_t，这显然是不合理的，因此这也是改进多时期损失函数的突破口所在。

考虑到名义利率 i_t 对目标变量（产出缺口和通货膨胀）影响的时间次序是不同的（第 t 期的名义利率首先影响第 t+1 期的产出缺口 y_{t+1}，然后影响第 t+2 期的通货膨胀 π_{t+2}），对传统的货币当局多时期损失函数公式（4-5）进行修正，将名义利率 i_t 对目标变量影响的时间次序引入损失函数公式（4-5）中。进行影响时间次序修正后的货币当局多时期损失函数可以表示为：

$$E_t\sum_{T=t}^{\infty}\delta^{T-t+2}Loss(\pi_T-y_T) \tag{4-6}$$

$$Loss\ (\pi_T-y_T)\ =\frac{1}{2}\ [(\pi_T-\pi^*)^2+\lambda\ (Ly_T)^2\ ] \tag{4-7}$$

其中，L 为滞后因子，$Ly_T=y_{T-1}$。

将多时期损失函数进行整理可以得：

$$E_t\sum_{T=t}^{\infty}\delta^{T-t+2}\ \frac{1}{2}[(\pi_{T+2}-\pi^*)^{2+}\lambda\ (y_{T+1})^2\ ] \tag{4-8}$$

公式（4-8）与传统的货币当局多时期损失函数最大的不同在于，通过引入名义利率对目标变量影响的时间顺序，第 t 期所确定的名义利率既可以控制通货膨胀，也可以控制产出缺口，克服了传统的多时期损失函数中名义利率不能同时影响通货膨胀和产出的缺点。引入名义利率对目标变量（产出缺口和通货膨胀）影响的时间次序后，货币政策动态优化问题可以描述为：

$$\min_{i_t}E_t\sum_{T=t}^{\infty}\delta^{T-t+2}\ \frac{1}{2}[(\pi_{T+2}-\pi^*)^{2+}\lambda y_{T+1}^2]$$

$$\text{s.t.}\quad \pi_{t+1}=\pi_t\alpha_t y_t+\xi_{t+1} \tag{4-9}$$

$$y_{t+1}=\theta_t y_t-\phi_t(i_t-\pi_{t+1|t})+\eta_{t+1}$$

其中，外部供给冲击 ξ_{t+1} 以及外部需求冲击 η_{t+1} 分别为独立同分布的，具有零均值以及固定方差的冲击序列。

对这个模型进行一系列的优化求解最终可以求得不包含利率平滑和利率稳定性因素的最优名义利率规则解：①

$$i=\pi_t+\frac{\alpha_r(\pi_t-\pi^*)}{\alpha_r^2+\sigma_r^2+\lambda(\phi^2+\sigma_\phi^2)}+\frac{\alpha_r\alpha_y+\sigma_{ry}+\lambda\phi\beta+\lambda\sigma_{y\phi}}{\alpha_r^2+\sigma_r^2+\lambda(\phi^2+\sigma_\phi^2)}y_t+\frac{\sigma_{\phi r}}{\alpha_r^2+\sigma_r^2+\lambda(\phi^2+\sigma_\phi^2)} \tag{4-10}$$

2. 在多时期损失函数中加入度量利率平滑以及利率稳定性的因素

实证经验表明，在制定最优名义利率规则时，如果仅考虑产出稳定性及通货膨胀稳定性，那么由此推导出的最优名义利率规则可能会出现较大的波动，特别是在宏观经济状况以及模型参数存在不确定性的情况下，名义利率规则的这种波动会更明显。这是因为，最优名义利率规则密切依赖于通货膨胀和产出缺口的取值，一旦通货膨胀或产出缺口出现较大波动时，最优名义利率也会相应地出现较大幅度的波动。然而，名义利率在货币政策中一般起着名义锚的作用，公众会通过名义利率的变动来判断货币政策的走向，因此，名义利率的大幅度波动将不利于公众预期的形成，导致公众无所适从，名义利率也就无法再担当名义锚的重任。出于稳定名义锚的考虑，货币当局在制定最优名义利率时，除了要考虑通货膨胀以及产出稳定性的问题，还应该考虑利率的稳定性以及利率平滑性问题。参考 Svensson（1997）的处理方法，在货币政策动态优化问题（公式 4-9）的货币当局多时期损失函数中添加度量利率平滑以及利率稳定的因素，修改后的多时期货币政策制定者的损失函数可以表述为：

① 由于求解过程比较繁杂，正文内容将其予以省略，直接给出了求解的最终结果，具体求解方法参照 Svensson（1997）将多时期动态优化问题转化为逐期优化问题的方法。

$$\min_{i_t} E_t \sum_{T=t}^{\infty} \delta^{T-t+2} \frac{1}{2} \left[(\pi_{T+2} - \pi^*)^2 + \lambda y_{T+1}^2 + \gamma (i_T - i_{T-1})^2 + \mu (i_T - \pi_T)^2 \right] \tag{4-11}$$

其中，λ 和 μ 分别为利率平滑和稳定的相对权重。

仍以公式（4－9）中的菲利普斯曲线和 IS 曲线为公式（4－11）的约束条件，这样，我们可以得到本章要求解的多时期货币政策动态优化问题的模型，在该模型中的多时期货币当局损失函数中，不仅包含了通货膨胀稳定、产出稳定性，还包含了利率平滑特征以及利率稳定性。该模型可以描述为：

$$\min_{i_t} E_t \sum_{T=t}^{\infty} \delta^{T-t+2} \frac{1}{2} \left[(\pi_{T+2} - \pi^*)^2 + \lambda y_{T+1}^2 + \gamma (i_T - i_{T-1})^2 + \mu (i_T - \pi_T)^2 \right]$$

$$\text{s. t.} \quad \pi_{t+1} = \pi_t \alpha_t y_t + \xi_{t+1} \tag{4-12}$$

$$y_{t+1} = \theta_t y_t - \phi_t \ (i_t - \pi_{t+1|t}) + \eta_{t+1}$$

3. 对修正后的包含利率平滑和利率稳定模型即公式（4－12）的求解

加入利率平滑以及利率稳定性因素后的动态优化问题，仍然可以采用 Svensson（1997）将多时期动态优化问题转化为逐期优化问题的方法。将公式（4－12）进行逐期优化后可以推导出下式：

$$\min_{i_t} E_t \delta^2 \frac{1}{2} \left[(\pi_{T+2} - \pi^*)^2 + \lambda y_{T+1}^2 + \gamma (i_T - i_{T-1})^2 + \mu (i_T - \pi_T)^2 \right]$$

$$\text{s. t.} \quad \pi_{t+2} = \pi_t + \alpha_{y+1} y_t - \alpha_{y+1} \ (i_t - i_{t-1}) + \phi_{t+1} + \xi_{t+2} \tag{4-13}$$

$$y_{t+1} = \beta_t y_t - \phi_t \ (i_t - \pi_t) + \eta_{t+1}$$

值得一提的是，我们在进行动态逐期优化过程中，假定模型设定不存在误差的前提下，对菲利普斯曲线和 IS 曲线的参数做了如下假设：模型中的所有参数都是样本的函数，因而均可以看作随机变量。为了表明模型中的参数是随机变量，我们对所有的模型参数均赋予时间下标，并且，进一步假定所有的模型参数都是参数真值的无偏估计量，都可以分解为一个常量加上一个具有零均值、同方差的独立同分布的正态随机扰动项。即参数设计如下形式：

$$\phi_t=\phi+v_\phi,\ v_\phi\sim iidN\ (0,\ \sigma_\phi^2) \tag{4-14}$$

$$\theta_t=\theta+v_\theta,\ v_\theta\sim iidN\ (0,\ \sigma_\theta^2) \tag{4-15}$$

$$\alpha_t=\alpha+v_\alpha,\ v_\alpha\sim iidN\ (0,\ \sigma_\alpha^2) \tag{4-16}$$

由上面的假定可以知道，货币政策乘数 ϕ_t、经济持续程度 θ_t、产出缺口对通货膨胀的边际影响 α_t的均值分别为 ϕ、θ、α，三者的不确定性完全来源于它们的随机扰动项，不确定性的程度由各自的方差系数来决定，方差系数越大，表明不确定性程度越高，否则不确定性程度越低。

通过一系列的迭代求解，最终求得优化后的最优名义利率规则：

$$i=\pi_t+\frac{\alpha_r\ (\pi_t-\pi^*)}{\alpha_r^2+\sigma_r^2+\lambda\ (\phi^2+\sigma_\phi^2)\ +\gamma+\mu}+\frac{\alpha_r\alpha_y+\sigma_{ry}+\lambda\phi\beta+\lambda\sigma_{y\phi}}{\alpha_r^2+\sigma_r^2+\lambda\ (\phi^2+\sigma_\phi^2)\ +\gamma+\mu}y_t$$
$$+\frac{\sigma_{\phi r}-\gamma\ (\pi_t-i_{t-1})}{\alpha_r^2+\sigma_r^2+\lambda\ (\phi^2+\sigma_\phi^2)\ +\gamma+\mu} \tag{4-17}$$

通过引入利率平滑和利率稳定性两个因素求解最优的名义利率规则，我们可以得出以下结论：

第一，引入利率平滑以及利率稳定性因素后，最优名义利率对通货膨胀与其长期目标偏离所做出的反应更加保守。由于 γ，$\mu>0$，所以 $\alpha_r^2+\sigma_r^2+\lambda\ (\phi^2+\sigma_\phi^2)<\alpha_r^2+\sigma_r^2+\lambda\ (\phi^2+\sigma_\phi^2)\ +\gamma+\mu$，故而名义利率对通货膨胀与其长期目标偏差的反应系数为：

$$\frac{\alpha_r}{\alpha_r^2+\sigma_r^2+\lambda\ (\phi^2+\sigma_\phi^2)}>\frac{\alpha_r}{\alpha_r^2+\sigma_r^2+\lambda\ (\phi^2+\sigma_\phi^2)\ +\lambda+\mu}$$

也就是说，引入利率平滑以及利率稳定性因素之后，最优名义利率对通货膨胀与其长期目标的偏离（$\pi_t-\pi^*$）的反应系数变小，因而最优名义利率对于通货膨胀变动所做出的反应更加保守。

第二，引入利率平滑以及利率稳定性因素后，弱化了名义利率对产出缺口的反应。由于 γ，$\mu>0$，所以 $\alpha_r^2+\sigma_r^2+\lambda(\phi^2+\sigma_\phi^2) < \alpha_r^2+\sigma_r^2+\lambda(\phi^2+\sigma_\phi^2)+\gamma+\mu$，那么名义利率对于产出缺口的变动系数为：

$$\frac{\alpha_r\alpha_y+\sigma_{ry}+\lambda\phi\beta+\lambda\sigma_{y\phi}}{\alpha_r^2+\sigma_r^2+\lambda(\phi^2+\sigma_\phi^2)}y_t > \frac{\alpha_r\alpha_y+\sigma_{ry}+\lambda\phi\beta+\lambda\sigma_{y\phi}}{\alpha_r^2+\sigma_r^2+\lambda(\phi^2+\sigma_\phi^2)+\gamma+\mu}y_t$$

也就是说，引入利率平滑以及利率稳定性因素后，最优名义利率对产出缺口变动 y_t 的反应系数变小，因而，弱化了最优名义利率对产出缺口变动的反应。

第三，引入利率平滑以及利率稳定性因素后，货币当局对利率的控制能力有所提高，更利于利率变动“平滑化”，进而有利于国民产出以及价格水平的稳定。将公式（4－10）等式右边最后一项的分子 $\sigma_{\phi r}$ 与公式（4－17）的分子 $[\sigma_{\phi r}-\gamma(\pi_t-i_{t-1})]$ 相比较，不难发现，公式（4－17）中增加了度量利率平滑的权重系数，这就使得货币当局获得了通过调整参数促使利率进一步平滑的能力，通过菲利普斯曲线和 IS 曲线的传导机制，利率的进一步平滑也会带来国民产出和价格水平的平滑和稳定。

由此可见，在货币当局的损失函数中引入利率平滑因素后，最优名义利率对通货膨胀与其长期目标的偏离、产出缺口变动的反应都被弱化了，货币当局应对的行动也变得更加保守，同时，由于货币当局可以通过改变利率平滑的权重来控制名义利率稳定性，所以货币当局保持名义利率、国民产出、价格水平稳定的能力得到提高。

（四）中国利率平滑操作机制的构建

1. 中国利率平滑操作时机的选择：利率的调与不调

从中国最近几次的利率调整来看，利率调整时机在选择上总存在着一定的滞后性，这个时滞效应直接决定了其调节作用发挥的被动性，从而使利率的调控效果总体看来略显得不那么理想。为了更好地利用利率这一“价值杠杆”为宏观经济调控服务，中国就应对利率平滑调控的决策机制做了根本的转变，在引导和调整利率水平时，进行理性分析和判断，使利率调整做到仅仅为经济平稳有效运行“保驾护航”这一目标服务，在利率调整中剔除利益集团博弈因素，做到调控时机的准确，提升利率平滑调控的实施效果。

要准确无误地把握住利率微调的时机是一件相当复杂和困难的事情，但基本前提是要保证央行货币政策执行的独立性，只有做到了这一点，才能使利率政策决策机制得到优化、利率政策决议效率得到提高、利率政策的时滞性得到降低。除此之外，在利率平滑调控模式中利率调整时机的选择主要应该参考以下两方面的因素：

第一，国内经济运行状况，主要以物价指数、固定资产投资、货币供应量、工业生产增加值为参考指标。但是，由于上述各参考指标对经济运行的反应时间前后不一，在选择利率微调的启动时机时还应该有一个核心指标作为标准，对此，我们建议使用经济增长率指标。在这方面，发达国家已有成功经验，如美国劳动力的年增长率约为1.5%，生产率年均增长率约为1%，因此美联储在微调利率时，以2.5%左右的潜在经济增长率为标准：当实际经济增长率高于2.5%时就提高利率，低于2.5%时就降低利率，这样就可以同时达到稳定物价和保证经济增长的双重目标。以中国目前的实际情况来看，市场经济的成熟度和经济实体对利率反应的灵敏度都还有待提高，因此，在判断经济增长率的适度区间时，就应做到具体情况具体分析，而无法像美国那样以一个具体数值为依据，长期执行下去。

第二，要考虑国际经济形势。随着经济全球化的发展，本国经济情况与世界经济变动的关联度越来越大，在这一点上，中国也不例外。从货币政策角度来讲，在开放经济条件下，货币政策不能再仅以本国经济状况为依据来制定，而要将世界经济状况有可能通过国际货币传导机制传入本国的因素也考虑进来。以2008年年初美国短期内大幅降低联邦基金利率，导致中美“利差倒挂”现象的出现为例，就单个经济体来说，无论是美国的降息政策还是中国的升息政策，如果仅仅考虑本国实际经济情况，那么站在美国的立场，其降息政策无可厚非；从中国的角度来说，升息政策也是适时之举。但是，任何一国的利率水平调整都并非处于孤立状态，而是与世界上大多数央行步调保持一致的，特别是在开放经济的条件下，一国货币政策的制定，既要考虑本国实际经济情况，也要理性分析国际经济形式。尽管目前中国的资本项目还没有完全开放，但随着经济进一步全球化和中国金融开放步伐的加快，中国货币政策受国际市场的影响将会越来越大。为此，中国央行选择利率调整时机除了应该全面衡量国内经济运行状况，还应关注国际上的经济形式与利率政策趋势，以通过对此做出的准确判断为依据来选择中国利率调整的时机。

2. 中国利率平滑操作方向的选定：利率的升与降

总体来说，在利率平滑调控模式下，利率调整方向的选择应该参考的主要标准是国内的宏观经济运行状况，只有当国内经济运行遭遇大的冲击、经济运行状态发生大的逆转时才需要改变利率的调整方向。而如果国内经济运行状况基本稳定、经济并未受到会引起其大幅波动的实质性冲击时则无须改变利率的调整方向。

具体来说，如图4－2所示，宏观经济运行大致可以分为三个阶段：t_0到t_1的经济增长阶段、t_1到t_3的经济衰退阶段以及t_3到t_4的经济复苏阶段。当经济运行在第一阶段时，经济的基本面是好的，即使在这段时间内经济运行会遭遇一些冲击，但是这些冲击并未构成影响力，是无法改变经济持续增长的趋势的。那么，在这段时期内，利率调整的方向就不应该改变，利率政策只需将经济继续维持在稳定增长的良性运行状态下即可，对于一些不会对经济运行造成实质影响的冲击，可以通过改变利率调整力度或者是利率调整频度来应对。而

当经济运行到 t_1 处时，已经到达一个拐点，这可能是由于经济遭受重创或者经济运行本身所具有的周期性属性所造成的。无论原因如何，经济会出现滑坡，由增长阶段转入衰退阶段，此时，央行的利率调整方向就发生变化了。在接下来的一段时间内，央行的利率政策也应该从防止经济过热的升息周期进入抵制经济严重衰退的降息周期。以此类推，在 t_3 处，央行利率政策的调整方向也应该发生改变，不同的是 t_3 处应该是从降息周期转为升息周期，以达到防止经济过热的目的。至于在 t_1 到 t_3 以及 t_3 到 t_4 这两段经济运行区间内，央行的利率政策调整方向一般情况下也是不应该发生改变的，此时利率政策的主要功能就是继续维持当前经济的平稳运行状态，在同方向上进行微幅调整即可。

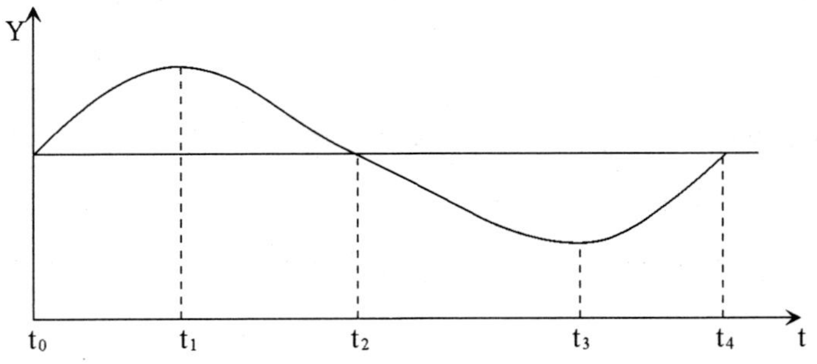

图 4－2　宏观经济运行波动

可以说，利率平滑调控所具有的微调性使得这种利率调控方式只能是一种“维持现状”而非“改变现状”的中性货币政策。也就是说，当经济是由于惯性而处于上升或下降区间时，央行的利率政策无须改变利率调整的方向，只需在同方向上采用连续微幅的利率调整方式来适度减缓经济运行的惯性冲击即可，而当经济运行发生方向性的转变时，央行的利率政策才需要根据实际情况进行方向性的调整。

3. **中国利率平滑操作频度的抉择：利率调整的次数**

相对于传统的利率调整形式，在平滑调控模式下，利率调整的次数要更多一些，这是因为，利率平滑调控的基本理念就是改“一步到位”的调整方式为多次小幅渐进的方式。但是，利率调整的频度也不适宜过快，这是由于利率调控经济存在着时滞性和政策后期较大的惯性，调整的频度过快容易使得利率政策效果叠加，而经过一段时间的消化后，容易产生调整过度、经济大幅波动的不良影响。

所谓货币政策传导时滞是指对某一为适应经济金融形式变化而采用的货币政策行动从认识、决策、实施到传导至特定目标变量最终产生效应之间的时间间隔或时间滞后。① 按照一般划分的方法，货币政策时滞分为内在时滞、中间时滞和外在时滞，分别是由中央银行行为、信贷机构行为以及社会公众行为所引起的，见图 4－3。央行信息反馈系统的敏感程度、预测能力以及管理当局根据预测结果采取行动的快速程度都会引起货币政策的内在时滞；金融中介机构对货币政策变动的敏感程度、响应程度以及金融市场的发展程度决定了货币政策的中间时间长短；消费者和投资者对市场变化及信息的反应程度、社会资源的利用程度、货币政策力度的大小、社会预期等因素影响着货币政策的外在时滞。

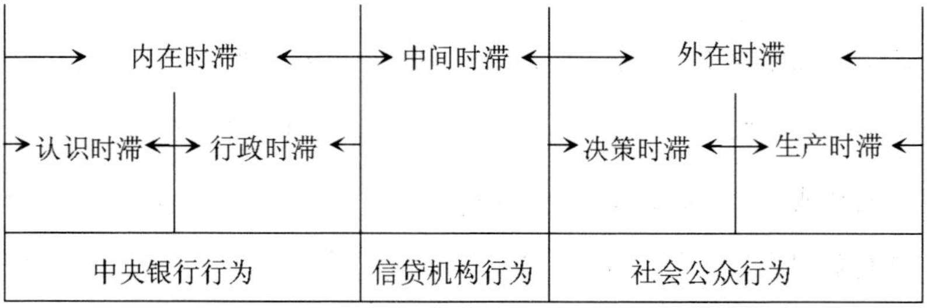

图 4－3　货币政策时滞的构成及产生原因

由于这些时滞效应的存在，央行采用平滑方式来调整利率时，应该选取适

① 曾宪久. 货币政策传导机制论［M］. 北京：中国金融出版社，2004：428—433.

宜的调整频度，使得每次调整中间有个合理的时间间隔。只有当两次调整间存在一段适当长度的间隔，央行才有足够的时间来观察前期调控的效果，才能正确判断调控方向、力度是否合理。如果调整的频度过快，每次利率调整的滞后效果就会叠加，在央行还未对其利率政策正确与否做出判断之前，央行已经重复增加了其调控的力度，一旦证明央行前期利率政策是错误的，将会对宏观经济运行造成严重的影响。因此，在利率平滑调控模式下，尽管央行对于利率调整的频度要高于传统调控模式，但是央行也应该采取谨慎的态度，在两次利率调整之间留有适当的时间间隔，以便央行观察前期利率政策效果，判断利率政策是否正确无误。

4. 中国利率平滑操作力度的量度：利率调整的幅度

在美国等发达国家的平滑调控利率实践中，利率调整的幅度一般是控制在50个基点以内，而且绝大多数都是采取25个基点的微幅方式来调整利率，只在极其个别的情况下才会对利率采取75个基点的较大幅度调整。这样做是出于几方面的考虑：一是降低由于央行判断失误而做出的错误利率调整决定对于经济运行的不良影响；二是有利于望风而动，对利率调控的结果进行及时的修正；三是将一次调整的力度转化为多次小幅调整，使得央行的利率政策更具有连续性，有助于社会公众预期的形成。

与美国相比照，2004年以来，中国央行对于商业银行1年期贷款利率的调整也开始采用27个基点的小幅调整方式，这与美国25个基点的调整幅度有异曲同工之作用。无论是美国的25个基点还是中国的27个基点，在利率平滑调控模式下，要想做到对基准利率的准确调整，就必须要提高央行公开市场业务的能力。假设央行在公开市场业务上选择以借入准备金为操作目标（美联储自1982年以来一直是采用借入准备金为操作目标的），那么公开市场业务的主要任务就是要根据既定借入准备金目标，调节非借入准备金的供给，使得基准利率达到与借入准备金目标相一致的预定水平。这一过程的关键是通过对准备金需求的预测，得出非借入准备金操作量。

在图 4－4 中，横轴表示商业银行的准备金，纵轴表示基准利率，S 表示准备金的供给曲线，D 表示准备金的需求曲线。N_0、N_1、N_2分别表示基准利率为 F_0、F_1、F_2时的非借入准备金供给，其中 F_0表示在央行初始货币政策下的基准利率水平。那么，假设货币当局想要采取紧缩性的货币政策，相应地就要减少非借入准备金的供给，N_0到 N_1，从而将基准利率提高到 F_2；反之，若货币当局打算采取扩张性的货币政策，就要增加非借入准备金的供给，以降低基准利率。在这一操作过程中，最主要的是要准确预测对准备金的需求，进而得出非借入准备金的操作量，一般包括以下几个步骤：

第一，确定借入准备金目标。一般来讲，在银行间拆借市场上，借入准备金与基准利率间存在着稳定的相关性，货币当局可以根据基准利率拟达到的目标值，凭经验数据即可得出借入准备金供应量，即借入准备金的目标。例如，每日增加或减少 1 亿元人民币的借入准备金，最终会使基准利率上升 25 个基点或下降 50 个基点。

第二，估算准备金总需求量。准备金需求是由法定存款准备金需求和超额准备金需求两部分组成。这两部分一般都比较稳定，也容易估算出来。前者由银行行为和法定准备金率的高低决定，后者可以由一个“定量标准”来确定，将两者的估计值相加就可以得到准备金总需求的估值。

第三，计算非借入准备金目标量。该目标量是与公开市场业务直接相关的，等于准备金需求总量与借入准备金目标的差。

第四，估算实际的非借入准备金量。非借入准备金的目标量并不等于公开市场业务的实际操作量，因为其还会受到央行公开市场账户及央行影响准备金的能力因素的影响。所以，两者相减我们得到公开市场业务的操作量为：公开

市场业务操作量＝非借入准备金目标－非借入准备金实际值。公开市场业务的操作人员，正是根据这个公式得到的操作量进行债券买卖，从而调整央行基准利率水平的。①

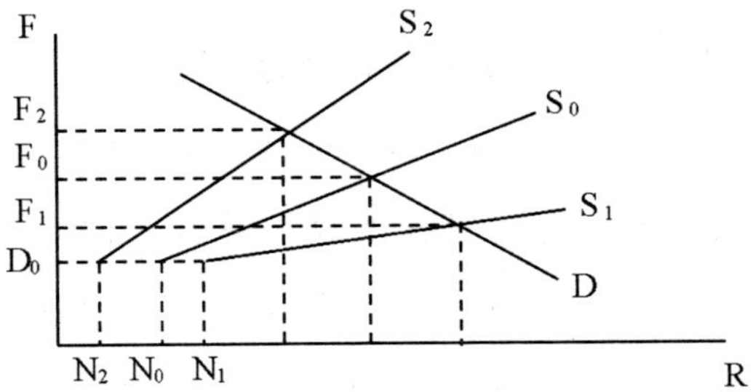

图 4－4　以借入准备金为操作目标的公开市场业务

概括来讲，中国在采用利率平滑调控这种利率政策操作模式时，总体上是要遵循谨慎微调的原则，利率调整的力度不宜过大，常规调整时应限制在 50 个基点之内，即便是在经济局势严重恶化或是经济政策“大转换”时也应控制在 1 个百分点内。这其中，利用公开市场业务来间接调整利率水平不仅要求央行不断提高对于经验数据的分析能力，而且还要增强对于储备需求的预测能力。

（五）利率平滑调控需要注意的几点事项

1. 利率平滑政策较适宜在经济运行较平稳时使用

一般来说，经济运行有两大特点：一是方向的变动性，即总是在交替向上或向下运动，经济总是在波峰和波谷间来回振荡；二是运行的惯性，无论经济运行是处于上升阶段还是下降阶段，在运行过程中都有一种沿同方向继续下去的冲力。如果此时不加以抑制，经济运行就会很快超过潜在增长率和适度区

① 易纲，吴有昌．货币银行学［M］．上海：上海人民出版社，1999：663—668．

间，进入过热或者衰退，但是如果采取强干预政策，由于力度太大，也会容易产生矫枉过正的偏差。[①] 当经济运行呈现出第二类特点时，也就是经济运行较平稳时期，在这样的情况下，货币当局在进行宏观调控时应该采用“平滑”的利率政策，以达到既适度减缓经济惯性的冲击、保证经济继续在适度区间内运行，又避免由于调整力度过强导致经济振荡的目的。从美国的实践来看，利率平滑政策大显身手是在 20 世纪 90 年代，而这段时期也是美国经济状况较好的时期。那么，在经济状况较好的时期，经济一般都是在增长的，失业率也比较低，此时利率政策所要实现的往往是单一目标，即保证物价稳定。根据丁伯根法则，当政策手段数量有限的情况下，单一目标往往是比较容易实现的。所以，在美国整体经济运行状况良好，利率政策目标单一的情况下，美联储的主要任务就是减缓经济运行惯性的冲击，此时微幅、平滑的利率政策实施效果也就最显著。反过来，在经济运行状况不好的时期，平滑的利率调控政策多要实现的将是相互冲突的多重目标，美联储担负的将是扭转经济运行方向的任务，此时若再施行微幅的利率调控，效果也就不那么尽如人意了。意识到利率平滑调控的这种局限性，中国在实施利率平滑调控政策时，就应该做到准确判断当前经济运行情况，只有在经济运行状况良好，货币政策目标单一的情况下，才选用这种平滑的利率调控操作方式，使其发挥其应有的作用。

2. **利率平滑调控方式的有效实施，要以较健全的利率市场机制为基础**

美联储的利率平滑之所以能够成功，这与整个利率体系的高度“市场性”是分不开的。

(1) 完善的公开市场操作机制是调控的基本保证

一般性货币政策工具主要包括三种：公开市场操作、法定存款准备金率以

① 周学. 中国宏观调控应从粗放干预转为精确干预 [J]. 福建论坛（人文社会科学版），2006 (10)：4—5.

及贴现贷款和贴现率。公开市场业务是指中央银行在公开市场上买进或卖出二级市场债券（主要是政府债券），用以增加或减少货币供应量的一种政策手段。当中央银行认为金融市场资金短缺，需要扩大货币供应量时就买进债券，投入基础货币；反之，则卖出债券，以回笼货币，收缩信贷规模，减少货币供应量。需要强调的是，公开市场业务是通过改变银行系统的准备金总量而起作用的。同法定存款准备金和贴现窗口相比，公开市场操作的优越性是显而易见的：一是中央通过公开市场操作可以“主动出击”，根据经济运行状况直接调控银行系统的准备金总量，进而影响利率水平，避免了贴现机制的“被动等待”，以确保货币政策具有超前性；二是通过公开市场操作，可以对货币供应量进行微调，从而避免法定准备金的大幅振动效应；三是中央银行可以通过公开市场业务进行连续性、经常性以及试探性的操作，也可以进行逆向操作，灵活调节货币供应量。

公开市场操作所具有的主动性、超前性、微调性以及连续性等优点都与利率平滑调控的操作特点相一致，其可以很好地满足利率平滑调控的要求，是利率平滑调控得以顺利进行的必要保证，美国多年的利率平滑调控实践也有力地证明了这一点。美国正是依赖于公开市场业务，才得以准确地控制基准利率水平，进而通过平滑利率机制高效、有力地影响整个宏观经济状况。

第一，公开市场业务影响基准利率的“量”很好控制。美联储通过长期的实践操作，可以积累大量关于买入或卖出国债数量与利率变动间联动关系的数据，通过这些经验数据，美联储基本可以掌握每次其操作的力度对于基准利率变化“量”的影响程度，这样就为美联储实行微幅的利率调整提供了有利的条件。美联储可以根据其期望的利率调整幅度，制定相应的买入或卖出国债数量，无论美联储预期利率调整的幅度多么微小，由于国债市场基数很大，所以相应的国债买卖量总可以满足央行微调利率的要求。

第二，公开市场业务可以准确影响基准利率变动的方向。美联储通过公开市场业务在联邦基金市场上买入国债时，市场上的准备金供给就会增加，在准备金需求不变的情况下，联邦基金利率就会相应地下降；相反，美联储卖出国债时，准备金供给减少，联邦基金利率就会有上升的压力。这样，通过公开市场操作，美联储可以很准确地掌握基准利率变动的方向，也就可以满足美联储在同一方向上进行利率调控的平滑利率要求，保证不会出现利率调整方向的偏差。

第三，公开市场操作可以连续进行。由于公开市场操作是由联邦公开市场委员会决定，并通过在纽约联邦储备银行所设的国内交易台来进行国债买卖的，所以公开市场业务受外来因素或非政策性因素的影响比较少，其完全是由美联储的公开市场委员会决定的，与经济体制和金融体制的融合较好。而且，公开市场业务是一种完全市场化的操作，银行机构是市场的参与者，他们完全是主动地参与准备金的调控，而不是被动地接受央行的调控政策，美联储可以完全根据经济运行情况来制定公开市场业务的操作方向、幅度，银行机构如何应对则完全由银行根据其自身情况来决定。这样，只要美联储的前期操作没有达到预期效果，它就可以继续通过公开市场操作来调整利率水平，直至基准利率已经接近其设定的目标水平。公开市场操作又满足了利率平滑调控的持续性特征。

综上所述，在央行可以利用的货币政策工具中，只有公开市场操作具备了微幅调整性、方向可控性、持续操作性的特点，这些特征正是美联储选择利用公开市场操作来完成其平滑调控利率的原因所在，可以说，完善的公开市场操作机制是使利率平滑调控顺利进行的基本保障，只有拥有了高效、有力的调整工具，利率平滑调控才能得以实现。

(2) 公众及市场成熟的理性预期是调控的依托与支撑

在利率平滑调控模式下，微小的利率变动对经济运行的影响可能很巨大，这种情形是有可能存在的。这是因为，在这种利率调控模式下，连续的利率变动在同一方向上延续的时间越长，那么给定的利率变动幅度对于实际经济运行状况的影响力就越大，之所以会产生这样的效果，完全依赖于公众及市场预期的帮助。而且，采取利率平滑调控方式的货币政策操作模式，也有助于公众及市场形成这样的预期：微小的短期利率变动是会在同一方向上持续下去的。公众和市场形成这样的预期，能够减少央行进一步利率调控的力度，有助于加强央行利率政策的执行效果，也正是源于此，利率平滑调控模式才会如此吸引西方货币当局的眼球。可以说，公众及市场成熟的理性预期可以帮助货币当局顺利实行平滑的利率调控计划，利率平滑调控也有助于培养公众及市场理性预期，两者是相互依托、相互支撑的关系。

对于未来经济的预期，更准确地说是对于未来央行货币政策的预期，能够影响消费者、投资者、工人以及企业的决策。举例来说，假设一个企业正在筹划一项投资计划，此时，企业对于短期利率上升的反应取决于该企业预期这种利率上升趋势会持续多久。如果企业预期利率上升只是短暂的，不会持续多长时间，那么企业的反应就会是置之不理，无论企业的筹资方式是通过短期借贷还是长期借贷。如果企业是采取短期借贷的方式筹资，那么企业会期望在将来利率下降的时候再还清所欠款项。如果企业筹集的是长期借款，那么企业此时所面临的是不变的长期利率，这是因为，在有效率的市场上短期利率的临时性上升对于长期利率的影响是很微小的。换句话说，当短期利率的上升是临时性的、非持续性的时候，企业所面临的融资成本是不会受影响的，那么短期利率的这种变化也就不会影响到企业的投资决策。相反，如果企业相信短期利率的微小上升是会持续下去的，那么它就会重新计划或者干脆取消投资计划。同样，无论企业采取的是短期融资方式还是长期融资方式，短期利率持续上升对企业的影响结果都是一样的。采取短期融资时，企业就会预期在接下来一段时间内，都需要以较高的利率来支付其债务；长期融资时，企业也是要以较高的长期利率来支付债务的。根据预期理论的产出曲线，持续的短期利率上升对于长期利率的影响，要远远大于临时性的、非持续的短期利率上升对长期利率的影响。于是，无论面临的是短期债务还是长期债务，如果企业预期短期利率的变动是持续性的，那么企业就会相应地对其投资计划进行修改。[①] 在短期利率不断变化的过程中，企业对于短期利率变动估计的预期是正确的，无疑会为企业决策降低风险，如果企业形成了错误的预期，那么企业也就必须承担因此而产生的损失。

可以肯定，企业是在不断观察央行的利率调控方式的情况下，调整自己关于利率变动的预期，他们的理性程度与对央行利率政策的预期水平在试错的过程中不断提高，这就能推动利率平滑调控效果的走高。

（3）央行较高的信誉度是调控的“加速器”

从央行货币政策传导过程方面来看，每次的货币政策调整对于实体经济的影响是有时滞性的，货币政策的效果要经过一定时间的消化才会显现出来，这就给央行的货币政策执行增添了难度。在利率平滑调控这种模式下，央行利率政策的时滞长短除了取决于货币政策传导机制，还取决于央行信誉度的高低。央行的信誉度越高，调控目标实现的速度越快，反之则慢，可以说央行的高信誉度是利率平滑调控的“加速器”。

美联储的货币政策是通过准备金市场和联邦基金利率传导的，准备金市场

---

① Jeffery D. Amato，Thomas Laubach. The Value of Interest Rate Smoothing：How the Private Sector Helps the Federal Reserve [J]. Economic Review，1999，84 (3)：52—53.

供求状况的变化影响其他短期利率、汇率、长期利率、货币供给量和信贷规模、就业人数、产量和一般价格水平。在这其中的每一步，都有可能存在不同程度的传导时滞，我们这里所要讨论的是货币政策传导的第一步，也是起决定作用的一步的时滞性问题，也就是央行的信誉度，可以说，央行的信誉度是货币政策传导效率的基础。具体地说，在美联储的货币政策操作中，其首先是根据制定的利率目标水平来决定是买入还是卖出国债，银行机构在这个过程中决定是否要向美联储买入或者卖出国债，如果美联储预期卖出（或买入）的国债量与银行机构的买入（或卖出）量相同，美联储的调控目标就可以达成。如果银行机构相信央行能够实现它的决策，它们就会配合央行的调控，全部买入（或卖出）央行欲卖出（或买入）的国债，这样央行影响市场上准备金供给的目的就能达到，基准利率就朝央行的目标方向变动。如果银行机构不相信央行能够实现其决策，它们就可以不配合央行的调控，央行不能全部卖出或买入其期望的国债数量，央行影响准备金的力度就会减弱，央行只有加大操作力度才能将基准利率引向其期望水平，这无疑延长了货币政策操作的时间，降低了货币政策操作效率。

所以，央行的信誉度在影响公开市场操作效果方面起着不可忽视的作用，只有保证了货币政策传导第一步的顺利进行，才能为以后的货币政策执行效果打下基础。较高的央行信誉度可以带动银行机构的迅速配合，提高政策执行效率，保证央行“平滑”调控利率目标的实现，这点对于现代银行制度，尤其是对利率平滑调控至关重要。

3. 利率平滑调控依赖于精确的技术手段和前瞻性的思维方式

一方面，美联储能够准确地把握调息的周期。在实践中，美联储每次变动利率之后，都会根据宏观经济的走势做出进一步调息的判断。美联储对经济走势的准确判断，以及积极主动、预测性的调息行为有效地对宏观经济进行了成功的干预，使得美国自20世纪90年代以来及2001年以后，经济增长始终保持在3%—4%的高增长水平。我们认为，美联储的这些成功经验是值得借鉴的。另一方面，美联储自2004年6月30日以来的升息，并非美国经济已经出现过热，而是基于对将来可能出现经济过热的判断。对于货币政策的前瞻性，格林斯潘在美国参议院银行委员会有一番发言可以说明问题："中央银行需要考虑的，不仅是未来经济发展最有可能的道路，而且还有围绕这条发展道路可能出现的各种情况。据此，决策者需要做出判断，对各种可供选择的政策所可能导致的不同结果的可能性、代价以及收益再做出抉择。"这种前瞻性的宏观调控意识也是中国央行所应具备的。

（六）推动中国利率微调"平滑化"的几点建议

可以说，利率平滑调控应该成为中国宏观调控利率微调政策的重要取向性选择。但由于利率是个复杂的经济变量，与经济的诸多方面密切关联。因而，利率微调的运作过程也是一个复杂而又综合的系统链条，需要许多相关政策的配套与协同，来降低利率平滑调控效果与预期目标偏离度。因此，必须强调在整个宏微观经济环境下的制度完善与配套改革，以此为利率平滑调控作用的正常发挥创造相应的内外部条件，从而走出一条适合中国经济发展需要的利率微调"平滑化"之路。

1. 完善和发展公开市场业务

公开市场业务是间接调控货币政策的一项重要工具，最早是美联储20世纪20年代为解决自身收入问题买卖收益债券时意外发现的，从此，它几乎成了西方发达国家央行最重要的货币政策工具。随着中国央行宏观调控方式逐步从直接调控向以市场为基础的间接调控转变，公开市场业务这项间接货币政策调控工具，也开始渐渐在中国宏观调控中扮演越来越重要的角色。因此，使用公开市场业务这项货币政策工具对于中国货币政策调控能力的提高和金融货币市场的健康发展无疑具有重要意义。从目前的情况来看，中国公开市场业务的发展还不够完善，在基础设施、参与主体、操作目标和操作对象、市场运行条件以及制度保障等方面还存有缺陷，这些都大大制约了公开市场业务在中国货币政策中应有作用的发挥，特别是在利率平滑调控模式下，公开市场业务是促使利率调控方式市场化的重要基础，只有以发展完善的公开市场业务为基础，利率的宏观调控功能才能有效发挥。

在制度方面，一要完善公开市场业务一级交易商制度，扩大一级交易商机构范围。随着证券市场的发展，非银行金融机构在金融资源配置中的作用逐渐提高，与之相适应，非银行金融机构应该被允许进入一级交易商行列。二要建立和完善公开市场业务流动性监测制度。流动性预测和监控体系是中央银行公开市场业务操作的重要基础性制度。三要完善公开市场业务的信息披露方式，借鉴发达国家的先进经验，研究符合中国国情和国际惯例的公开市场业务信息披露方式，加强分析性报告，以引导市场预期，提高货币政策操作效果。四要完善中央银行债券资产管理体系，适时引进适当的衍生工具品种，诸如货币市场基金、开放式回购、远期、掉期以及期权等，并加强对债券资产的管理。

在操作层面，一要选择波动较小且对整个市场利率体系影响较大的短期货币市场利率作为操作目标，逐步实现公开市场操作目标由数量型向价格型转变。二要提高公开市场业务的操作频率。人民银行可适当增加操作频率，以增强公开市场操作对市场的影响力，使公开市场业务成为微调的日常货币政策工具。三要灵活运用多种操作方式。根据货币政策需要，在公开市场业务操作中进行正回购、逆回购、买断、卖断、发行中央银行票据不同品种票据的多种组合，选择数量招标和利率招标等多种招标方式，灵活调控商业银行流动性和货币市场利率，有效地实现操作目标。四要与其他货币政策工具相互配合，统筹协调。尤其在解决结构性失衡问题时，可进行适当方式和适当程度的

“窗口指导”。

2. **增强中央银行的独立性**

由于利率政策的外部时滞性较强，一般要经过6—18个月才会真正显露其调控作用，因此，在制定利率微调政策时就不应是后向的，而应是具有前瞻性的，即以未来的预期发展为导向，在宏观经济不平衡现象初露端倪之时，就应当考虑利率杠杆的作用。考察近年来美国的利率调整政策，我们发现，美联储在对利率调整时机与幅度的把握上，严格地遵循了利率调整的预见性和超前性规则。美联储前主席格林斯潘认为，由于利率对经济运行的影响有滞后性，美联储的利率政策就必须具有预见性。因此，美联储在调整联邦基金利率时，通常是提前行动：当美国经济出现过热或过冷的迹象时，就及时采取相关措施，把问题控制在萌芽状态。由此可见，美国利率微调是根据经济发展预期做出的防患于未然的事前措施。

借鉴美国利率微调的成功经验，利率微调决策机制的前瞻性至关重要。从中国最近几次的利率调整来看，利率调整的决策过程总存在着一定的滞后性，这个时滞效应直接决定了其调节作用发挥的被动性，从而使利率的调控力度总体看来略显疲软。为了更好地利用利率这一“价值杠杆”为宏观经济管理服务，中国就应对利率微调的决策机制从思维方式上做根本的转变，在引导和调整利率水平时，有个合理的预见性提前量，讲求具体操作的前瞻性。正因为如此，提高中央银行的独立性势在必行。中央银行作为国家管理货币信用的重要部门，只有在具备一定的超脱性和独立性的前提下，才能够根据事先对宏观经济状况进行科学分析和预测，提前进行利率政策规划，进而提供不同政策环境下的利率政策规划菜单。

具体而言，央行的独立性表现在三个方面：组织人事独立、财务独立和政策独立。从目前的情况来看，中国央行并没有被赋予充分的独立性，对重大的货币政策如货币供给量、利率及汇率等没有最终的决策权，而只有拟定权和执行权，是在政府领导下与地方政府、政府其他职能部门等相对的独立。因而，提高中央银行的独立性，保证中央银行的超脱地位和权威性，就成为有效地发挥利率调控功能的一个关键性问题。对此，我们可从以下四方面着手：其一，要改变中央银行的隶属关系。中央银行作为国家银行，不再属于政府系统，而直接隶属于全国人民代表大会常委会，接受它的管理和监督，在它的领导下独立地制定和执行货币信贷政策。任何人都无权加以干涉。其二，要理顺中央银行与财政的关系。实行银行和财政分开，彻底割断银行和财政的依附关系，建立二者既相互配合又相互制约的关系。其三，要真正按照市场经济的原则办事，将国务院手中属于中央银行的权力还给中央银行，如把利率调整权下放给中央银行，使得中央银行有权实行统一而灵活的利率政策，并且可以根据经济、金融形势的变化，及时、灵活地调整利率，用以影响信贷规模与投向，从而有效地调节资金供求。其四，要建立中央银行根据市场利率和均衡利率制定基准利率，其他利率以基准利率为参考利率而在一定范围内浮动，允许金融机构之间进行价格竞争制度。①

3. 继续加强培育 Shibor，推动货币市场基准利率建设

在利率市场化国家中，基准利率在利率体系中具有关键性和主导性的地位，能够真实地反映资金成本和供求状况，而且它的变动必然会引起其他利率的相应变动，是制定其他金融产品价格的参照标准。而货币市场短期基准利率体系是指期限在 1 年以内的各种期限品种利率的参考利率，不仅是货币政策价格调控的基础，而且也是货币政策传导和连接中央银行、金融市场、金融机构和企业居民的纽带。因而，建设有效的货币市场基准利率体系，在提高金融机

① 闫素仙. 利息理论与利率政策研究 [M]. 北京：中国经济出版社，2002：323.

构的自主定价能力、指导货币市场产品定价、稳步推进利率市场化改革、完善货币政策调控机制等多个方面都会起到积极的促进作用。

从中国目前的情况来看，自上海银行间同业拆借利率（Shanghai Interbank Offered Rate，简称 Shibor）推出之后，其表现令人瞩目，并已初步具备作为货币市场基准利率的相关属性。一是 Shibor 与以往基于回购和成交价所形成的基准利率体系不同，它是以拆借利率为基础，根据多家大银行对各期限资金拆借品种的报价所形成的基准利率。在形成机制上，Shibor 也更接近于国际货币市场普遍被作为基准利率的伦敦同业拆借利率（London Interbank Offered Rate，简称 Libor）；二是 Shibor 由货币市场供求所形成，更能体现资金的真实价格，从而成为短期债券品种定价的参考基准，同时也是货币市场衍生金融工具如利率互换、利率期权、利率期货等发展的基础性指标。此外，Shibor 几个月以来的运行表现也表明，它与其他重要货币市场利率的相关性很高。Shibor 的推出无论是对货币当局更好地实施价格型货币政策工具，还是对市场基准利率的有效形成均具有重要的意义。当然，在国内不完全成熟的货币市场上推出 Shibor 也有一定的缺点，这是由于 Shibor 推出之初到为市场所认同可能还需要一段时间。因而，这段时间内仍需要央行不断引导和制定一些政策，来鼓励市场主体参考 Shibor 进行金融产品定价，同时央行自身货币政策调控也应更多地参考 Shibor 走势。这样，Shibor 才会较快地为许多市场主体所接受，从而成为有效的基准利率。从长远来看，当 Shibor 成为有效的市场基准利率以后，拆借市场流动性将充分提高，Shibor 最终可以过渡到以实际交易为基础，进而成为中国金融市场上真正的基准利率。①

① 梁福涛. 让 SHIBOR 成为真正的基准利率［EB/OL］.（2007－02－02）. http：//finace. ce. cn//bond/zqgdbd/200702/02/t20070202－10292870. shtml.

4. 塑造成熟的市场主体

培育利率机制传导的微观基础，塑造对利率变化有着灵敏反应的经济主体，是提高利率微调政策效应的关键一环。首先，要建立商业银行的企业化体制和商业化机制，确保商业银行在市场利率中的主体地位。商业银行要在接受中央银行间接调控和金融监管下，按照自主经营、自负盈亏的原则和营利性、安全性、流动性的要求，根据市场资金的供求状况、各自的业务特点、资金用途、贷款方式、借款者信誉程度、资金组织的成本费用等因素，自主决定存贷款利率。其次，要建立和完善现代企业制度，使国有企业成为真正的市场主体。建立现代企业制度的重要意义和作用在于，它以制度的形式从根本上解除传统计划经济体制对国有企业的束缚，使国有企业拥有自主经营决策权并具有自己的经济利益，真正成为自主经营、自负盈亏的法人实体和市场主体，能够根据本身的利益对市场利率等价格信号做出灵敏反应；拓宽中小企业的外部正规融资渠道，增强其对市场资金价格的敏感性，使其能对货币当局的利率调整做出及时反应。最后，要提高居民收入水平，规范资本市场运作，拓宽居民投资渠道，同时推进社会保障制度等配套改革，以增强居民的货币需求弹性，进而加强居民的利率灵敏度。

5. 建立金融市场之间的联动机制

目前，货币市场和资本市场之间缺少有机的联系，造成货币资金流通渠道不畅，影响了货币市场和资本市场之间金融工具均衡价格的形成，导致货币政策有效性降低。在不至于引发金融风险的前提下，应该建立货币市场与资本市场之间规范有效的沟通机制，促进价格信号在两个市场之间的有效传导，资金在两个市场之间的有序流动。

通过允许商业银行进入交易所国债市场的方式促进两个市场参与主体的融合，进而实现货币市场与资本市场的沟通。国债市场既具有货币市场的特征，又具有资本市场的特征，是货币市场和资本市场的最佳结合点。按照有效监管原则，国债的风险权数为零，以国债为标的的交易具有较高的安全性，在加强监管的前提下，可考虑允许商业银行进入交易所国债市场。开放商业银行进入这一市场，首先可以促进国债交易的流动性，拓宽央行公开市场业务操作面；其次可以促进货币市场利率和资本市场利率趋向一致，为最终利率市场化提供可能。

三、利率微调与利率平滑调控之间的关系

如前所述，利率微调对经济的调节相比于货币政策的其他调控手段更具有“适轻量”“间接性”的特点，其调控的目标结果更接近于“维持现状”而非“改变现状”，属于一种“中性的”货币政策。利率平滑调控也强调调整幅度的细化，但是更强调利率操作方向上的持续性，即央行在同一方向上、连续、小幅地调整利率，逆向的利率调控则较少发生。比较而言，利率微调并没有强调利率调控的方向，在这种调控理念指导下，货币当局在一段时间内既可以上调利率，也可以下调利率，而无须过分在意调整的方向，所在意的是使调控趋向于更加精确化。从根本上讲，利率平滑调控方式也满足利率微调的要求，利率微调的概念是涵盖利率平滑调控的。

利率平滑调控不仅可以满足精确、“适轻量”等利率微调的要求，其在影响长期利率以及提高央行信誉度方面，更有利率微调无法比拟的较佳表现。具体来讲，利率平滑调控除了具有利率微调所具有的优点之外，还具有以下的优点：

第一，利率平滑调控可以增强货币当局对实际经济状况的影响。我们知道，能够影响经济运行的必须是实际利率，而这其中主要产生作用的又属中期以及长期实际利率，央行可以控制的短期名义利率对实体经济的影响效果并不

十分显著。虽然央行不能直接决定长期利率，但是根据期限结构假说，长期名义利率取决于对未来短期利率的预期，因此，对未来政策的预期在决定期限结构的形态方面发挥着重要的作用。换言之，中央银行能够通过对短期名义政策利率的调整来影响公众对于央行利率政策的预期判断，进而对长期利率施加影响。因此，央行采取的“平滑”式的利率调整方式能够清晰地向市场以及市场参与者传达其政策意图。一旦央行在公众心中建立起了利率平滑调控的形象，即它倾向于在同一方向上、连续、小幅地调整利率，而反方向的利率变动相对很小，那么在这种情况下，只要央行在相反方向上进行较小的短期利率调整，央行就能够将它的政策意图准确地传达给市场——短期利率将沿着新的方向持续变动，从而影响到未来长期利率的变动，进而影响到整个实体经济的运行状况。

第二，利率平滑调控有助于树立央行规则操作形象，增加其可信度。根据Blinder（1999）对国际清算银行各成员国中央银行行长和从事相关领域的经济学家的调查显示，中央银行的可信度能够保证较低的通货膨胀水平以及治理通货膨胀的成本。换句话说，一旦中央银行的政策操作具有了规则性，并且公众也意识到了央行操作的这种规则性，即由于中央银行的规则操作，所以其在公众间建立了较高的可信度，那么央行在同方向上的小幅利率变动可能要比以往的大幅变动产生更大的政策效应。利率平滑调控之所以能产生这么大的作用，完全依赖于市场参与者的前瞻性预期。当央行的利率政策不是采用平滑的方式，而是频繁地改变利率调整的方向，那么这样的利率政策就会被公众认为是央行的操作失误或者是动态不一致的证据，进而扰乱公众的预期。一旦公众对于央行货币政策的预期被扰乱，那么货币政策的传导就会出现障碍：首先，公众无法领会央行的货币政策意图，也就无法做出央行期望的响应行为；其次，由于市场中的参与者会形成不同的预期、相应地采取不同的应对行为，而且这些预期和行为有时可能是相反的，这样市场参与者的行为就会互相抵消；最后，由于央行的政策操作无法使得公众形成其希望的预期，进而无法令公众朝其期望方向行动，最终导致无法达到央行的政策目的，货币政策有效性降低。与之相比，如果央行采用的是利率平滑的调控方式，那么央行就会在公众心中树立起“平滑”的操作形象，在央行每次利率调整过程中，市场参与者都会形成对经济形势的较强预见能力并产生理性的前瞻性预期。这些对央行货币政策的执行都是极为有力的，央行只需在同一方向上、连续、小幅地调整利率，就能将央行的政策意图准确地传导给市场，影响市场参与者的预期和行为，即央行只需采取较微小的政策变化就能将经济引向均衡状态。

综上所述，利率平滑调控方式可以满足“利率微调”时代大背景下对于利率调控的要求，即从一步到位的“粗调”转变为更科学、更精准的渐进式“微调”。同时，由于利率平滑调控方式具有一定政策惯性的特点，所以在这种调控方式下，公众可以根据央行的微小政策行为而形成较合理的预期，进而增强央行货币政策的执行效果，所以，利率平滑调控方式是在利率调控进入微调时代的较佳选择。

第二节　利率走廊调控机制

利率作为经济活动不可或缺的基本要素，活跃于宏微观经济的各个层面。我们一再指出，利率理论本身并无宏观和微观之分，只是有些理论更偏向于说明微观问题，有些理论则着重分析宏观问题。更应该注意的是，当前西方经济学界的普遍倾向就在于为宏观经济模型建立微观理论的基础，或者是将微观理论扩展到宏观问题的分析之中。在利率理论的诸多分支里面，这样的趋势也十分明显。“利率走廊”是比较有代表性的理论之一。

一、利率走廊的内涵与基本框架

利率走廊最初出现于公司债务管理方面的文献之中。具体而言，利率走廊是指企业进行债务操作的一种方式：设定利率变动的上下限，只要利率达到上限，就买入某种资产；当达到下限时，就卖出某种资产。在这里，利率走廊实质上是一种具有期权性质的金融互换工具，用以防范债务的利率风险。

将利率走廊应用于货币政策领域是由社会经济的迅猛发展促动的。进入20世纪90年代之后，随着电子货币和电子支付系统的发展，在市场经济发展完善的发达国家间，出现了货币需求结构的显著变化，基础的货币需求显著下降，这样影响了商业银行的日常结算需求和准备金需求的货币需求数量。就实际经验来看，以美国和欧盟为主的10个西方发达国家的基础货币流通速度提高了60%，货币乘数扩大了一倍，商业银行结算对基础货币的需求急剧缩减，商业银行的准备金和流通中的现金占GDP的比重下降了一半。

在此背景之下，西方国家原先采用的货币量调控政策的有效性受到了极大的挑战，不得不放弃控制货币供给量的调控方式，转而构建利率走廊。在短短十几年间，这种模式已经被美国、加拿大、澳大利亚等发达国家普遍接受，成为各国央行稳定货币市场利率的重要政策工具。

在中央银行的货币政策操作中，利率走廊是指中央银行通过向商业银行等金融机构提供存贷款便利机制，从而依靠其设定的政策基准利率对市场利率浮动操作区间的影响来稳定市场拆借利率过度波动的调控方法。利率走廊调控实际上是用央行的存贷款利率设定市场利率的波动区间，将市场利率的均衡确定在央行期望的范围内，从而使央行逐渐趋于向市场表达自己的意向，而无须过多地进行实质性的公开市场操作，因而能够大大降低央行的调控难度和调控成本。

利率走廊的基本原理如图 4-5 和 4-6 所示。中央银行通过向商业银行提供存贷款便利而设定一个利率操作区间，其中，操作区间的上限为中央银行的贷款利率，在清算资金出现不足时，商业银行可以此利率向中央银行申请贷款，一般来说，商业银行向市场提供的贷款利率不能超过央行的这一个贷款利率上限值。而商业银行向市场吸收存款的利率水平与央行向商业银行提供的贷款利率大小的成本比较是商业银行进行资金配置的一个主要决定因素，当向市场直接吸收存款的利率水平高于央行的贷款基准利率上限时，商业银行会增加向央行借贷的资金数额而减少在市场上吸收的存款数量，这样相当于央行变相地向市场提供了流动性；下限是商业银行在中央银行的准备金存款利率，商业银行的清算余额（或超额储备）可以此利率存在中央银行。当央行的准备金存款利率大于商业银行向市场提供贷款的贷款利率水平时，商业银行会增加在央行的超额准备金的数量，以尽可能获取更多的资金收益，这样相当于央行以高于市场贷款利率的水平将市场过多的流动性资金进行回收；反之亦然。综合下来，央行可适当地通过对商业银行的存贷款基准利率的上下限的政策利率的操作将市场利率的浮动控制在一个政策合意的区间范围内，同时也将市场资金投放和信贷投放控制在资金政策的合意要求范围内。在这样的设定下，市场拆借利率与中央银行存贷款利率变动的时间序列轨迹便形似一条走廊。

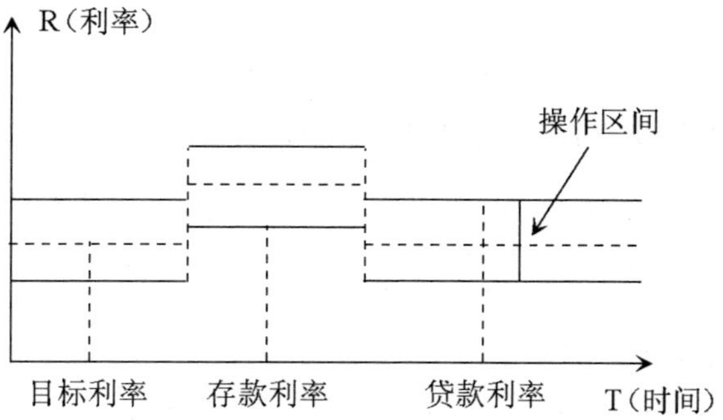

图 4－5　利率走廊结构示意图

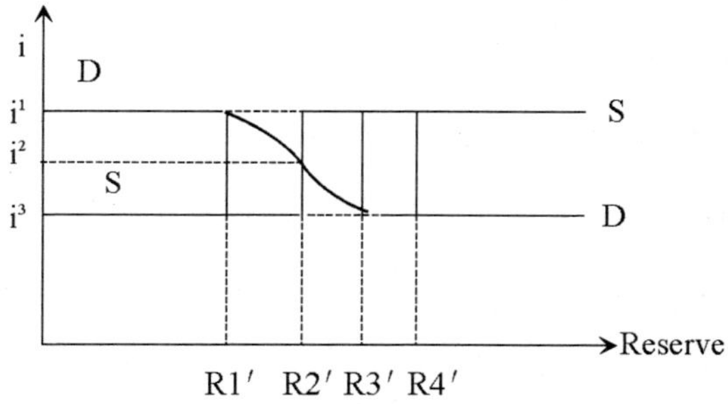

图 4－6　对称利率走廊机制示意图

早期的利率走廊都是不规则的区间形式，在之后不断探索后，各国都渐渐将利率走廊调整为对称的区间走廊，即政策利率与存款下限和贷款上限的距离相等。在该形式下的存贷款上下限区间目标值成为市场利率变动的极限值，这是因为商业银行等金融机构在拆借市场之间的拆入和拆出资金都需要考虑成本—收益这一基本的经营原则，存款下限成为拆出资金的下限值，贷款上限成为拆入资金的上限值，任何低于存款下限利率的市场利率都会激励银行将资金存入央行以获得更高的存款收益，因而会刺激市场利率上扬直至升入存款利率下限乃至以上的水平。同理，如果市场贷款利率高于央行的贷款上限利率，那么银行等金融机构就有在央行获得低息贷款而不从市场获取贷款的动机，以减少资金拆入成本，这样市场贷款利率会在需求下降的情况下自动下调，直至逼近贷款利率上限或低于贷款利率上限，银行等金融机构才有在市场进行资金拆入的可能性。由此可以看出，央行通过利率走廊区间的上下限可以很好地将市场利率锚定在区间范围内，减少因过度的刺激或冲击对市场利率造成的极端影响而引起的市场利率的巨额波动，从而也说明利率走廊的成功运行可以很好地将市场短期利率的波动限定在走廊的区间范围内。

从对称利率走廊机制的区间图上可以看出，一方面，存贷款上下限水平上的准备金需求曲线为平坦的直线，这是因为在这两个水平上的准备金需求都对利率具有完全弹性，利率的稍微变化都会引起准备金的大幅度变化，最终会因为这个上下限的政策要求和市场的套利机制使得市场利率回归至这两个极限值水平，准备金需求是无限的，需求曲线为水平线。在两个限度之间的需求线为一条向右下方倾斜的斜线，这是因为在区间内市场准备金需求与市场利率呈现出反向变动的关系，也就是说持有准备金的机会成本随着市场利率的下降而下降。另一方面，储备金的供给被假设是一个由央行控制的外生变量，与市场的利率变化并没有关系，因而是一条垂直线。值得一提的是，在政策利率趋向于存款利率下限水平之后，市场准备金的供给增加并不会引起市场利率的变化，市场利率最下限水平被限定在存款利率下限水平上。从图 4 - 6 中可以看出，当准备金水平由 R3′↗ R4′水平的时候，市场利率一直维持在存款利率下限值 i^d 的水平上。

从对称的利率走廊的运行机制中我们可以发现以下几点信息：

第一，对称的利率走廊功效的发挥，需要借助于存贷款便利的政策工具，央行必须确保金融市场主体在确定手中准备金数量时能够遵循利率走廊要求的存款下限利率和贷款利率上限要求，不存在非法的套利市场，利率走廊的上下限宽度正好可以将银行的拆借利率等市场利率限定在利率走廊的区间以内，避免出现市场利率过度波动的情况。

第二，对称的利率走廊的宽度设计具有很强的灵活性。央行可以根据市场的现实情况和本国金融市场发展的实际制定符合本国实际的走廊宽度，并且根据不同的经济形势要求的货币政策的宽松度适度调整。例如欧洲一些国家就在金融危机发生后一段时间内收窄了利率走廊的宽度以降低市场利率的波动性，从而很好地引导了市场预期，避免了因利率的剧烈波动给正在恢复的经济造成的冲击影响，在经济形势好转后这些国家的央行又将利率走廊的宽度调回到更宽的区间范围。这样自由灵活的调整，可以很好地引导市场利率的变化，增强了利率调控政策的市场灵活性和政策的市场适应性。

第三，对称的利率走廊的调控功效的发挥，只适用于经济的稳定时期，在危机爆发的时候，市场预期往往受到由于对未来发生不可预期的冲击的影响和央行对不可测冲击的控制能力的信心不足，原有的市场机制会出现失灵，因而利率走廊的调控效果也会不尽如人意。比如在经济危机爆发时，市场普遍预测危机会持续下去，出于对市场性风险的考虑，银行不愿意进行借贷业务，市场资金需求也会持续下滑，市场流动性有可能出现流动性风险，人们更愿意持有货币或者迅速消费，而不愿意进行投资活动，对于未来形势的悲观预期会加速持有货币的可能性，市场流动性并不能很好地引导至实体投资领域，这样，市场利率会下降到极限值，并维持在极限低值，这样仅仅依靠对称利率走廊的上下限调控机制无法激励市场利率的好转，低利率的情况会对经济造成持续恶化的影响。因而需要对对称利率走廊调控机制做出调整。这样变形的利率走廊即地板系统便应运而生。

在 2008 年经济危机过后，西方发达国家为摆脱经济危机的影响，各自都推出了大规模的量化宽松货币政策，传统的利率走廊结构已经无法实现对超额货币投放造成的市场低利率的调节引导，因而各国相继推出了变形版的利率走廊—地板系统，即将政策目标利率锚定在存款利率下限处，使得央行的流动性操作与利率操作相对独立开来，一方面可以继续向市场注入大量的流动性；另一方面凭着政策目标利率与存款利率下限相等的特殊设定，市场利率在短期内并不会因为流动性的增加而进一步急剧下滑，因而很好地实现了量化宽松的政策目标。对市场利率的调整不再依靠传统利率走廊内流动性供给的移动手段，而是需要在地板系统内对利率走廊整体区间位置进行调整，即同时调整利率存贷款的上下限区间。地板系统的原理图如图 4－7 所示。

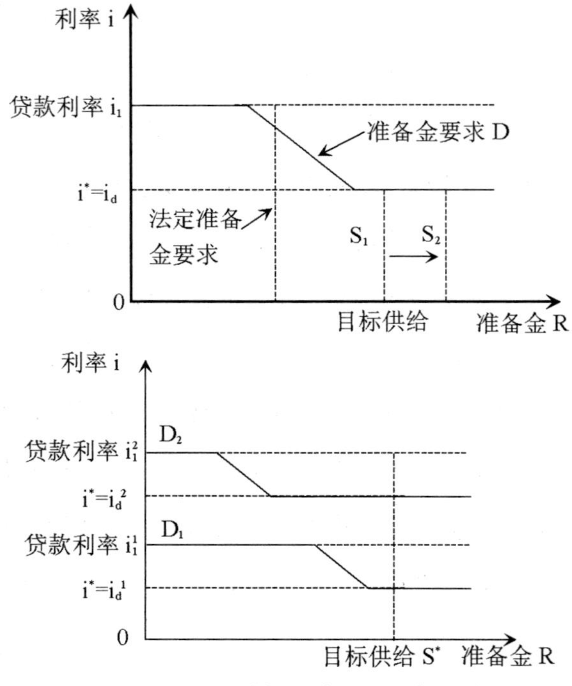

图 4－7　地板系统机制示意图

如图 4－7 所示，在地板系统下，同时调整存贷款上下限的区间位置，可以做到改变市场利率水平的效果。此外，在地板系统调控下央行具备市场流动性操作的独立性，而无须同时兼顾市场利率的波动，因为通过不断向市场投放流动性，流动性供给始终位于政策利率和存款利率下限相等的准备金需求曲线的水平区域内，市场利率也近似趋向于存款利率下限的水平而不再发生变化。

地板系统作为特殊时期的特殊利率走廊调控的模式，具有明显的特点：

第一，在地板系统操作机制下，央行由于将政策利率锚定在存款利率下限水平处，使得市场利率趋向于这一极端低值，央行可以在不用顾忌市场利率波动的情况下放心使用量化宽松的货币政策，向市场注入大量的流动性。也就是说，央行可以将流动性管理政策和利率调控政策相分离，使两者相互独立运行。此外，有这样的利率下限极端存在，央行也不用顾忌市场名义利率在零以下的可能性。

第二，在地板系统内，央行的流动性操作频率下降。与传统的对称利率走廊调控的原则不同，在地板系统下央行已经将政策利率锚定在最低存款利率下限处，央行不必为了维持市场利率的稳定性而进行过多的流动性操作调整，流动性操作的目的变得更加简单，就是为了刺激市场的活力。

二、利率走廊的一个经典的数学模型

Timo Henckel（1999）建立了一个利率走廊作用机制的数学模型。该模型假定同业拆借市场完全竞争，所有商业银行都以利润最大化为目标，央行不要求商业银行保持法定准备金余额，则商业银行的利润最大化公式为：

$$\pi = i\ (D-R)\ + \frac{i^d}{2v}\int_{-R}^{v+u}(R+x)\ dx + \frac{i^l}{2v}\int_{-v+u}^{-R}(R+x)\ dx \tag{4-18}$$

其中，D 表示交易日开始时商业银行账户上的资金总量；R 表示商业银行愿意持有的储备量，该储备量可以按利率 i^d 存入央行；$-R$ 表示出现透支的商业银行按利率 i^l 向央行借入储备量；u 为央行向拆借市场注入净储备量（$-u$ 表示央行从拆借市场抽取的资金量）；x 表示商业银行未预期到的储备需求；i 为拆借市场利率。

解式得：

$$\pi = i\ (D-R)\ + i^d\ \frac{(R+u+v)^2}{4v} - i^l\ \frac{(R+u+v)^2}{4v}$$

其一阶条件为：

$$-i + \frac{i^d}{2v}\ (R+u+v)\ - \frac{i^l}{2v}\ (R+u+v)\ = 0$$

整理得：

$$R+u = 2v\ (\frac{i^l+i^d}{2v} - i)\ /\ (i^l - i^d) \tag{4-19}$$

如果实际拆借利率等于目标拆借利率，则有：

$$\frac{i^l+i^d}{2} - i = 0 \tag{4-20}$$

由（4-20）得：

$$i = \frac{i^l+i^d}{2} - \frac{i^l-i^d}{2v}\ (R+u) \tag{4-21}$$

式（4-21）表明，只要 R+u 为零，拆借利率就等于央行贷款利率之和的二分之一。理论上，该式等于零的情况有三种：一是商业银行愿意持有的储备量等于央行从拆借市场抽取的资金；二是商业银行向央行透支的储备等于央行向拆借市场注入的资金；三是商业银行保持账户余额为零，央行对拆借市场的供给储备也为零。在现实中只有最后一种情况可行。拆借利率往往高于央行存款利率，商业银行在央行保持储备的收益就低于在市场中拆出；同业拆借利率往往低于央行贷款利率，商业银行向央行透支的成本也高于市场拆入，所以，商业银行利润最大化的选择只能是保持账户余额为零。于是，所有商业银行结算余额的加总为零，央行既不向拆借市场注入，也不从拆借市场抽取资金。因此，拆借利率均衡在央行存贷款利率之和的二分之一处，央行不通过公开市场操作，就能够实现对市场利率的调控。

三、利率走廊有关研究文献回顾

对于利率走廊较早期的研究，主要集中于微观公司财务方面的文献。其后，逐渐将其作为货币政策的一种调控模式进行研究。近年来，西方学者致力于建立数理、计量模型，重点研究利率走廊设定对同业拆借利率形成机制的影响、货币政策运行机制、利率走廊调控对市场短期利率的波动性调节以及最优利率走廊区间的设定等问题。

在利率走廊理论应用于宏观经济分析的初期，不少学者对其持有怀疑态度。Christian Groth（1993）讨论了在凯恩斯货币主义者教科书的宏观模型中是否会存在利率走廊的问题。研究结果证明，即使是在完全就业模型的稳定状态时，这种稳定也仅仅是局部的稳定——这也正是众所周知的恰安条件(Cagan condition）描述的情形——这个模型永远不会是完全稳定的。这要归咎于在模型内部的对于货币需求的非线性关系，这种关系又是由于名义利率的非负性所引起的。因此，若要在凯恩斯货币主义者的模型中存在利率走廊，那么必须满足恰安条件。

Kevin Clinton（1991，1997）是较早将利率走廊引入货币政策运行机制进行研究的学者。他细致地描述了利率走廊的实际操作步骤和程序，并指出，中央银行的货币政策操作在没有法定准备金需求的情况下也会十分有效，只要货币当局能够设定一种恰当的利率稳定机制，那么商业银行追求利润最大化的行为就会有助于中央银行实现平抑利率波动的目标。

加拿大银行的一篇工作论文（1999）、澳大利亚储备银行的一篇工作论文(1998）和新西兰储备银行的几篇政策研究论文（1999，2000，2001）也分别有针对性地讨论了本国货币当局的相关操作方法。值得一提的是，上述论文都特别提到大额电子结算系统在央行预测商业银行的结算需求中起到了关键作用。另外，央行政策操作的透明化也在引导市场主体预期方面起了相当重要的作用。

Craig Furfine（2003），Julius Moschitz（2003），Vitor Gaspar（2004），et. 通过建立商业银行的储备管理模型，研究了利率走廊设定下商业银行的储备需求行为改变及其对市场拆借利率均衡的影响，所得出的结论表明：与传统利率调控模式不同，在利率走廊调控模式下，中央银行对市场利率的调控，是通过影响商业银行的储备需求行为和引导经济主体的市场预期来实现的。

一般认为，在确定的市场环境中，大量的投资者可以通过类似于期货或期权的方式获利。Christian Ewerhart，Nuno Cassola，Steen Ejerskov and Natacha Valla（2004）指出，在存在利率走廊情况下，货币市场中这一典型的操作形式很可能会发生偏差。他们证明，利用中央银行政策工具的操作只是偶然性的、分散发生的。该操作的可能性将随着中央银行积极流动管理政策的采用而减少。这些操作也会在利率走廊范围拓宽的同时得到抑制。

现在大多数中央银行以隔夜拆借利率为目标的货币政策多采用的是一到两种典型的操作模式。第一种要求储蓄机构在多天平均期内（multi - day averaging period）保持最低限度的账目平衡；第二种则是以中央银行的借款利率为上限，以存款利率为下限来为隔夜拆借利率设定一个变动区间。无论是均衡利率还是利率走廊都能帮助中央银行达到控制隔夜拆借利率的目的，但是这两种方式在达到这一目标的同时也都存在着不足，在某些情况下还会产生其他的一些相关的问题。William Whitesell（2006）探讨了其他可能的政策实施方法，其中包括为中央银行特别设计的基于每日账户平衡的还款利率政策措施。这一新型的政策措施或许能够保证货币政策的平稳实施，有效地避免了均衡利率以及利率走廊所产生的问题。

Aleksander Berentsen and Cyril Monet（2006）较为全面地研究了在利率

走廊机制下的货币政策选择问题。他们在动态一般均衡分析的框架内考察了渠道系统中利率管制的理论特性。金融机构会遭受到流动性的冲击，这在稳定的货币市场中是可以部分避免的，同时也可以通过中央银行的持续政策操作来避免。研究表明，有一个严格的正的利率走廊是非常可取的，并且利率走廊的变化将逐一影响货币市场上的利率。此外，中央银行可以紧缩其货币政策而无须改变其政策利率，这一目标可以通过以政策利率为中心来对称地增加利率走廊而达到。

在另一篇重要论文中，Aleksander Berentsen and Cyril Monet（2006）还深入分析了利率走廊对于最优货币政策选择的影响。他们将分析置于一个包含了无限金融机构的动态一般均衡模型中，这些金融机构会遭受到不同性质的交易冲击，冲击同时会引起随机的不同的流动性需求。为了应对这些冲击，金融机构要么抵押借款，要么以特定的利率从中央银行的保证金中借款。结果证明，如果抵押借款的机会成本是在严格正的情况下，最优的选择是采取一个严格正的利率走廊。关于最优利率走廊的研究也随着金融危机过后各国的利率走廊调控的实践不断深入，Berentsen and Monnet（2008）建立的一个在一般均衡框架下的最优利率走廊问题的研究最为经典。Curdia and Woodford（2010）对于最优利率走廊的宽度问题进行了详细探讨并否定了零走廊宽度的可能性。Bernentsen et al.（2010）也将政府债券作为央行贷款抵押物并选取了一个面临流动性冲击风险的代表性商业银行作为利率走廊政策的接受方，并采取了动态一般均衡模型分析，也得出了最优的利率走廊宽度应该是严格为正的结论。Curdia and Woodford（2011）将标准的新凯恩斯模型进一步扩展，并加入利率走廊区间的政策调控的效果，最后研究得出结论为：将目标利率设定高于存款利率下限的正利率走廊区间才符合最优货币政策的要求。传统的利率走廊为对称的利率走廊空间，之后又有学者研究非对称利率走廊的实施及极端情况下地板系统的实施问题。在利率走廊的基础上加入了央行的公开市场操作的动态效应，Friedman and Kuttner（2010）在他们的研究中就提到，央行将存款利率下限设定为目标利率水平的地板系统（变形后的利率走廊模式），央行就可以将流动性操作和利率规范两个工作独立开来，以同时控制利率和储备数量，这是仅仅依赖流动性操作的传统货币政策手段无法实现的事情，这样做也可以在各国遭遇经济危机过后实行大规模量化宽松的政策，解决市场流动性过多引起的市场利率过低的问题，这样做一方面设定了利率最低的地板值即利率走廊的下限值，另一方面无论市场流动性的供应数量多寡都无法影响到市场利率的继续恶化，因而可以实现流动性操作和市场利率管理的分离，从而为继续量化宽松的政策做好准备工作，减少量化宽松政策下可能存在的通胀压力。

国内对于利率走廊的理论研究则集中于对国外已有研究的介绍和延伸。刘义圣，赵东喜（2012）将近期的围绕着利率走廊的基本原理、理论模型和最优利率走廊设计等内容的国外关于利率走廊调控的文献内容进行了比较详细的介绍。另外，随着中国央行在 2015 年放开存款利率的上限，利率走廊调控的方式已经初步成型，对于利率走廊的实际政策效应的实证文章逐渐增加。关于利率走廊理论的介绍，国内大部分文献在研究具体利率走廊的应用问题时都部分地提到理论研究的内容，但比较缺乏全面而系统的理论深度介绍。贾德奎，胡海鸥（2004）阐述了利率走廊的含义与作用机制，列举了部分实施利率走廊调控机制的国家实践，为我国利率走廊的建设提出了一些针对性建议。刘义圣，赵东喜（2012）虽然对国外的有关利率走廊的文献内容做了一个具体和详细的介绍，但没有对国内应用进行更加深入的分析。巴曙松，尚航飞（2015）关于利率走廊调控模式的演进和实践启示的文章对利率走廊的内容和形式以及国际利率走廊调控的实践进行了较为详细的介绍，而且提出了中国构建利率走廊调控机制的一些建议，然而他们的建议还是没有深入到具体的市场内部结构分析中国实施利率走廊调控需要解决的市场困难。从关于利率走廊的作用机制分析方面的文献来看，国内的研究相对较少，主要是央行实施利率走廊的政策时间短，并没有足够的时间来证明其在中国的调控效果。针对利率走廊调控机制在中国的适用性探讨，李嘉结（2014）通过国外的成功实践归纳了利率走廊的特点和优势，提出了中国利率走廊调控机制的施行需要面对的制约因素。在牛慕鸿，等（2015）关于利率走廊和利率稳定性及利率走廊的调控成本的分析文章中对中国利率走廊调控的具体实行问题做了一个详细的研究，其中关于利率走廊降低利率波动的作用机制分析主要从商业银行的风险性预防的动机出发，通过一个模型的求解得出了利率走廊的具体实施可以减少银行业对于潜在的流动性挤兑风险的预防性需求的调节有着重要的作用，从而可以很好地降低市场的短期利率波动的幅度，从而减少了央行的调节成本。申琳（2015）通过实证分析，得出利率走廊调节可以有效降低市场利率短期波动，市场利率的波动与走廊区间成正比的结论。毛泽盛，李鹏鹏（2014）就利率走廊在中国的适用性从理论和实证方面都进行了分析探讨，结果认为中国实施利率走廊具有一定的可能性。关于利率走廊的最优区间的问题研究，曲彬（2014）借助货币政策规则模型进行了模拟，得出中国最优利率走廊区间的上下限应该分别为常备借贷便利和超额准备金率，而将市场化程度较高的拆借利率作为政策的目标利率。其他关于利率走廊上下限的研究基本上也得出了相似的结论。牛慕鸿，等（2015）对于最优利率走廊上限的求解非常值得关注，他们得出的结论是利率走廊的上限应该受央行使用常备便利操作的成本、公开市场操作的成本、央行对利率波动的厌恶度及商业银行的流动性需求弹性及纯外生性的利率冲击的幅度等一系列因素的影响，因而是一个复杂的选择过程。最优利率走廊上限的设定应该与公开市场操作和常备便利操作因素共同影响。他们相对深入地研究了利率走廊上限的确定，从而确定了实施的具体宽度。而对于具体的利率走廊的宽度和利率走廊的具体形状还需要进一步的深入研究。

四、利率走廊调控的国际经验

自20世纪80年代开始，由于西方各发达国家针对国内数量型货币政策出现的政策失灵（依靠公开市场操作影响市场流动性来调控利率的“流动性”效果不佳）的情况下，各国普遍由数量型货币政策向价格型货币政策转变。价格型货币政策调控的核心在于改变过往的数量型以央行公开市场操作来影响市场流动性从而影响市场利率的市场操作，开始转向在金融市场上通过对政策利率的调控从而影响市场利率的变化。在价格型调控的操作实践中，利率走廊调控模式因为政策操作的灵活性强且操作成本相对较低，因而成为各国竞相推崇的一种短期利率操作调控的模式。利率走廊主要是央行通过向商业银行等金融机构提供储备金账户的存贷款便利来设定利率调控的上下区间，使短期市场利率保持在走廊区间内的目标利率附近平稳波动的一种政策操作工具。加拿大和瑞典等国在1994年最早引入利率走廊区间调控。早期的走廊形式并不是正规的对称走廊，而是非对称的走廊。在各国不断实践的经验积累和政策调整之后，该模式才慢慢转向对称的利率走廊模式。并且在2008年经济危机之后又发展为地板系统的模型，即将政策利率锚定在存款便利利率的下限，从而将流动性操作和利率调控操作独立开来。这为经济危机之后各国的量化宽松的货币政策提供了一个很好的政策保障，在向市场投放流动性刺激投资的同时减少了利率持续下行的可能，这样就可以为量化宽松定向投放流动性提供市场保障，减少了市场遭遇流动性陷阱的可能性，而在经济形势开始好转之后，各国的利率走廊区间又恢复到原先的对称区间模型并且随着经济形势的变化而不断调整。图4-8是执行利率走廊调控的各代表国家近年来利率走廊区间的走势图。

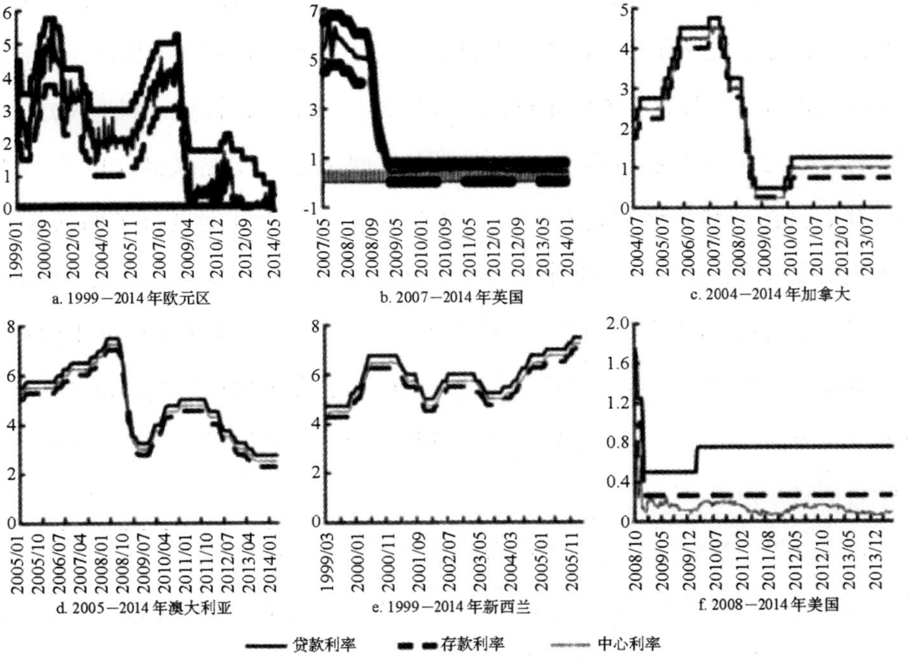

图 4－8 各国“利率走廊”区间运行趋势图

注：图片源自申琳.“利率走廊”能降低短期市场利率波动吗［J］. 财贸经济，2015. 36(9)：61—73.

（一）欧元区

早在 1994 年的时候，欧洲央行就已经取消了商业银行的法定准备金要求管理，并且在同年引入了利率走廊操作系统。初期引入的利率走廊为非对称的走廊系列，并且将央行便利存贷款作为走廊的上下限区间，将隔夜利率设定为在区间内的一个政策目标利率，通过公开市场操作的方式来调整隔夜利率这个政策目标利率。在其早期的非对称区间里，存款下限利率距离政策目标利率区间值为 100 个基点，贷款上限利率距离政策目标利率区间值为 150 个基点，整个走廊的宽度为 250 个基点范围。在 1999 年欧洲央行降息政策推出后又将区间缩减到 200 个基点。此时欧元区利率走廊被设置成对称的利率走廊，政策目标利率位于区间正中间的位置。这一操作方法一直持续到 2008 年金融危机爆发。在危机过后的一年多时间里，欧洲央行为了摆脱危机的影响推出了定向的量化宽松政策，并且将利率的走廊区间设置为地板系统，将政策利率设定为存款便利利率的区间下限值水平，这样走廊区间又进一步缩减到 100 个基点。2009 年，经济形势好转后，欧洲央行又对利率走廊的区间进行了两次调整，走廊的宽度最终被设定为 150 个基点，持续到今天。由于持续的量化宽松的政策作用，隔夜拆借的市场利率已经被市场上充裕的流动性逼至存款下限的水平，地板系统的操作一直维持着。这个系统的优势在于央行持续向市场定向宽松地注入流动性的同时能够很好地将市场利率稳定在政策利率附近，避免可能出现的负利率情形。

尤为值得一提的是，欧洲央行为保障利率走廊调控效果的发挥，对各金融机构的流动性投放提出了高质量的抵押品的要求，以尽可能避免市场过度追求流动性而加高杠杆的市场风险问题。对于合格抵押品的要求有两类：可交易的证券类和不可交易的贷款类。对于不同的抵押品的质量欧洲央行给予不同的折扣率，对于国债等高收益且安全性高的抵押品因为物品信用度高给予的折扣率较低，维持在 0.5%—3%，而对于不可交易的如银行贷款类抵押品给予的折扣较高，在 10%—65%不等。在量化宽松继续的阶段，欧洲央行有意放低抵押品的要求和提高折扣，从而为市场注入更多的流动性。

（二）英国

英国的利率走廊操作从 2006 年才开始。英国央行将官方利率设定为政策利率，并且开始对准备金按照这一官方利率水平支付利息，对超额准备金和非准备金存款支付低于这个官方利率的利息。在 2009 年，英国央行对准备金支付利息的原则是要求参加其“银行准备金报酬计划”的金融机构在货币政策委员会宣布新的官方利率到下一期宣布新的利率之前，会确定一个准备金目标区间，在区间范围内的准备金将获得官方利率作为准备金存储的支付利息，但是在区间外的准备金将会面临处罚，而超额准备金不会自动获得利息。准备金的目标区间随着利率走廊区间的变化而不断调整。这一目标区间在 2007 年增加到 37.5%，这是因为英国央行增加了准备金的供给，并对于持有超额准备金的机构没有进行处罚。英国利率走廊的区间上下限也是存贷款便利工具。存款便利工具在 2001 年设立，最初与贷款便利利率一样被设定为距离官方利率的政策目标利率 100 个基点位置。在之后经历了多次调整，在 2005 年一度缩小到只有 25 个基点的距离值。2006 年到 2008 年金融危机爆发前，存贷款便利利率都一直维持在距离政策目标利率 100 个基点的距离值，但在危机爆发后英国央行立即将距离缩小到 25 个基点范围。在 2009 年 3 月，英国央行开始对所有准备金支付利息，并且为配合定向量化宽松的目标将官方政策利率水平调整为 0.5%的水平，同时将存款便利利率设置为零。这样就使得政策利率与贷款便利利率水平接近（高于政策利率 25 个基点），而存款便利利率与官方利率的距离拉大到 50 个基点，这样英国央行设置的利率走廊因此变成了一个非对称的利率走廊区间。对于抵押品的要求，英国央行曾经设立了 ABC 三类抵押品的范畴，但随着宽松政策的持续，与欧洲央行一样，为投放更多流动性，英国央行也渐渐下调了对于抵押品的要求。

（三）加拿大

加拿大推行利率走廊的前提是 1999 年加拿大加入了实时大额电子清算系统，且国内的各商业银行也被要求加入该系统以便央行能够更好地实时跟踪各商业银行账户上的资金收入情况，这样加拿大央行也放松了对其国内商业银行等金融机构的存款准备金要求，进而为利率走廊调控系统提供了技术支持和内在的市场条件。

加拿大利率走廊的区间上限为常备借贷便利，即加央行对于商业银行的再贷款利率水平，下限为商业银行等金融机构存放在央行的超额准备金的利率水平。以商业银行市场间的拆借利率为政策目标利率，加拿大早期的利率走廊为对称的利率走廊模式，其中走廊宽度为 50 个基点，政策利率位于中间位置，存贷款上下限分别距离政策利率 25 个基点。加拿大为提高利率走廊区间调控的透明性，每天会定期公布走廊区间的范围和政策目标利率的水平，以便更好地引导市场利率向政策利率水平靠近。对于商业银行等金融机构的贷款便利的抵押品要求也是按照抵押品的质量和市场风险进行一定层次的分级，给予不同等级的抵押品不同的折扣率。

（四）澳大利亚

澳大利亚中央银行推行的利率走廊模式，以央行控制的“现金利率”为政策目标利率，存贷款便利为走廊的上下限，使国内金融市场和国外汇率市场通过频繁的公开市场操作业务调控隔夜利率水平。

澳大利亚央行设置的走廊利率的区间为 50 个基点的宽度，采用了对称走廊区间，存款下限利率和贷款便利上限利率都距离目标利率 25 个基点。自 2000 年至今，澳大利亚央行一共进行了 4 轮利率上调调整，其中以 2007 年 8 月到 2008 年 3 月利率上调的幅度最大，主要是为了应对全球经济危机对经济造成的影响，在这一轮的利率上调中一共调整了 4 次目标利率。在这次调整的过程中，金融机构在央行的账户余额非常不稳定，也反映了市场对于利率调整一定程度的不信任和市场的波动情绪。从图 4-8 中也能看出澳大利亚的走廊区间在 2007 年年底到 2009 年年初出现了较大幅度的变化，之后逐渐稳定下来。在 2009 年之后为推进流动性投放的量化宽松，2009 年 10 月之后又一次进行了新一轮的政策目标利率的上调。

纵观澳大利亚十几年的利率走廊调控，利率走廊调控的目标得到了很好的控制，市场利率被很好地控制在政策利率附近，市场利率与利率走廊下限利率之间的关联性得到加强，这主要得益于澳大利亚央行对于利率走廊调控谨慎性的操作把走廊的宽度限定在很窄的范围内，始终坚持对称的利率走廊调控模式，此外发达的隔夜拆借市场给了市场充分的调整灵活性，以便很好地追踪政策利率的变动。澳大利亚央行同样通过对政策目标利率的灵活调整得以将市场利率控制在可调控的区间范围内。

（五）新西兰

新西兰的利率走廊的上下限也采用了传统的央行存贷款便利工具来实现，并且以官方现钞利率作为政策的目标利率进行操作，通过对利率走廊里的官方现钞利率的调控，新西兰的银行间隔夜拆借利率逐步向政策利率贴近。新西兰央行并不鼓励银行等金融机构持有过多的超额储备，因而对于多出来的现金等储备支付较低的利率，一般为低于政策利率 100 个基点左右。通过这种激励手段鼓励银行等金融机构持有银行间的货币市场上的资产，或者持有其他的货币工具，尽量减少在央行的超额储备存款。

新西兰进行利率走廊调控的早期，对于所有银行在内的金融机构的账户余额支付低于政策利率 25 个基点的利息，对于隔夜抵押的利率则要求高于政策利率 25 个基点的水平做贷款利息。在这种操作方式下，银行等金融机构持有隔夜账户余额的动力下降，造成了之后的市场流动性不足的问题，为了解决这个问题，新西兰银行在 2006—2007 年执行了非对称的利率走廊操作，对所有在央行的余额存款支付政策目标利率水平的利息，而不再是要求低于 25 个基点，这样新西兰央行的利率走廊实质上已经调整为地板系统，将政策目标利率的水平设置在存款利率下限的水平上，继续对银行业可能存在的超额准备金进行低于政策利率 100 个基点水平的利息，因而很好地降低了市场的超额准备金余额水平。

（六）美国

美国早期的利率走廊调控机制属于单边的利率走廊调控，因为只有对高于联邦基准利率这一政策利率的贴现率作为对市场贷款利率的上限利率水平，严格地说，这个上限利率是一种对市场超过联邦基准利率的惩罚利率。而在存款利率下限方面，美联储在 2008 年开始对超额储备进行付息之前，并不存在。这也给美国 2008 年 10 月之前的量化宽松政策带来了大量的麻烦，主要是市场流动性的增加对于市场利率的影响，使得市场利率远低于美联储要求的联邦基准利率水平，加大了对市场利率的调控难度。在 2008 年 10 月之后，美联储开始意识到这个问题，对银行等金融机构的超额准备金进行付息，并且将其利率设定在低于联邦基准利率 75 个基点的水平，在 2008 年 12 月新一轮的量化宽松政策开启后，美联储同时下调了联邦基准利率这一政策利率和对超额存款准备金这一存款利率下限的水平，将联邦基准利率设定为 0—0.25%的水平，同时将超额准备金的利率下调至 25 个基点的水平，这样一来，美联储就可以为持续多轮的量化宽松政策做准备，并且保持联邦基准利率始终为正值水平，从而维护银行间金融市场的活力。

对超额准备金支付利息并且将其作为利率走廊的区间下限，为美联储的量化宽松做好了政策的铺垫，并且很好地解决了美联储的资产负债表的扩张压力，通过非对称的近似地板系统的利率走廊操作可以将流动性管理操作和市场利率管理操作独立开来，为美国推出量化宽松政策做好后续准备工作。在非常规货币政策结束后，随着货币政策的变化，美联储可以继续适度调整利率走廊的上下限和走廊的区间位置，使得走廊退回到正规的对称走廊区间范围内，进一步对市场利率进行适当引导调控。从这一点上也可以看出，利率走廊的操作具有非常强的市场灵活应变性的优势。

（七）国际实践经验对中国利率走廊调控的启示

第一，要建立完善的存贷款便利机制。一方面，在存款准备金制度方面，要尽可能降低商业银行持有过多的准备金数量，减少商业银行为应对不确定性环境而储备的风险准备金的数量，降低中国的准备金率，从而合理引导市场利率向政策利率靠近，尽可能减少因为存款准备金率水平过高给利率走廊带来困难。从国际经验来看，在利率走廊操作成熟的阶段几乎都实现了零准备金率或者接近于零的存款下限利率水平，以便实际的流动性管理操作，也为对称利率走廊的政策目标利率留出了足够的调控空间。另一方面，在贷款上限阶段，要进一步丰富如短期逆回购和常备借贷便利利率等政策利率工具，为贷款上限利率的规范化管理操作提供更多可利用的政策工具。

第二，进一步深化利率市场化的改革，为利率走廊调控创造合规的市场条件。利率走廊的操作一方面具备了充分的政策灵活性，但另一方面对金融市场的要求非常严格。在目前中国的金融市场发展不均衡的条件下，有些市场功能的缺失会造成利率走廊调控的效率不高，同时，延长了政策的时滞性，不利于金融市场的稳定。利率走廊调控功效的发挥主要依靠市场利率对政策目标利率的变化做出及时反应的能力。而这种市场反应能力取决于三个主要因素：成熟发达的金融市场、健全的利率传导机制和追求利润最大化的理性金融市场主体，三者缺一不可。目前中国的金融市场依然是条块分割发展不均衡，既没有培育成熟的金融市场，也没有形成合理健全的利率传导渠道，金融市场的主体缺乏对利润最大化追求的动力。这些问题要慢慢通过金融市场的改革完善解决。

第三，从利率走廊的区间操作的细节来看，先进的电子清算系统和电子信用货币的发展是实现利率走廊调控的一个必不可少的技术条件，而对于利率走廊的具体宽度的设计需要结合国内的实际，尤其是对于存款利率下限的设计要寻找适合中国实际的下限利率，同时，宽度不宜过宽，以免加大对市场利率调控的操作难度和控制成本。

五、利率走廊在中国的适用性考量

对于利率走廊的适用性分析，需要从中国的实际经济环境和货币政策的执行基础出发，找出在中国实施利率走廊调控机制已经具备的条件，同时也要找出在中国执行利率走廊操作的局限性因素，并且试着找出解决问题的办法。

（一）利率走廊调控在中国运行已经具备的条件

1. 政策条件

传统的“数量型”货币政策操作的成本随着市场流动性的增加累积，政策的边际效用在不断下降。截至 2016 年 8 月，央行已发放的 M2 总量为 1510982.91 亿元，M1 总量为 454543.60 亿元，M0 总量为 63454.70 亿元。与 2015 年同期相比 M2 增长 10.04%，M1 增长 20%，M0 增长 6%。传统的通过公开市场操作对市场利率的影响在逐步下降，央行需要丰富自己的政策工具，并且慢慢开始摆脱依靠市场货币数量进行利率调控的思维，逐步向依靠市场利率之间的相互影响关系进行直接的价格调控管理。在政策工具层面，2013 年新增加的短期流动性管理利率、常备借贷便利、中期借贷便利和抵押补充贷款等利率工具丰富了政策利率的工具箱，为下一步的利率走廊的价格调控做好了准备工作。

2. 市场条件

随着利率市场化改革不断深入发展，金融市场的市场化改革也在稳步推进。2006 年，中国着重培育的银行间的拆借市场和回购市场的市场化程度也在不断提升。此外，在证券市场上，证券的交易品种开始丰富起来，资产证券化水平也在不断提升。2013 年 9 月，对于金融机构自主确定的货币市场和信贷市场等金融市场的利率自主定价自律机制的建设在近三年的时间里不断成熟完善，伴随存款利率上限的放开，金融机构的自主定价能力进一步得到提升，这样的市场化利率形成机制也在不断向前推进，进一步加强了市场利率的自主性和市场性。

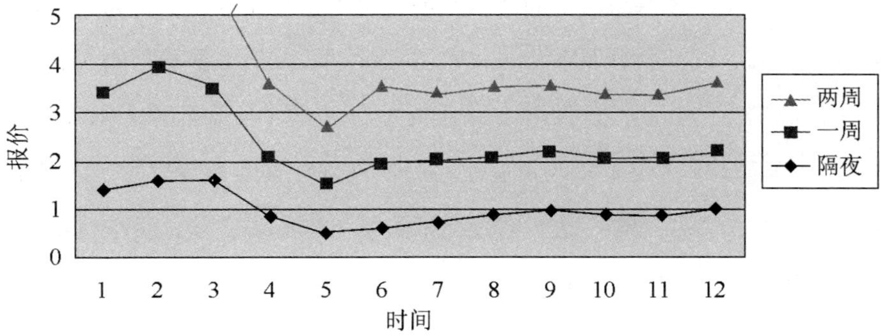

图 4－9　2015 年中国 Shibor 报价表

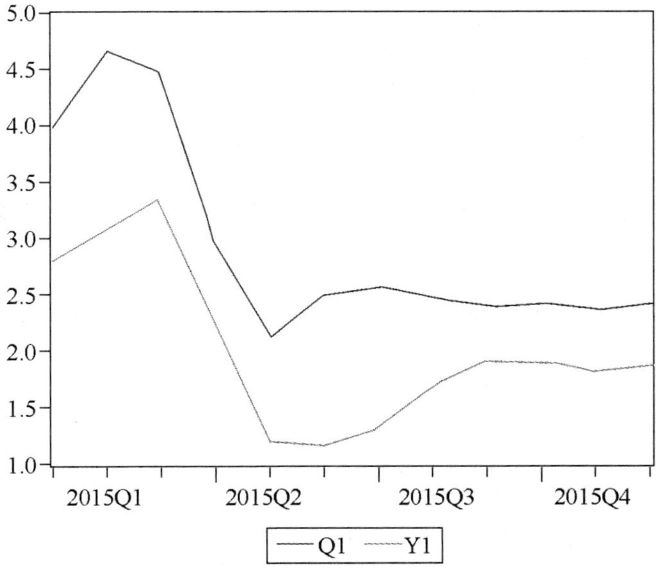

图 4－10　2015 年中国银行间市场 1 天回购和 7 天回购利率变化图

从上述两个图中可以很好地看出，中国银行间的利率市场的利率运行较为平稳，对市场的信息反应及时充分，市场化程度较高，可以作为市场基准利率体系为接下来的利率走廊调控提供了有利的市场条件。

3. 制度条件

随着利率市场化改革的全面深入开展，中国银行业基本上形成了完善的存贷款保障机制，尤其是针对商业银行自主定价之后，对于保护存款人利益要求的存款保险制度的确立，以及对于商业银行在央行的存款准备金制度的完善，特别是，2015 年 9 月央行修改了商业银行在央行存款准备金要求的考核制度，将其改为平均绩效法考核，这样存款的准备金制度更加完善，货币政策的传导渠道更为完善，此外，央行在同年 11 月又取消了商业银行的存贷比限制，将其从法定监管渠道改为流动性监管目标，从制度上放开了过往对于利率管制要求的严格限制，诸如常备借贷便利等新型政策工具的引入，进一步在为利率走廊的调控提供了工具支持，同时在制度层面尽最大可能地实现市场化调控和市场化监管的体系，以更好地实现以市场为主的利率走廊调控的效果。

（二）利率走廊调控机制在中国施行面临的制约性因素

1. 央行的多重目标制政策原则短期内不会改变，对市场预期的有效引导不足

利率走廊调控机制的顺利运行，有一个关键的假设，即央行能够合理引导市场的预期变化，并且通过规则的货币政策来确保公众（包括商业银行在内）对其政策的承诺的可信度增加，从而减少因为预期政策变动而对金融市场利率引起的过度波动的影响。央行的货币政策调控原则需要统筹兼顾各具体政策目标，不能很好地实现简单规则政策的要求，不能有效引导市场预期的形成。

第一，中国央行货币政策调控历来奉行以稳健为主，适时关注市场流动性变化，根据经济发展的实际需要采取相机抉择的货币政策。在现有的货币政策

体系框架下，并不具备实行单一货币规则的条件。现阶段中国央行不仅要关注市场价格稳定的单一目标，而且也需要在政策中兼顾经济增长、充分就业、稳定物价和维持国际收支平衡等各方面的目标，因而就对市场预期的影响来看，在不同时间点对于具体目标的偏重变化都有可能改变政策的稳定性，因而在未来相当长一段时间内给予政策变化的预期带来了很大的不确定性。中国现在的货币政策调控机制还必须要兼顾货币的数量目标和价格目标。在数量目标上依旧要依托传统的公开市场操作和贴现利率及再贷款便利利率等工具手段加强对市场流动性的管理，而在价格目标上，需要进一步强化对政策目标利率的培育，并且要改善利率变化的效应在隔夜拆借市场等其他市场的传导效率。而在中国的金融市场上，几个市场化程度较高的利率对于央行的政策操作的反应较为明显，这样频繁的操作不利于市场形成稳定的市场预期，对于利率的波动变化较为显著。

第二，在灵活开展的公开市场操作的过程中，央行对于存款准备金等传统政策工具过度频繁地调整，在稳定市场流动性波动和引导具体的资金流动方向方面尽管成效显著，但过于频繁的操作给予市场反应调节的时间减少，金融市场内的利率波动明显，从实际数据来看，2013 年以来的数次定向降准降息的政策对于市场流动性管理和市场预期引导的作用不是十分有效。针对央行的定向降准降息仅仅在 2015 年就有 5 次操作，并且间隔时间较短，而且多次关注与三农和小微企业的融资问题定向降低标准，可以看出，定向调控在于引导市场流动性对于实体经济的支持方面的作用明显，而在金融市场内的利率波动受其影响会出现不规则的波动且幅度较大。这也从侧面说明中国央行以传统的数量型操作工具为主的货币政策的频繁变化对市场预期的影响较大，不利于市场稳定预期的形成，从而也会引起市场利率的短期波动。

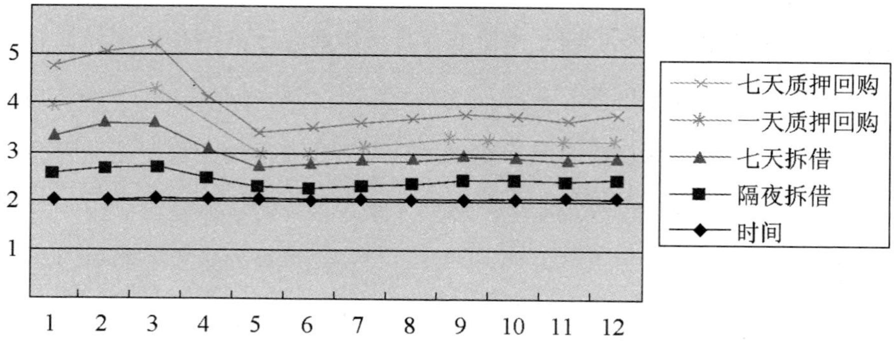

图 4－11　2015 年金融市场银行隔夜拆借和质押回购利率变化趋势图

表 4－1　2015 央行准备金操作的具体内容

时　间	存款基准利率	贷款基准利率	备　注
2015－2－5	0.5%↓	\	另外加大对结构性调整的定向降准降息
2015－3－1	0.25%↓	0.25%↓	存款浮动区间上限调整 1.2↗1.3 倍
2015－5－11	0.25%↓	0.25%↓	存款浮动区间上限调整 1.3↗1.5 倍
2015－6－28	0.25%↓	0.25%↓	目标：进一步下降企业融资成本；针对金融机构的定向降准
2015－8－26	0.25%↓	0.25%↓	进一步降低融资成本
2015－10－24	0.25%↓	0.25%↓	进一步降低企业融资成本，并取消了商业银行等的存款利率上限

从表 4－1 和图 4－11 的具体内容可以看出，在央行的准备金政策的调整过程中，央行政策的调整引起了短期拆借和质押回购市场利率的剧烈波动，这说明了央行政策的调整并没有遵循严格意义上对规则货币政策的要求，也不能合理引导金融市场的预期影响，对于金融市场的利率的短期波动有一定的影响。因而，在时下从传统数量型到价格型调控的过程中重视规则的货币政策对

于稳定市场预期的作用，注意货币政策调控的幅度和频率问题。只有实现了央行对于金融市场上的市场预期的引导作用，并且强化央行在金融市场内的市场利率引导功能从而强化央行对金融市场内商业银行的“告示效应”，才可以将利率走廊调控机制对于市场利率波动的调节作用最大限度地发挥出来。

2. 目前金融市场发育不完善，利率传导的中介作用有待进一步提升

传统的利率政策工具，需要从央行的政策利率开始，经货币市场和资本市场等金融市场的利率传导效应，影响这些市场的资本流向来引导实体经济。其政策的传导机制如下：

央行调控可控制的政策利率↔政策利率与金融市场的市场利率相关联作用↔进一步影响到金融市场的市场利率体系变化↔从而进一步影响金融市场的资金配置↔最终传导到实体经济。

这个过程在金融市场发育完善、各个市场间阻隔较少的经济环境下是一个双向互动的过程。中国的金融市场目前发展不充分，金融市场内各具体的分市场发展不平衡，仅有商业银行间的拆借市场市场化程度较高，而在资本市场上股票市场畸形发展，投资者市场理性欠缺，而债券市场发育不完善，这些金融市场内部发展的不平衡造成了各市场之间的隔阂，利率的传导效应也各不相同。

在利率走廊调控机制下，存在着市场利率波动的区间走廊，在走廊的上下限端的利率传导机制的功能如何直接决定了利率走廊调控的效果。关于常备借贷便利作为中国利率走廊上限的传导功效，蒋先玲，赵一林（2016）[①] 进行了详细的分析，区分了常备借贷便利的“资产负债表效应”“预期效应”“托宾 q 效应”“财富效应”等各个效应的效果，并通过构建一个 SVAR 模型实证检验

① 蒋先玲，赵一林. 基于 SVAR 的常备借贷便利工具传导机制有效性研究 [J]. 国际商务，2016 (4)：105—116.

了上述各效应，得出利率走廊的“财富效应”和“托宾 q 效应”相对无效，而“资产负债表效应”和“预期效应”相对有效。并且证实了利率走廊的顺利实施确实有利于降低货币市场内短期的市场利率的波动。然而，仅仅分析常备借贷便利工具作为利率走廊上限对于市场利率的传导效应远远不能说明利率走廊在中国实施的总体效应，需要进一步对走廊下限的利率传导机制作用及利率走廊区间内政策利率对于市场利率影响的传导效果如何才更全面。下面就存款基准利率作为政策利率，隔夜拆借利率和 7 天拆借利率、1 天质押回购利率和 7 天质押回购利率、1 天国债利率和 1 年国债利率作为市场利率，存款准备金率作为市场利率与政策利率之间的传递利率，通过对这些利率在 2015 年 1 月至 2016 年 3 月的数据之间的相关关系来说明市场利率之间的传导效果。

表 4－2　政策利率变化与市场利率波动之间的相关系数

	隔夜回购利率	7 天回购利率	1 天期国债利率	1 年期国债利率	1 天质押回购利率	7 天质押回购利率
存款基准利率	0.154	0.268	0.0724	0.0894	0.1508	0.2357

从政策利率变动和市场利率波动之间的相关性分析可以看出，存款基准利率作为中国的政策利率在引导市场利率方面的作用在逐渐下降，尤其是对短期市场利率的引导效应不大。而国债作为风险较小且收益保障高的一种投资，国债利率在中国一直处于稳定的状态，对存款基准利率的变化几乎没什么反应。

当然，仅仅从这些利率之间同期相关性来分析政策利率调控在各市场之间的传导效应还不是很深入，但至少代表了市场对于利率调控的一种反应程度。从这个过程中我们可以看出，中国的利率市场化建设还需要继续加强以进一步消除各个市场之间的阻隔，打通一个有效且迅速的利率传导渠道是利率走廊调控机制得以发挥作用的关键。从现状来看，我们还需要进一步加强各市场之间的联系以及利率有效传导的市场建设。

3．利率走廊对长期利率的引导，需要运用其他政策工具

利率走廊主要针对市场短期利率的调控，而短期利率变化对中长期利率的引导方面作用还不是很明显，对于长期利率的引导需要运用其他政策工具。

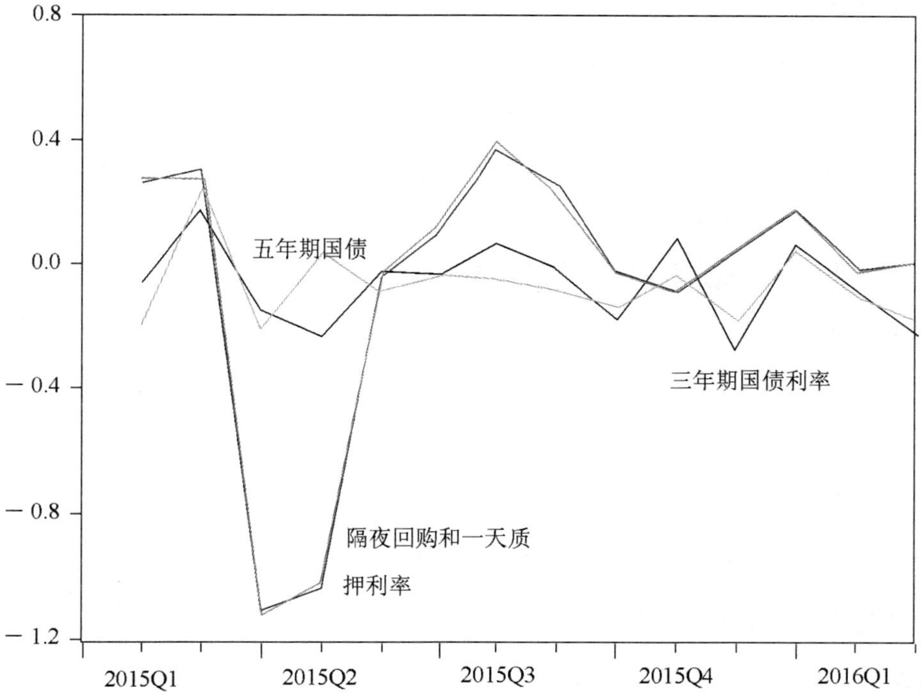

图4－12　中国短期市场利率与长期国债利率波动图（2015年1月至2016年3月数据）

自从2015年我国取消存贷款利率的限制后，降息的实际意义降低，央行试图通过中期借贷便利、抵押补充贷款等工具来引导中长期利率。2015年央行累计开展中期借贷便利操作21948亿元，企图通过MLF引导中长期利率的下降，以加强对改善实体经济融资环境的实质性影响，引导商业银行体系为实体经济营造相对宽松的货币环境。这些引导长期的利率政策工具与利率走廊的利率政策工具是相对独立运行的。

从图 4－12 中 2015 年 1 月至 2016 年 3 月的隔夜回购利率和 1 天质押利率变动的趋势图与三年国债和五年国债利率变动的趋势图上可以看出，短期利率的波动幅度远大于长期的国债利率波动幅度，长期国债利率的变化与短期市场利率的变化方向是趋同的，两者都受经济环境和政策环境的变化影响，但长期利率具有一定的独立性，受短期利率波动的影响较小。这也从侧面反映出中国短期市场利率的变化并不能有效地传导至长期利率市场，因而利率走廊调控的短期利率波动调节对于长期利率的变化影响不大。

4．目前中国并没有确立明确的市场基准利率，而利率走廊调控机制对于市场基准利率体系要求较高

商业银行虽然在利率市场化改革初步完成后具备了一定的市场短期利率的自主定价权，但由于缺乏一个有效的市场基准利率的定向锚，目前，国内的商业银行难以构建一个高效的资金定价和资产负债定价以及包含复杂的市场风险因素在内的一个定价机制，而在货币市场和债券市场内也缺乏足够的市场基准利率的引导造成整个市场内定价机制的紊乱，并不能实现一个科学合理的市场化的自主定价机制。在上海银行间同业拆借利率推出前，没有可供参考的市场基准利率体系，而对 Shibor 的培育虽然取得了一定的成果，但就其完全市场化而言，还需要更多的时间去继续完善。缺乏明确的市场基准利率体系，金融市场主体对于市场利率的自主定价能力得不到提升，市场利率的市场调节机制也不能充分发挥作用，这样利率走廊调控机制内的市场利率的市场化调节要求也得不到满足，制约了利率走廊的调控效果。

5．央行对于利率市场调节的新工具应用经验不足

尽管 2013 年以来，央行为适应利率市场化改革的推进速度，推出了短期流动性工具和常备借贷便利以适度引导短期利率的变化，同时增加了中期借贷便利、抵押补充贷款对中长期利率进行引导，但这些工具应用还不够成熟，需

要时间积累经验。

（三）进一步完善的政策建议

上文提到央行的规则货币承诺对市场预期的影响和市场利率传导机制的建设问题，是利率走廊调控机制得以顺利发挥功效必须要解决的几个问题，针对这几个问题提出以下几点建议：

第一，必须给予央行足够的独立性，以减少货币政策的执行成本。多目标制下的货币政策，很容易因为经济形势的变化而发生政策的改变，即所谓的相机抉择的货币政策是不利于形成市场稳定预期的。在利率市场化改革的深入阶段，央行一方面要继续执行之前的准备金等数量型政策以保持政策的惯性；另一方面又要积极探索健全合理的政策利率体系，并且保持央行的政策利率在引导市场利率体系中的核心作用，在给予金融市场自主定价的能力的同时，要有一个市场功能良好的政策利率对金融市场的市场利率进行宏观引导。

第二，央行应加强与市场及公众之间的沟通，提高货币政策的透明度和公信度。只有做到与市场之间的有效沟通才能减少市场因政策的不确定性做出的风险性储备对市场利率造成的一种破坏效应。做到与市场有效沟通，并奉行规则的货币政策才能很好地降低市场预期变化带来的市场不确定性造成的市场短期利率剧烈波动的影响。在稳定市场预期的前提下，央行可以在不过多干预市场流动性的情况下，通过政策利率的传导对市场利率进行较为有效的引导，这也是利率走廊调控发挥功效的一个重要手段。

第三，加强中国的利率形成与调控机制的市场化建设，丰富央行的利率调控工具。央行将借鉴国际经验积极构建和完善央行政策利率体系，并且以此引导和调控包括市场基准利率和收益率曲线在内的整个市场利率，以实现货币政策目标。对于短期利率，央行需要加强运用短期回购利率和常备借贷便利利率，借以利用利率走廊的调控机制培育和引导短期市场利率的形成。对于中长期利率，央行需要继续挖掘再贷款、中期借贷便利、抵押补充贷款等政策工具对中长期流动性的调节作用以及中长期政策利率的功能，引导和稳定中长期利率以弥补利率走廊在这方面调控的不足，当然，这些政策工具的成熟应用还需要央行在相当长的一段时间内进一步的经验积累。

第四，丰富和完善中国的利率传导机制，为市场化的利率体系建设提供成熟完善的金融市场环境。中国需要加强对市场基准利率体系的培育，为各类金融市场以市场基准利率和收益率曲线为基准进行利率定价提供市场条件，加强金融市场上各金融主体对于利率市场化的自主定价能力。在完善央行政策利率体系、培育市场基准利率的基础上，我们需要进一步理顺从央行政策利率到各类市场的基准利率，从货币市场到债券市场再到信贷市场，进而向其他市场利率乃至实体经济的传导渠道的畅通情况，进一步提升中国市场化利率的传导效率。同时，对于金融市场的各市场主体而言，需要明确认识到市场间的阻隔对市场利率传导的阻碍效应，尤其是在利率定价的时候要加强与其他市场之间的信息沟通交流从而科学合理地制定利率的价格水平，要进一步打破市场间的信息阻隔和市场障碍，建设一个完整有效的利率传导渠道。只有金融市场主体在利率自主定价符合市场化的要求，并在市场内有完善的利率传导渠道与之相匹配，央行才能通过利率走廊的调控机制，通过政策利率调控和走廊区间上下限利率的调控来合理引导市场利率的方向和波动幅度。

第三节　利率规则理论的动态演进

自从维克赛尔（Kunt Wicksell，1898，1907）提出“利率规则”概念以来，经过近百年的时间，利率规则理论在内涵和外延上都得到了极大的发展。从传统意义上的维克赛尔利率政策理论，到伍德福德（Woodford）的新维克赛尔利率规则理论，再到著名的“泰勒规则”（Taylor Rule），在世界各国的货币政策领域越来越多地体现着利率规则理论的影响。

利率规则理论是在与货币数量规则争论的背景下提出来的。理论模型表明利率规则在一定条件下要优于货币数量规则，其中，“泰勒规则”作为利率规则的一种特殊形式在许多国家得到了很好的验证，而利率规则替代货币数量规则在货币政策史上也有着广泛的经验。随着利率规则理论的进展，利率规则在其框架下逐渐纳入汇率、基础货币等因素，从而使这一理论变得更加复杂。本节将对利率规则理论的主要框架及其演进过程做简要论述。

一、利率规则与货币数量规则之争

利率规则的诞生是在货币数量规则失宠并以取代其历史地位而出现的。作为货币主义学派，Friedman（1959）积极倡导政府的货币政策应该坚持简单的可供市场理解的“单一规则”的货币政策：无论经济出现什么情况，美联储都应该保持固定的货币增长率，以实现经济的稳定。主张固定的货币增长率规则而不主张积极反馈规则的论据，在于货币政策效应存在长时期且可变的时滞。Friedman and Schwartz（1963）采用叙述性方法对美国南北战争到1960年的货币史进行了实证研究，结果表明，更高的货币存量会导致更高的价格，进而得出要保持货币数量的固定增长率这一结论。Laider（1982）提出，一个国家一旦实现了通货膨胀低水平的稳定，而且中央银行将货币数量增长控制在适当的范围，低通货膨胀情况就可以保持。

20世纪70年代，以美国为代表的西方发达国家经济出现了以严重的高通胀和高失业率为代表的“经济滞胀”的情况，为了应对这一问题，多数国家都采用了货币主义学派的政策主张，把货币供应量作为货币政策的主要中介指标。但进入 80 年代后期，随着西方国家经济的复苏，之前“滞胀”的经济体内货币量与实际经济的关系出现了弱化的趋势，采用货币供给量为政策中介的作用逐渐减弱，许多国家转而用利率工具取代货币供应量这一工具作为货币政策调控的工具指标。Poole（1970）提出了一个不变价格的 IS－LM 模型，对于来自 IS 曲线方面的冲击（如消费、投资、政府购买支出或者进出口冲击）和 LM 曲线方面的冲击（货币需求冲击），货币政策为了稳定产出波动，是钉住固定的利率还是钉住固定的货币供给量的问题。Poole 认为，如果冲击来自 IS 曲线方面，则钉住货币供给量可以使产出波动最小；而如果冲击来自于 LM 曲线方面的货币需求，那么钉住利率更为可取。当然如果在理性预期假设条件下允许价格水平波动，那么货币政策就不能影响产出的波动，除非货币当局拥有信息优势或者价格的形成要先于货币政策。如果产出受价格波动的影响相对较小，货币总量目标要比利率目标的设定更能稳定产出（Blanchard and Fisher，1989）。采用 Walsh（2003）提供的一个随机模型：

$$\text{MinL} = E(y_t)$$

$$\text{s.t.}\quad y_t = -\alpha r_t + u_t$$

$$m_t = y_t - c r_t + v_t$$

在上述模型中，变量都是采取对数形式，且都为对其趋势值的离差。y_t 表示产出缺口，r_t 是利率，m_t 是货币供给量，u_t 和 v_t 分别表示来自 IS 曲线和 LM 曲线方面的冲击，α 表示产出的利率弹性，c 表示货币需求的利率弹性。因此中央银行可以通过选择利率 r_t 和货币总量 m_t 来最小化产出波动。由上述方程可以得出产出的方程式：

$$y_t = \frac{\alpha m_t + c u_t - \alpha v_t}{\alpha + c}$$

如果以选取货币总量 m_t 使 E（y_t）=0，则 $m_t=0$，因而有：

$$E_m[y_t]^2=\frac{c^2\sigma_u^2+\alpha^2\sigma_v^2}{(\alpha+c)^2}$$

如果选取利率 r_t 使得 E（y_t）=0，则 $r_t=0$，因而有：

$$E_r[y_t]^2=\sigma_u^2$$

显然，只有当 $E_m[y_t]^2<E_r[y_t]^2$ 时，利率目标才会优于货币总量目标，即：

$$\sigma_v^2<\left(1+\frac{2c}{\alpha}\right)\sigma_u^2 \tag{4-22}$$

上述方程式表明，如果来自 IS 曲线方面的冲击较大时，中央银行会选择钉住货币总量的政策目标，而相反的情形是如果来自 LM 曲线方面的货币需求冲击较大时，中央银行会选择利率目标而不是货币总量目标。

上述分析框架较为简洁却忽略了一些重要的因素，即中央银行一般不是直接控制货币总量，而是控制基础货币并通过货币创造乘数来控制货币总量。如果在 Poole 模型中引入基础货币 b_t（采取对数形式），则：

$$m_t=b_t+hr_t+w_t$$

b_t 表示货币基础，w_t 表示来自货币创造乘数的随机扰动，方程假定货币乘数（m_t-b_t）是利率的递增函数（斜率为 h）。如果在利率目标条件下，则同样有 $E_r[y_t]^2=\sigma_u^2$。但是在货币基础目标条件下：

$$E_b[y_t]^2=\left(\frac{1}{\alpha+c+h}\right)^2\left[(c+h)^2\sigma_u^2+\alpha^2\left(\sigma_v^2+\sigma_w^2\right)\right]$$

当且仅当

$$\sigma_v^2+\sigma_w^2>\left[1+\frac{2(c+h)}{\alpha}\right]\sigma_u^2 \tag{4-23}$$

则利率目标要优于货币基础目标。这主要是因为货币创造乘数的扰动，但其并不影响利率目标下的产出水平，因此使得货币基础目标丧失吸引力而进一步强化了 Poole 的关于利率目标优于货币总量目标的观点。货币需求或货币创造乘数的扰动使得中央银行倾向于选择利率目标，而不是货币总量目标。总体而言，货币需求在短期波动较大或者不确定性较大时，稳定利率而放任货币总量波动的做法会使得产出波动较小，如果说短期的波动来自总需求，那么稳定货币总量的政策将使得产出更加稳定。

不过，Poole 模型忽略了通货膨胀、预期因素和总供给冲击的影响。Friedman（1990）对这些因素进行了较全面的分析，认为 Poole 模型中的目标函数不能仅仅考虑产出的波动，还需要考虑通货膨胀的影响。尽管如此，Poole 模型毕竟提供了一种在给定目标函数下获得最优利率政策的方法，而且政策工具的选择不仅受政策制定者的影响，而且还依赖于货币政策的具体目标。

二、利率规则理论的基本模型

目前一些主要的工业化国家的大部分中央银行是通过干预货币市场将利率稳定在一个目标区域内，理由就是利率易于控制（Bernanke and Mishkin，1992；Kasman，1993；Morton and Wood，1993）。如果利率是易于控制的，那么货币需求的可预测性就变得无关紧要了，但是利率对消费、投资支出以及汇率的影响就显得至关重要。最早提出“利率规则”，并主张中央银行采取利率规则形式货币政策的是维克赛尔（1898，1906），维克赛尔在其关于利率规则研究的文章里谈到，一国经济体内的价格水平的变动并非由世界黄金供给量及以黄金储备相匹配的货币数量的供给量变动引起的，价格稳定程度的主要影响因素是该国央行控制的利率水平与由世界因素决定的自然利率水平。在其所倡导的理性货币体系下，一国经济体通过资本累计，最终会出现发展不均衡，只有依托央行对利率的适应性调整使得经济体内的实际利率与自然利率水平相一致，并且在价格上升时通过对实际利率的提升，在价格下降时对实际利率的下调这一适应性调整的做法来实现一国价格体系的稳定，其核心内容是对经济体内的价格水平进行有效的调控管理。Fuhrer and Moore（1995）把利率变化看作价格水平的函数，对维克赛尔的理论进行了较复杂的诠释。虽然维克赛尔等人的利率理论对经济调节作用的分析有些简单，对利率的定义尚不够清楚，但是其破除自动均衡的思想和以调节利率为中介的宏观货币政策主张对后来的利率调节政策的理论和实践应用都具有深远的意义。

Barro（1989）分析了名义利率随机游走情形下的利率目标问题，通过对美国经济数据的实证研究，Barro 发现名义利率、名义货币供给量以及通货膨胀的时序行为正好符合特定的利率规则。Rudebusch（1995）提供了一个由美联储通过公开市场业务来制定联邦基金利率目标的实证模型较好地解释了长期利率的变化。Taylor（1993）提出了一个简单的规则，即著名的“泰勒规则”来模拟美联储的实际行为。Clarida，Galiand and Gertler（2000）采用一些主要的中央银行为样本对泰勒规则进行了实证研究。近年来，更多的模型是通过代表性个体最优化选择行为的一般均衡模型来研究利率政策（Carlstrom and Fuerst，1995，1997；Woodford，1999）。Carlstrom and Fuerst 在 CIA（Cash In Advance）模型的框架下研究利率政策对福利的影响。

在这个模型里，正的名义利率被当作一种对消费的扭曲税，影响家庭住户对于现金和信贷两种商品之间的选择，并且适当地引入了单期价格粘性假设，Carlstrom and Fuerst 认为，固定的名义利率能够消除是资本积累的扭曲，因而以名义利率为操作的钉住利率价格变化的利率调节规则，比钉住货币供应量变化的货币数量规则更能实现经济的帕累托最优。对于任何的利率钉住规则，适当的货币增长率波动都能够消除单期价格粘性对经济的影响。通过标准的随机 CIA 模型：

$$\text{Max } E_0\sum_{i=0}^{\infty}\beta^i U\ (c_{t+i},\ l_{t+i})$$

$$\text{s. t. } P_t c_t \leqslant M_{t-1} + T_t$$

$$y_t + (1-\delta)\ k_{t-1} + \left(\frac{1+r_{t-1}}{1+\pi_t}\right) b_{t-1} + \frac{m_{t-1}}{\Pi_t} + \tau_t \geqslant c_t + k_t + b_t + m_t$$

可以得出最优性条件如下：

$$\frac{u_{c,t}}{1+r_t} = \beta E_t R_t\ (\frac{u_{c,t+1}}{1+r_{t+1}}) \tag{4-24}$$

$$\frac{u_{l,t}}{u_{c,t}} = \frac{MPL_t}{1+r_t} \tag{4-25}$$

$$R_t = 1 + E_t\ (MPK_{t+1}) \tag{4-26}$$

$$m_t = \frac{M_t}{P_T} = c_t \tag{4-27}$$

$$1 + r_{t+1} = E_t\ (\frac{R_t P_{t+1}}{P_t}) \tag{4-28}$$

其中 $u_{c,t}$ 表示 t 时刻的消费的边际效用，β 为主观时间偏好，R_t 为 1 加上真实回报率，$u_{l,t}$ 表示 t 时刻的闲暇的边际效用，MPL_t（MPK_{t+1}）为劳动（资本）的边际产出，P_t 为物价水平，m_t 为真实货币余额。根据目标函数以及约束条件，由动态规划方法可以得出上述 5 个最优性方程。方程（4－24）表示跨期消费的均衡方程，方程（4－25）表明闲暇和消费之间替代关系与劳动的边际产出的联系，方程（4－26）为实际资本回报的定义式，方程（4－27）表示货币需求是作为对消费需求函数的一个约束条件，方程（4－28）就是费雪方程式。显然方程（4－27）和方程（4－28）决定了货币供给外生性假定的情形下的名义利率和价格水平（Woodford，1999）。这个模型还可以通过引入生产函数和更宽泛的约束条件来进一步完善。

Rebelo and Xie（1999）提出，CIA 模型可以描述任何钉住名义利率目标下的没有货币的实体经济行为。如果假定名义利率钉住在 $\bar{r}$ 的水平，则在钉住名义利率的政策下，方程（4-24）和方程（4-25）变成：

$$\frac{u_{c,t}}{1+\bar{r}}=\beta E_t R_t\left(\frac{u_{c,t}}{1+\bar{r}}\right)，即\ u_{c,t}=\beta E_t R_t u_{c,t} \tag{4-29}$$

$$\frac{u_{l,t}}{u_{c,t}}=\frac{MPL_t}{1+\bar{r}} \tag{4-30}$$

上述方程式体现了没有 CIA 约束条件的实际经济情形，钉住的利率仅仅出现在劳动市场均衡方程式中。因而，Rebelo and Xie 得出结论，如果考虑在劳动力市场上的劳动供给缺乏弹性的情况，那么钉住利率目标变化的调控规则下，经济所实现的均衡将与实体经济所实现的均衡保持一致，即货币是中性的，但如果劳动力市场存在着价格粘性，且劳动力供给是具有弹性的，那么钉住利率目标的政策就会引起实体经济均衡的改变。

Carlstrom and Fuerst（1995）通过一些实证模拟发现，钉住名义利率目标要优于固定货币增长率政策。这个结论与 Poole（1970）的观点很相近，但是论述的背景却完全不同。Poole 强调稳定利率水平是为了防止实际经济免遭金融冲击的影响，而 Carlstrom and Fuerst 倾向于标准的税收跨期平衡来判断利率是最优的。

Woodford（2000）根据标准的 MIU 模型中的欧拉方程和费雪方程式，推导出利率规则如下：

$$\frac{u_{c,t}}{1+r_t}=\beta E_t P_t u_{c,t+1}，\ \frac{P_t\ (1+i_t)}{P_{t+1}}=\frac{u_{c,t}}{\beta u_{c,t+1}}=Z_t$$

利率规则可以写成：$1+r_t=\phi\ (P_t,\ Z_t)$。函数 $\phi\ (P_t,\ Z_t)$ 决定了政策工具（名义利率）的影响因素。简化函数 $\phi\ (P_t,\ Z_t)$，有：

$$1+r_t=\frac{P_{t+1}}{P_t}Z_t$$

取对数并近似计算，可以得到：

$$r_t=r^*+\pi^*+\delta\ (\pi_t-\pi^*) \tag{4-31}$$

Walsh（2003）给出了一个最优货币政策的模型来推导出利率政策规则。并根据预期的损失函数为目标函数和约束条件：

$$\text{Min } L = \frac{1}{2}E_t\sum_{i=1}^{\infty}\beta^i(\lambda y_{t+i}^2 + \pi_{t+i}^2) \tag{4-32}$$

$$\text{s.t.}\quad y_t = a_1 y_{t-1} + a_2 y_{t-2} - a_3\ (r_{t-1} - E_{t-1}\pi_t) + u_t \tag{4-33}$$

$$\pi_t = \pi_{t-1} + \gamma y_t + \eta_t \tag{4-34}$$

方程（4−32）表示中央银行通过选择一个权重 λ 来使得产出缺口和通货膨胀的加权值 $\frac{1}{2}E_t\sum_{i=1}^{\infty}\beta^i(\lambda y_{t+i}^2 + \pi_{t+i}^2)$ 最小，以实现福利最大。方程（4−33）和(4−34)分别为总需求方程和通货膨胀方程。对于方程（4−34）有：$E\pi_{t+1} = \pi_t + \gamma E_t y_{t+1}$，因而：

$$y_{t+1} = a_1 y_t + a_2 y_{t-1} - a_3\ (r_t - \pi_t - \gamma E_t y_{t+1}) + u_{t+1}$$

$$= \frac{a_1 y_t + a_2 y_{t-1} - a_3\ (r_t - \pi_t)}{1 - a_3\gamma} + u_{t+1}$$

如果一旦利率给定，那么 π_t、y_t、y_{t-1} 就是事先被决定的，如果定义：$\theta_t = \frac{a_1 y_t + a_2 y_{t-1} - a_3\ (r_t - \pi_t)}{1 - a_3\gamma}$，则中央银行可以通过选择 θ_t 的大小来最小化目标损失函数。通过动态规划可以得到一阶最优性条件和包络定理：

$$(\lambda + \gamma^2)\ \theta_t + \gamma\pi_\pi + \gamma\beta E_t V_\pi\ (\pi_{t+1}) = 0$$

$$V_\pi\ (\pi_\pi) = \pi_\pi + \gamma\theta_t + \beta E_t V_\pi\ (\pi_{t+1})$$

因此有 $\theta_t = -\left(\frac{\gamma}{\lambda + \gamma^2}\right)\pi_t + \beta\left(\frac{\gamma}{\lambda + \gamma^2}\right)E_t\theta_{t+1}$，由于目标函数是二次线性方程，因此最优政策规则必然采取 $\theta_t = \beta\pi_t$ 的形式，这里 β 为待估系数。因此，结合上述方程可以得到最优利率规则的形式：

$$r_t = \left[1 - \frac{B\ (1 - a_3\gamma)}{a_3}\right]\pi_t + \frac{a_1}{a_3}y_t + \frac{a_2}{a_3}y_{t-1}$$

由此可见，利率规则就是根据产出、通货膨胀等其他经济变量的相对变化而调整利率的操作方法。上述的利率规则是利率规则的一般形式，久负盛名的泰勒规则只是该规则的一种特殊形式。

三、泰勒规则的演进与修正

Taylor（1993）通过对美国、英国以及加拿大等国货币政策的实践研究发现，在综合考虑经济对物价水平和经济增长率产生影响的各种因素中，只有实际利率的变化能够与经济体内物价和经济增长的变化保持长期稳定的相关关系，因此，调整实际利率应当成为货币当局的主要操作方式。所以，一般的泰勒规则为：

$$r_t=\pi_t+gy+h\ (\pi_t-\pi^*)\ +r^f \qquad (4-35)$$

其中 r 是短期利率，π_t 为实际通货膨胀率，y 是产出缺口，g 是产出缺口影响利率的权重，π_t 和 r^f 表示目标通货膨胀和均衡利率。原始的泰勒规则为：

$$r_t=r^*+0.5\ (\pi_t-\pi^*)\ +0.5\ (y_t-y^*) \qquad (4-36)$$

泰勒规则的政策含义在于中央银行在制定和实施其货币政策时，应该时刻注意对本国经济内的利率水平的关注，并且通过一系列尽可能的办法实现利率的中性，避免利率波动对经济的过分干扰，从而使经济偏离长期增长的既定轨迹。只有实现了利率的中性（利率变化对经济波动没有影响），经济才有可能实现在其自身的潜在目标通胀和自然失业率水平下的持续稳定增长。

原始的泰勒规则是针对封闭经济而言的，因此在开放经济条件下的情形必须对泰勒规则进行修正。汇率的波动变化通过利率平价定律影响到各国利率水平的变化，而且汇率的变化会引起进出口水平的相应变化从而进一步影响国内实体经济的发展，因而汇率渠道被看作货币政策传导机制中的一个重要部分。Ball（1999）认为，汇率变化确实会在短期内对国内通货膨胀产生影响，如果试图消除这种影响，就可能导致产出的非正常波动。Ball（1999）和 Peeters（1999）建议采用利率和汇率的加权和（MCI）来代替利率指标，其权重由两者对总需求影响的重要性决定。Taylor（1999，2001），Svensson（2000），Mark（2005）等也将汇率纳入规范的政策评价模型中。引入汇率后的泰勒规则的一般形式可以表示为：

$$r_t = f\pi_t + gy_t + h_0 e_t + h_1 e_{t-1} \tag{4-37}$$

其中 e_t 表示实际汇率，f、h_0、h_1 是新引入的参数。如果 $f>1$，$g>0$，$h_0=h_1=0$，那么方程（4-37）就是 Taylor（1993）提出的封闭条件下的泰勒规则。Obstfeld and Rogoff（1995）对方程（4-37）提供了两种可能的解释，一是认为 $h_0<0$，$h_1=0$；另一个是 $h_0<0$，$h_1=-h_0$。由于缺乏一个结构性模型来模拟该规则，因此难以判断两种解释孰优孰劣。从 Ball（1999），Taylor（1999），Svensson（2000）不同的研究表明，虽然 h_0、h_1 各异，但都符合 Obstfeld and Rogoff 的任一解释，即 $h_0<0$，$h_0+h_1<0$。

Taylor（2001）对七个国家进行了实证检验，发现该规则在法国和意大利等国表现很好，但是在德国表现却很差。不管怎么样，如何将汇率适宜地引入政策规则仍然悬而未决。

Clarida，Gali and Gertler（2000）提出的前瞻性利率规则，即每期的目标名义利率是由预期通货膨胀和产出缺口与其以及相应通货膨胀水平的函数：

$$r_t^* = r^* + \beta\,[E(\pi_{t,k} \mid \Omega_t) - \pi^*] + \gamma E(y_{t,q} \mid \Omega_t)$$

其中 r_t^* 是 t 期货币政策的名义利率目标，$\pi_{t,k}$ 为价格水平从 t 期到 t+k 期的变化率，π^* 为美联储的通货膨胀目标，$y_{t,q}$ 为从 t 期到 t +q 期的平均产出缺口，Ω_t 为 t 期的信息集，r^* 为通货膨胀和产出处于目标水平时的长期均衡名义利率，β 和 γ 分别是有关通胀和产出预期影响利率的权重。

前瞻性利率规则与泰勒规则的不同在于其强调对通胀和产出等经济变量的

前瞻性预测对利率规则调整的作用，而泰勒规则将利率政策定位在对滞后通货膨胀和产出的调整上，而不是对这些变量的预期做出反应，在这个意义上，泰勒规则可以理解为一种特殊的前瞻性利率规则。根据前瞻性利率规则，Clarida，Gali and Gertler et al. 又给出实际利率规则：

$$rr_t^* = rr^* + (\beta - 1)\left[E(\pi_{t,k} \mid \Omega_t) - \pi^*\right] + \gamma E(y_{t,q} \mid \Omega_t)$$

其中，$rr_t^* = r_t - E(\pi_{t,k} \mid \Omega_t)$，$rr^* = r^* - \pi^*$。同样，目标利率对通货膨胀和产出缺口的反应依赖于 β 是否大于 1 以及 γ 的符号。如果 $\beta > 1$，则利率规则将是稳定的；如果 $\beta < 1$，则利率规则将依据经济冲击进行调整。

当然前瞻性利率规则也存在一些缺陷：一是该规则并没有考虑到现实中央行在利率调控过程中存在着利率平滑调整的惯性影响而假定实际利率水平会迅速对目标利率做出调整；二是利率变化完全是内生的，反映了中央银行对通货膨胀和产出的系统性变化；三是前瞻性利率规则对央行的利率调控能力要求很高，央行能否很好地控制基准利率的变动，使其按照合意的水平进行调整从而影响整个市场的利率水平的相应调整，是前瞻性利率规则发挥作用的一个重要的前提条件。因此，引入利率平滑的假设，可以进一步完善前瞻性利率规则。具有利率平滑特征的前瞻性利率规则为：

$$r_t = (1 - \rho)\left[rr^* - (\beta - 1)\pi^* + \beta\pi_{t,k} + \gamma y_{t,q}\right] + \rho(L)\, r_{t-1} + \varepsilon_t$$

其中 $\varepsilon_t \equiv -(1 - \rho)\{\beta\left[\pi_{t,k} - E(\pi_{t,k} \mid \Omega_t)\right] + \gamma\left[y_{t,q} - E(y_{t,q} \mid \Omega_t)\right]\}$。中括号内为线性预期误差，并与信息集中的其他变量正交。

中央银行不仅仅要监测和控制消费价格的上涨，同时还应该监控与股票价格、房产价格等有关的居民资产价格的膨胀。Bordo and Jeanne（2002）以及 Borio and Lowe（2002）等讨论了资产价格和货币政策规则之间的关系，认为应该将资产价格膨胀因素纳入泰勒规则。Bull and Schaling（2002）据此提出修正的泰勒规则：

$$r_t = r^* + \alpha (\pi_t - \pi^*) + \beta (y_t - y^*) + \gamma (sp_t - sp^*)$$

其中，sp_t是股票市场指数的对数值，Bull and Schaling 假定短期利率 r_t 可以看作长期收益 R_t的对数，这里的收益 R_t是 sp_t的倒数，故有 $R_t = \frac{1}{sp_t}$。因此，上式又可以写为：

$$r_t = r^* + \alpha (\pi_t - \pi^*) + \beta (y_t - y^*) - \gamma (i_t - i^*)$$

或：

$$r_t = r^* + [\alpha / (1+\gamma)] (\pi_t - \pi^*) + [\beta / (1+\gamma)] (y_t - y^*)$$

自泰勒规则提出以来，得到了不断修正，而且应用非常广泛（如：Ball，1997；Bernanke and Woodford，1997；Clarida and Gertler，1997；Fuhrer，1997；Svensson，1997；McCallum，1999）。Clarida，Gali and Gertler (2000) 对德国、日本和美国的货币政策反应函数进行了比较分析，结果表明，在布雷顿森林体系解体之后，美国、日本和德国的中央银行都改变了过往以货币供应量为货币政策调控中介目标的政策做法，转而推向对市场利率的调控，从而对市场的通胀水平进行有效管理，在政策实施时都无一例外地遵从了简单的（或扩展的）泰勒规则。以上种种表明，泰勒规则对各国中央银行的货币操作具有重要的指导意义。

四、利率规则理论的最新动向

关于利率规则调控理论的一个重要理论假设就是中央银行能够按照规则来设定利率，但这个假设并没有考虑到经济体有可能出现负的名义利率的情况时央行不可能再依据利率规则进行有效的政策调节管理，因而是不全面的。虽然名义利率不可能低于零，但是在有些时候却仍然接近于零，因此当名义利率接近于零时，实际利率是接近于负值的，经济体内的投资积极性不高，如何通过适当政策手段来刺激总需求的经济政策就显得相当重要（Romer，2006）。这就是被称为利率规则的流动性陷阱问题，即货币政策不能通过正常渠道来影响中央银行的利率工具，因为此时的利率已经低于或接近于零利率债券。

对这一问题的研究已经得到越来越多的关注（Rotemberg and Woodford, 1997; Wolman, 1998; Krugman, 1998; Reifschneider and Williams, 2000; McCallum, 2000、2005; Goodfriend, 2000; Orphanides and Williams, 2000; Svensson, 2001; Benhabib, Schmitt - Grohe and Uribe, 2001; Teranishi and Watanabe, 2001; Coenen and Wieland, 2003; Woodford, 2003; Eggertsson and Woodford, 2003、2004; Auerbach and Obstfeld, 2003、2004）。

Romer（2006）试图通过避开对名义利率的直接调节而转向传统的公开市场业务来调整实际利率以此刺激总需求。由费雪定理可以得知，实际利率是受通胀和名义利率两个因素共同作用的。在名义利率极低的流动性陷阱情况下，任何试图刺激名义利率上升的办法都是徒劳的，此时需要通过公开市场业务的操作来提高货币的增长率，并据此来合理引导市场的通货膨胀预期，在极低的名义利率难以改变的情况下，通过对通胀水平的预期提升来实现实际利率的下降，从而刺激经济的进一步增长以摆脱萧条状态。但是对货币增长率的提高能否在零利率水平形成通胀预期目前还没有一致的结论。Eggertsson and Woodford（2003）认为，这主要取决于货币调节的政策能否对市场上关于未来货币存量的变化形成有效预期。如果货币扩张能够带来对未来货币存量的预期，那么通胀就能增加未来价格水平的预期，从而导致即期的预期通胀。但是如果货币扩张不影响未来货币存量的预期，没有理由相信货币扩张会引起预期通胀的提高。

Krugman（1998）认为，解决上述预期问题的一个方法就是中央银行采取正的通货膨胀目标。也就是说，如果大众能够相信央行的那个正的通货膨胀目标会在自己的预期中增加对市场通货膨胀的预期，在费雪定律的作用下，名义利率虽然处于接近零水平，但正的通胀预期会促使实际利率下降到足够低使经济得以复苏。一种非传统的公开市场业务方法就是中央银行面临零名义利率时购买替代资产，如长期政府债券或公司债券，而不是购买短期政府债券。

Svensson（2001）还试图通过外汇市场干预来影响利率的波动。在他看来，如果在国外市场上购买外币或者外国资产会引起本国货币的贬值，进一步影响进出口数量的变化，从而进一步刺激国内经济的调整。不同的是，McCallum（2005）试图设计一种摆脱零利率债券局势的政策规则，即麦克伦姆规则。麦克伦姆规则选择利率和名义汇率波动率的加权平均作为政策工具，给汇率波动一个小的权重就能带来利率较大幅度的调整。结论与 McCallum and Nelson（1999）一样，其说明，即使在零利率债券状态下，麦克伦姆规则仍旧发挥了较强的稳定政策效果。

就各国的实际操作经验来看，学者们对零利率债券政策操作的评价存在两种主要的不同观点：一种观点认为低于零利率债券确实构成了货币政策有效的约束条件，而且在这种情形下，经济往往陷入总需求不足的状况，而且在流动性陷阱的约束条件下货币政策往往是无效的；另一种观点认为流动性陷阱并不会在现实中真正发生，因为中央银行能够零成本地扩大货币总量，总需求不足是不可能伴随着高额的通货膨胀的。

之后，随着经济学家们对利率规则理论研究的不断深入和政策调控实践的经验不断积累，传统的泰勒规则和其演变出的其他形式的线性泰勒规则的适用性在不断下降，因而催生了对非线性泰勒规则和在一般均衡模型下的最优利率规则的研究。

（一）非线性泰勒规则发展

简单的线性泰勒规则是在中央银行最小化对称的二次损失函数以及总供给

函数为线性条件下的最优政策规则。然而，由于现实经济条件具有时变性，不仅仅货币当局的损失函数参数会随着经济条件的不断变化而随其发生相应变化，具有理性预期的理性经济人也会针对未来具体经济环境的变化形成对货币政策规则的不同预期，并且将其贴现到现期的规则方程内，从而对未来的经济变化形成自己的预期和评估，而央行基于预期的变化，其货币政策的效果会产生非对称性的变化。同时，针对现实经济中存在不确定性的变化因素，中央银行的相关目标变量也会向预先设定的区间发生偏移反应。如果央行在损失函数中对不同的通货膨胀缺口和产出缺口赋予不同的权重，即对不同的经济环境给予不同的关注度，那么原先假定泰勒规则中的通胀缺口和产出缺口的权重系数为固定值的线性泰勒规则似乎不符合央行政策执行的实际情况。因而，针对央行对产出缺口和通胀缺口的非对称性反应和央行政策的非线性偏好实际情况的非线性泰勒规则似乎更贴合实际。

针对非线性泰勒规则的模型设定，国内学者分别从不同角度进行了实证检验分析。中国人民银行营业部管理课题组（2009），郑挺国，刘金全（2010），张小宇（2012），等分别采用了平滑转换模型和门限自回归模型进行了相关的实证检验研究，其中，平滑转换模型允许回归参数在两个机制之间逐渐变化，而门限自回归模型主要假设央行的货币政策对产出和通胀存在着明显的门限效应，当通货膨胀超过门限的阈值，货币政策就应该以通货膨胀为主要调控目标，当低于门限阈值时就应该以产出为主要调控目标，如何鉴定门限的阈值是决定非线性泰勒规则参数的重点，同时，在他们的研究方法里都假定了转换机制是内生的，因而可以为央行提供非线性政策行为的内在经济动机。通过实证分析检验，他们基本上都得出了相似的结论，即认为中国的货币政策规则具有明显的区制转移特点，不同的区制反映了利率对通胀和实际产出的不同政策反应关系，货币政策规则的不同区制反映具体表现为，在不同区制内央行货币政策规则即利率调节因素对通胀和产出的关注和调节存在着非对称性的影响。

在这个基础上，刘杰，等（2014）针对有关学者对于简单的针对利率对通胀缺口和产出缺口非线性反应，而忽视了有关利率和资产价格因素在内的诸多其他因素的问题，提出了包含资产价格的上升和下降两个区制，以及汇率的强势和弱势两个区制在内的有关人民币汇率、资产价格与利率规则的区制转换效应，他们采用马尔科夫区制转换向量自回归模型进行建模分析。经研究发现，中国的利率对人民币汇率变动和以房地产为代表的资产价格变动存在着明显的区制转换效应：房地产的价格上升会导致名义利率的上升，并且在房地产价格处于高区制内时，利率上升的幅度大于房地产价格处于低区制内的利率上升幅度；人民币汇率的升值会导致利率的下降，且当人民币处于强势区制内利率下降的幅度要大于人民币处于弱势区制内利率下降的幅度。虽然包含这两个被忽略的因素，但本书认为这两个因素应该被包含在非线性的泰勒规则中利率对通货膨胀缺口和产出缺口的非对称性。

针对设定转换机制为内生性的问题，程建华，等（2015）则采用了具有马尔科夫转换机制的区制变化的非线性泰勒规则进行实证检验，把转换机制设定成外生的随机因素，从而更好地描述了政策规则本身所具有的不对称性特征。研究结果表明，运用利率规则型的货币政策对通货膨胀存在着明显的两区制状态：积极区制和消极区制。在积极区制内，名义利率的调整幅度要大于通货膨胀的上升幅度，使得实际利率也上升，总需求受此影响而下降，进而有效地抑制了通货膨胀进一步恶化；而在消极区制内，名义利率下调的幅度要小于通货膨胀的上升幅度，从而不能达到有效抑制通货膨胀持续上升的目的。

（二）最优利率规则发展

Taylor（1999）检验了英、美两国在1962—1999年的经济数据，实证结果与泰勒规则基本吻合。McCallum（2000）运用1972—1998年日本经济数据，以及 1962—1999 年美国和英国的经济数据实证检验了泰勒规则的适用性，认为泰勒规则对某一指定的政策工具的依赖性比目标变量的依赖性更大。Clarida，Gali and Gertler (1998) 在泰勒规则的基础上最早提出了理性预期的泰勒规则，并在 IS－LM 模型的粘性价格和理性预期版本分析框架内对这一规则展开了研究。Judd and Rudebusch (1998) 以及 Nelson (2000) 综合运用多种经济分析方法，先是分析了货币的历史数据，随后将数据带入相应公式，进而估算了中央银行利率政策的反应函数。Svensson (2000) 和 Lawrence Ball (2000) 创新性地将汇率引入泰勒规则中，使讨论的重点从封闭经济体转移到开放经济体，他们研究的问题是一个外向型开放经济体应制定怎样的货币政策规则（主要指利率规则）。其理论表明，汇率水平的变动也可以决定利率水平的高低。然而，上述两种分析方法都无法克服利率规则是事先设定的这一缺陷，因而最终的讨论结果并不尽如人意。正是在这样的背景之下，Woodford and Giannoni (2003) 提出了最优利率规则理论。

大多数文献对最优利率规则概念的界定为：在开放型经济体的价格粘性模型中，能够对所有类型的冲击进行反馈的利率规则。上述经济冲击主要有供给冲击、需求冲击和实际汇率冲击等。Calvo (2007) 对包含通货膨胀稳定性的最优利率规则进行了研究，究竟怎样的利率规则能够抑制通胀而不会引起不必要的成本，从而实现利率和通货膨胀率之间的均衡？Calvo 以一个小型开放经济体作为研究对象，实证检验了通货膨胀是可以通过提高利率水平得到较好控制的。而 Surico (2007) 将视角缩小到美国，在非对称偏好理论的基础上，研究了美联储的货币政策规则与美国国内通货膨胀的关系，其论证结果与 Calvo (2007) 的结论基本一致。Giannoni (2014) 认为，如果货币政策会受到利率规则的约束，而这些规则又会对通货膨胀或价格水平进行反馈，那么价格水平的稳定性将对货币政策效果产生重要影响。Giannoni 在一个简单的前瞻性模型中比较了简单泰勒规则与价格水平的目标规则（维克赛尔规则），结论显示，维克赛尔规则在政策效果、冲击过程中的稳健性等方面优于泰勒规则，并且较少受到均衡不确定性的影响，近似于一个最优规则。国内学者也针对中国的具体国情展开了探讨。崔百胜（2008）构建了一个货币均衡的数量理论模型，同时分析货币政策在货币供应量和名义利率两个方面的变化，以及不同外部冲击对货币政策规则的影响。本书分析了提高短期利率能否降低通货膨胀率的问题，并且得到了肯定的答案，即无论从理论还是政策实施操作实践上看，利率规则在中国货币当局管理通胀中都产生了好的效果，是当前中国货币政策规则的不二选择。孙音（2011）试图构建中国的通货膨胀目标制体系，并且在流动性过剩的 LRE 模型框架内对中国通货膨胀目标制的稳健最优利率规则进行了实证检验和冲击响应分析，以期实现央行承诺的预期通货膨胀目标。研究结论表明：中国通货膨胀存在后顾性适应性预期和前瞻性理性预期的动态特征；短期名义利率对通货膨胀率和产出缺口的反应系数是流动性过剩的函数。

第五章

利率市场化深入改革对利率调控优化要求

第一节　中国利率市场化改革进程概况

一、中国利率市场化改革目标

如前所述，马克思经济学与凯恩斯主义对于市场利率如何决定这一问题，并非方枘圆凿，势不俱栖，在新的经济社会条件下，二者尚可达成某种共识，即市场利率是由借贷资金供求决定的，是借贷双方竞争和力量变化的结果，而非简单地由政府行政干预来制定和调整，这即为利率市场化过程，具体来说，就是要改变以往中央银行对商业银行的存贷款等各个市场利率的直接控制，而把市场利率的定价权交还给商业银行这一市场主体，中央银行则主要通过对市场基准利率的设定和调整，商业银行在央行的存款准备金率、贷款再贴现利率以及公开市场购买证券市场上有价证券（主要是国债）等间接的调控手段来影响市场利率的变化。然而，中国长期以来的利率的形成主要受制于政府的政治经济意图，并不能够实现市场决定利率变化的要求，政府不仅规定了利率的总体水平，而且还规定了各种利率的具体水平（利率结构），并用法律手段和行政手段进行严格管制，使利率的形成出现了严重的人为干扰的“非市场化”，这扭曲了利率的市场特性，背弃了市场经济原则，使实际利率的变动不能真实地反映资金的供求关系，资源无法实现优化配置。

为改变实际利率形成的“非市场化”所带来的各种弊端，中国将利率体制改革的核心确立为利率市场化，而改革的最终目标是形成在社会资金供求关系中，以基准利率为中心，市场利率为主体，既有国家宏观调控功能，又具有市场自我调节功能的一种利率管理系统。同时利率市场化改革的总体思路确定为：先放开货币市场利率和债券市场利率，再逐步推进存贷款利率的市场化。存贷款利率市场化按照“先外币，后本币；先贷款，后存款；先长期、大额，后短期、小额”的顺序进行。党中央和国务院的一系列重要决定为利率市场化改革指明了方向。

1993 年，党的十四届三中全会《关于建立社会主义市场经济体制若干问题的决定》和《国务院关于金融体制改革的决定》提出了利率市场化改革的基本设想。1995 年，《中国人民银行关于“九五”时期深化利率改革的方案》初步提出利率市场化改革的基本思路，1996 年，正式拉开了利率市场化改革的帷幕。2002 年，党的十六大报告重点指出，“稳步推进利率市场化改革，优化金融资源配置”。2003 年，党的十六届三中全会《关于完善社会主义市场经济体制若干问题的决定》重申“稳步推进利率市场化，建立健全由市场供求决定的利率形成机制，中央银行通过运用货币政策工具引导市场利率”。2005 年 10 月，中共中央《关于制定国民经济和社会发展第十一个五年规划的建议》进一步指出，“要稳步推进利率市场化改革”。2007 年，第三次全国金融工作会议提出，“加快培育市场基准利率体系，稳步推进利率市场化改革”。2011 年，《国民经济和社会发展第十二个五年规划纲要》再次强调“稳步推进利率市场化改革，加强金融市场基准利率体系建设”的具体改革方向。2013 年，党的十八届三中全会《关于全面深化改革若干重大问题的决定》在深化金融体制改革的关键节点上，首次提出“加快推进利率市场化”的改革要求。2015 年 11 月，国务院常务会议提出“确定深化利率市场化改革，完善利率形成和调控机制”的具体方针。

二、中国利率市场化改革的进度

自 1996 年以来，随着统一的银行间同业拆借市场的建立，中国利率市场化改革拉开了序幕。经过 20 年的努力，利率市场化改革稳妥推进，并取得重大进展。利率市场化的重心已经从监管机构主动放开利率管制阶段，逐步转移到市场主体参与形成市场基准利率和利率结构的阶段。中国的利率形成机制不断逼近马克思的利率决定理论。金融机构间的批发业务利率逐步放开，中国人民银行管理的利率范围不断缩小、利率管理种类不断减少，利率管理期限结构不断简化、利率形成的市场化程度不断提高。

（一）商业银行利率市场化的基本实现

第一，人民币贷款利率市场化取得重大突破，银行的贷款自主风险定价机制基本形成。1987 年 1 月，中国人民银行首次进行了贷款利率市场化的尝试。在《关于下放贷款利率浮动权的通知》中规定，商业银行可根据国家的经济政策，以国家规定的流动资金贷款利率为基准上浮贷款利率，浮动幅度最高不超过 20%。[①] 经过多年的稳步推进，继 2004 年取消金融机构（不含城乡信用社）人民币贷款利率上限后，2013 年 7 月 20 日，中国人民银行报经国务院批准，决定取消贷款利率下限，对城乡信用社贷款利率不再设立上限。至此，中国金融机构人民币贷款利率管制已全面放开，金融机构的自主风险定价机制基本建立。总体看来，放开金融机构（不含城乡信用社）贷款利率管制及取消城乡信用社贷款利率上限的政策效果逐步显现，金融机构按照贷款风险状况确定贷款利率的格局初步形成，金融服务水平进一步提高。

---

① 中国人民银行货币政策分析小组. 稳步推进利率市场化报告 [M]. 北京：中国金融出版社，2005：125.

第二，人民币存款利率市场化迈出历史性一步，基本实现银行存款利率自由浮动。1999 年 10 月，中国从大额存款入手，实行保险公司与商业银行双方协商利率，进行存款利率市场化的有益尝试，到 2004 年 10 月，中国人民银行决定允许金融机构人民币存款利率下浮。至此，人民币存款利率实行下浮制度，实现了“放开下限，管住上限”的既定目标。时隔一年，2005 年 9 月，中国人民银行颁布《中国人民银行关于人民币存贷款计结息问题的通知》，决定将通知存款等 6 种存款计结息方式的决定权下放给商业银行，由其自主确定。这使得银行有了一定的利息定价权和更大的自主空间。此次的利息定价权虽然微小，但可以说是存款利率市场化的探路石。经过 2006 年、2012 年、2013 年和 2015 年 2 月的存款利率浮动区间多次扩大调整后，2015 年 10 月，央行决定对商业银行和农村合作金融机构等不再设置存款利率浮动上限。存款利率管制的全面放开，银行存款利率实现自由浮动，这标志着中国利率市场化改革经过 20 年的历程，取得了历史性突破。

第三，外币利率市场化取得重大进展，外币贷款利率全面放开，存款利率改革试点有序推进。2000 年，央行决定放开境内外币贷款利率，要求各项外币贷款利率及计结息方式由金融机构自行确定；同时对于 300 万美元（或等值其他外币）以上的大额存款利率，由金融机构与客户协商确定，而 300 万美元（或等值其他外币）以下的小额外币存款利率则由央行对外公布。2002 年 3 月，央行将境内外资金融机构对境内中国居民的小额外币存款，纳入央行现行小额外币存款利率管理范围，以统一和实现中外资金融机构在该政策上的公平待遇。2003 年 7 月，央行决定将小额外币存款利率由原来制定并公布的 7 种减少到 4 种，放开境内英镑、瑞士法郎、加拿大元的小额存款利率由各商业银行自行确定并公布。2003 年 11 月，央行决定放开小额外币存款利率下限，商业银行在不超过央行公布的利率上限的前提下，自主确定小额外币存款利率。

2004 年 11 月，央行在调整境内小额外币存款利率上限的同时，决定放开 1 年期以上小额外币存款利率，商业银行拥有了更大的外币利率决定权。2005 年央行多次上调境内商业银行美元、港币小额存款利率上限。2014 年 3 月，上海自贸区小额外币存款利率上限取消，自贸区在全国率先实现外币存款利率的完全市场化，为在全国推广这项改革积累可复制、可推广的经验。2014 年 6 月 27 日，央行宣布自即日起将外币存款利率市场化改革试点由自贸区扩围至上海市，外币利率市场化改革逐步在全国范围内铺开。

第四，农村信用社利率市场化改革试点得到稳妥有序推进。2002 年 3 月，中国人民银行挑选 8 个农村信用社作为试点，规定其存贷款利率在基准利率的基础上分别上浮 30％和 100％。2002 年 12 月，央行决定扩大全国农村信用社系统的利率改革试点，由原 8 个试点推广到 21 个省（区、市），存款利率原则上可上浮 30％（最高不超过 50％）。2003 年 6 月 27 日，国务院发布了《深化农村信用社改革试点方案》，进一步扩大农信社的贷款利率浮动区间，“在民间借贷比较活跃的地方，实行灵活的利率政策。允许信用社贷款利率灵活浮动，贷款利率可在基准贷款利率的 1.0 倍至 2.0 倍浮动。对农户小额信用贷款利率不上浮，个别风险较大的可小幅（不超过 1.2 倍）上浮，对受灾地区的农户贷款还可适当下浮”。2004 年 10 月 29 日，央行报经国务院批准，将城乡信用社人民币贷款利率的浮动上限扩大为基准利率的 2.3 倍，所有金融机构的人民币贷款利率下限仍为基准利率的 0.9 倍。农村信用社利率市场化改革的范围和深度日益扩大。2012 年以后，利率市场化进程全面提速。2013 年 7 月 19 日，中国人民银行出台新政，规定由农村信用社根据商业原则自主确定客户的贷款利率，把贷款利率定价权全部交给农村信用社。据中国银行业协会（CBA）统计，2013 年全国农信社 94.1％的机构已全部消化历年挂账亏损，从 2004 年以来连续 9 年实现盈利；而从 2002—2015 年，全国农信社总资产由 2.21 万亿元人民币增至25.81万亿元人民币，增长近11.7倍，不良贷款率由36.9%降至4.3%。

（二）货币市场利率市场化的突飞猛进

第一，银行间同业市场拆借利率市场化的大踏步。自1996年1月全国建立统一的同业拆借市场，形成统一的同业拆借利率以来，银行间同业拆借市场规模不断扩大，同业拆借市场成员范围已扩大到存款类金融机构、部分非银行金融机构，以及市场化发行债券的政策性银行等大部分金融机构，成员总数由1997年年末的96家增加到2015年年末的1382家。银行间拆借市场2015年实现总拆借额64.2万亿元，比市场成立之初增长近300倍。从2004年10月12日起，全国银行间同业拆借中心正式发布债券7天回购利率，将其作为货币市场基准利率的参考指标。2004年11月17日，国开行发行当年第17期的3年期浮动利率金融债券，选择全国同业拆借中心公布的债券7天回购加权利率作为基准利率，改变了中国长期以来以1年期定期存款利率作为浮动利率债券基准利率的做法。在此之后，商业银行次级债券、个人住房贷款抵押债券等纷纷以此为定价基准。2005年3月17日，央行放开了金融机构同业存款利率，为商业银行自主定价提供了更大的空间，促进了商业银行提高资金使用效率和流动性管理水平。为进一步推动利率市场化，培育中国货币市场基准利率体系，提高金融机构自主定价能力，指导货币市场产品定价，完善货币政策传导机制，上海银行间同业拆借利率自2007年1月4日起开始运行。至今，每日各期限档次的Shibor形成了一条从隔夜至1年期的完整利率曲线，具有较好的平滑特征，且各期限档次利率能够综合反映货币市场的资金供求状况和利率的期限结构，为货币市场的产品定价提供了初步参考。各种以其作为基准的金融产品不断涌现，丰富了货币市场产品种类，有利于货币市场的深化。

第二，债券利率市场化的大手笔。在国债利率市场化方面，1996年，财政部通过证券交易所市场平台实现了国债的市场化发行，采取了利率招标、收益率招标、划款期招标等多种发行方式。这表明国债发行利率已经实现市场化。财政部在 2013 年 12 月 30 日发布《关于公布 2014 年关键期限国债、50 年期国债、储蓄国债发行计划的通知》，决定全年将发行 42 期关键期限国债，较 2013 年增加 7 期，其中主要是短期限品种的发行有所增加；发行场所涉及跨银行间债券市场和证券交易所债券市场。此举既有利于中国债券市场的统一，又有利于构建中国基准国债利率体系，进一步推动中国利率市场化改革的进程。2015 年 1 月 8 日，为促进国债市场发展，提高国债发行的计划性和透明度，财政部公布了 2015 年关键期限和 50 年期记账式国债发行计划。根据该计划表，2015 年计划发行的关键期限国债共 49 期，总期限与 2014 年相比增加了 7 期，均为跨市场发行。关键期限国债的扩容和增量，对构建国债收益率曲线和建立具有市场意义的价格基准等都有积极意义。

在银行间债券利率市场化方面，1997 年，中国央行下发《关于银行间债券回购业务有关问题的通知》，放开了银行间债券回购与现券交易利率，随后又放开银行间市场政策性金融债、国债发行利率。银行间债券市场利率的市场化，有力地推动了银行间债券市场的发展。银行间债券市场参与者范围已由 1997 年市场启动时的商业银行，扩大到包括城市商业银行、保险公司、经营人民币业务的外资银行、证券公司、基金管理公司、财务公司、金融租赁公司等在内的各类金融机构和非金融机构法人，参与机构数已由 1997 年的 16 家增加到 2015 年年末的 9642 家。2004 年 4 月 12 日，央行颁布的《全国银行间债券市场债券买断式回购业务管理规定》，进一步丰富了债券回购的业务形式，增加了回购市场价格发现、规避风险等多种功能。2005 年 4 月，央行又制定了《全国银行间债券市场金融债券发行管理办法》，取代了《政策性银行发行金融债券暂行管理规定》，为银行间债券市场的运行提供制度保障。2005 年 5

月，央行发布《全国银行间债券市场债券远期交易管理规定》，随着工商银行和兴业银行的首笔债券远期交易成交，银行间债券市场在金融衍生领域迈出了具有重要意义的第一步，为债券市场乃至整个金融市场奠定了金融产品创新的基础。此外，从 2005 年银行间债券市场首次引入泛亚基金，到 2015 年年末，已有 308 家境外机构进入银行间债券市场投资，这意味着银行间债券市场对外开放再树新的里程碑。随着交易主体的增加和金融产品的丰富，银行间债券市场交易量逐年递增。据统计，2015 年银行间债券市场现券交易累计成交 86.74 万亿元，债券回购市场累计成交 457.76 万亿元，前者同比增长 114.9%，比 1998 年交易额增长 5267 倍；质押式回购累计成交 432.41 万亿元，同比增长 103.6%；买断式回购成交 25.35 万亿元，同比增长 111.2%。

2006 年 2 月 9 日，中国人民银行发布《关于开展人民币利率互换交易试点有关事宜的通知》，推出人民币利率互换交易试点，随后，国家开发银行和中国光大银行完成首笔 50 亿元人民币的利率互换交易。经过近两年的业务试点，2008 年 1 月 18 日，中国人民银行颁布《中国人民银行关于开展人民币利率互换业务有关事宜的通知》，人民币利率互换交易正式开始全面推进。之后，利率互换名义本金成交额逐年增加，2015 年 12 月成交额大约为 8500 亿元。人民币利率互换市场的诞生与发展，标志着人民币利率衍生工具正式登陆中国金融市场，进一步丰富了金融市场交易工具，满足了银行间债券市场投资者利率风险管理及资产负债管理的迫切需要，加快了利率市场化改革进程，表明了构建中国多层次金融市场的蓝图正在逐步实现。

（三）中央银行利率市场化的阔步前进

第一，再贴现、再贷款利率市场化进程。中国人民银行于 1998 年 3 月 24 日开始改革贴现、再贴现利率确定方式：再贴现利率由按同档次再贷款利率下浮5%—10%的确定方式，改为按利率6.03%一个档次执行；贴现利率实行在再贴现利率基础上最高加0.9个百分点的确定方式，具体加点幅度由贴现银行自行确定。2004年3月25日，央行再度对再贷款利率进行改革，开始实行再贷款浮息制度。即指中国央行在国务院授权的范围内，根据宏观经济金融形势，在再贷款基准利率基础上，适时确定并公布中央银行对金融机构再贷款利率加点幅度的制度。实行再贷款浮息制度是稳步推进利率市场化的又一重要步骤，有利于完善中央银行利率形成机制，逐步提高中央银行引导市场利率的能力；有利于理顺中央银行和借款人之间的资金利率关系，提高再贷款管理的科学性、有效性和透明度；有利于再贷款利率制度逐步过渡到国际通行做法。

第二，存款准备金利率市场化进程。1998年3月，央行对准备金制度进行了改革，合并法定准备金与超额准备金存款账户，实行统一利率。自2003年12月21日起，央行改革准备金存款利率制度，对金融机构法人法定准备金存款和超额准备金存款采取“一个账户，两种利率”的方式分别计息。金融机构在央行的超额准备金存款利率由现行年利率1.89%下调到1.62%，法定准备金存款利率维持1.89%不变。从2004年4月25日起，央行开始实行差别存款准备金率制度。一般金融机构执行7.5%的存款准备金率；资本充足率低于一定水平的金融机构，执行8%的存款准备金率；农村信用社和城市信用社仍执行6%的存款准备金率。推出差别存款准备金率，是央行给银监会提供的一个动态的资本充足率监管和激励约束工具，激励了资本充足率良好的银行，制约了资本充足率不足且资产质量不高的金融机构的贷款扩张。2005年以来针对流动性供需趋势的变化，央行多次调整存款准备金率。特别是2006年下半年到2008年上半年，为对冲多余的流动性，防止经济由过快向偏热发展，央行频繁上调存款准备金率。2008年上半年以后，为应对国际金融局势动荡加剧和保证流动性供应充足，央行先后下调存款准备金率。2010年，央行根据宏观形势的变化，又先后 6 次上调存款准备金率。2011 年年初，在总结国际金融危机教训的基础上，央行正式引入了差别准备金动态调整机制，并且为实现宏观审慎政策目标，央行研究构建了差别准备金动态调整机制的“升级版”——金融机构宏观审慎评估体系。该举措意义十分深远，它表明中国存款准备金利率体系以及与之密切关联的存款准备金制度逐步趋向合理，这是完善中国存款准备金制度的重大改革。

第三，公开市场利率市场化进程。中国央行于 1996 年 4 月开始实行以逆回购为主要形式的公开市场操作，其回购利率实行市场招标。虽然这一利率还不能像基准利率那样引导市场利率变化，但其形成是商业银行根据资金供求状况自主决定的，而非外生的，能够在一定程度上起到间接调节商业银行对基础利率反应的作用，公开市场利率定价的市场化说明中央银行已经放松了对公开市场利率的管制。2004 年以来，针对外汇占款持续变化的复杂态势，根据市场利率变化与货币政策需要，我国通过数量招标与利率招标方式，灵活调节金融体系的流动性。2015 年，央行全年公开市场累计开展逆回购操作 32380 亿元，未开展正回购操作，开展短期流动性调节工具操作累计投放 5200 亿元。2015 年，我国共发行 100 期央行票据，发行总量 24140 亿元，并且更多地采用价格招标方式贴现发行央行票据，以发现市场利率水平，了解商业银行对利率走势的预期。央行票据的收益率水平与货币市场利率的关联性不断加强。这些尝试为基准利率的形成、建立中央银行间接调控机制、深化利率市场化改革创造了条件。

第二节　中国利率水平的理性调整和利率结构的优化调整

在利率市场化改革初步完成后，需要进一步深入其改革的进程，而在深入市场化改革的同时，又需要对利率水平的调整和利率调控的结构进行进一步的优化调整。只有做到这些要求，才能进一步跟进利率市场化深入改革和市场化的利率调控管理的要求。

一、利率水平的适时适度理性调整要求

某一利率水平如果长时间不变，其最初的积极作用或调控功能会朝相反方向演变。这种演变是利率水平适时调整的重要理由。中国中央银行要改变当前以不变应万变的状况，而以千变应万变，在充分发挥市场自我调节的作用下，灵活运用各种货币政策工具，引导和调节利率上升至反映真实资金供求关系的合理水平。

为了更好地利用利率这一“价值杠杆”为宏观经济管理服务，使得现阶段的市场利率能够更好地发挥市场化的调节作用和效率，我们从现在开始就要在利率水平的调整过程中，有意识地增加对市场利率的市场化运行和调控的重视度，逐步改变过往行政化的利率管制对市场利率造成的破坏作用，进一步把“市场利率”调整到反映真实资金供求关系的合理水平。引导和调整利率水平，要讲究艺术性，特别要注意以下几个问题：

第一，综合考虑多方面因素。基准利率在整个利率体系中起主导作用，“牵一发而动全身”。央行调整基准利率时必须处理好以下几个关系：一是保持

存款正利率水平，以维护存款人的利益和保持储蓄存款有一定的增长幅度；二是考虑企业的利息承担能力，以保持和促进国民经济持续、稳定、健康发展；三是保持合理存贷款利差水平，维护银行和财政的利益；四是协调利率和汇率的关系，保持货币币值对内、对外稳定。

第二，选择调息的最佳幅度。利率政策的运用可分为两种：一种为经常性调节，即经济活动在正常情况下进行的调节，比如在货币供应量和物价均比较稳定的状况下，利率只是做微量调整；另一种是特殊性调节，即经济活动在不正常情况下进行的调节，如通货膨胀和物价上涨猛烈，或者商品滞销、生产下降，利率就要做超微量调节。可见，无论实行高利率或低利率都是根据具体的经济活动状况而决定的，并无优劣之分。鉴于中国目前货币政策既要预防通货膨胀，又要防止紧缩过度引起经济下滑，在政策操作上宜遵循“小幅多次、小步有序、及时预调、灵活微调、调幅稳定、少用猛药”的原则。根据这一操作原则，中央银行要经常对社会利率水平进行调查，对社会资金供求状况、企业资金利润率及银行利差水平等进行测算，结合对通货膨胀的合理预期和证券市场、商品市场的运行状况，并借鉴成熟市场经济国家的经验和做法，确定利率的调整频率和幅度。

第三，反应灵敏，及时调整。调息要把握最佳时机，调息过早或太晚，利率政策的实际操作效果都会被削弱，甚至与宏观政策意图背道而驰。要准确无误地把握住调息的时机是一件相当复杂和困难的事情。原则上说，调息时机的选择主要取决于以下两个因素：一是国内经济运行状况，主要以 CPI 为参考标准。若 CPI 呈加速上涨态势，而且真实贷款利率（名义贷款利率减去 CPI）为负，那就意味着通胀已经来临，央行就应该采取相应的调控措施，通过货币紧缩政策，上调利率来减少市场的货币流通量；反之，则相反。二是考虑利率政策的时滞。因为利率水平调整对宏观经济的影响具有时滞过程，一般要 6—18

个月的传导时间才会真正显露其调控作用。当宏观经济不平衡现象初步显露之时，就应当考虑利率杠杆的作用。否则，等到宏观经济不平衡现象严重之时，再动用利率杠杆，其付出的代价就很沉重，调控目标实现所需的时间就会相应延长。

二、中国市场利率调控体系的优化

利率水平的调整必然会相应地影响到利率结构。利率调整的目标，不仅要考虑宏观经济的平衡，而且要考虑利率结构的优化，只有进一步简化和优化利率结构，在此利率结构作用下形成的宏观经济平衡才是更加稳固的。建立市场利率体系的关键就在于银行在价值规律和供求规律的作用下，根据市场变化、物价波动、资金供求关系以及期限长短、预期效益、信誉程度等变量灵活确定的不同品种的资金存贷利率，并完善利率结构框架。

（一）利率结构的简化和优化

当前中国利率结构虽有所改进，但是仍然种类繁多，存在过多、过细、划分利率标准不一的缺点。据有关资料表明，到目前为止，金融机构存款利率有8大类、7小类共27种利率档次；金融机构贷款利率有9大类、15小类共33种利率档次；另有国有独资商业银行利率补充种类70多种，政策性银行利率种类36种，优惠贷款利率3大类共14种。再加上各种债券利率，种类更多。特别是贷款利率结构，其大类就有基准贷款、法定贷款、专业银行补充贷款、优惠贷款、差别贷款、浮动贷款等，大类之下又分为项目、子目、档次等。且在利率结构标准上划分不一，有的是以资金使用期限为标准（如固定资产贷款利率和流动资金贷款利率），有的是按不同行业划分（如邮电、保险业贷款利率），有的是按贷款用途划分（如住房贷款），有的按不同地区划分（如一般地区、特区、贫困地区等），此外还有按生产的不同产品或按优惠利率标准而划分的。这种烦琐的利率结构极易造成利率标准多种多样，缺少统一标准的问题。同时，这种结构还存在重复和不便操作的缺陷，例如，在多种标准中，优惠贷款种类是办理优惠贷款的，而其他贷款种类中又都有优惠贷款。

今后中国要对现行管理过细、过死、过杂的利率品种和档次进行简化，贷款利率可按期限简化为短期贷款利率和中长期贷款利率两大类，存款利率种类也要按期限和存款额划分，以减少现行种类和档次，形成新的利率结构。此外，在商业银行贷款利率结构标准的划分上，还应体现商业银行在使用资金方面应遵循的三个原则：安全性、周转性和营利性。存贷工具利率的收益性应与它们的风险性正相关，并与它们的流动性负相关。这就要求我们做到如下两点。

第一，完善中央银行对金融机构的贷款（简称再贷款）利率结构。中央银行要根据企业和金融机构会计制度和业务发展的需要，按期限设置基本利率档次，划分利率种类。根据 1993 年发布的《中国人民银行对金融机构贷款管理暂行办法》，中国人民银行对金融机构贷款利率按期限分为 20 天、3 个月、6 个月和 1 年共 4 种。再贷款期限档次少，期限较长，应增加一些期限档次，比如增加一些 10 天、1 周或者隔夜贷款利率，使中国人民银行能更加灵活地调节商业银行的资金头寸。2003 年 12 月 27 日修正后的《中华人民共和国中国人民银行法》第二十八条规定：中国人民银行根据执行货币政策的需要，可以决定对商业银行贷款的数额、期限、利率和方式，但贷款的期限不得超过一年。

第二，简化商业银行贷款结构。在贷款利率中优惠利率、差别利率等为政策性贷款利率，浮动利率则是具有一定市场色彩的商业性贷款利率。然而，作为中国利率市场化改革的重要成果，浮动利率在贷款利率中已占很大比重。接下来的工作是要进一步减少政策性贷款利率在整个利率体系中的比重，增加市场自由浮动变化的市场利率的比重。为简化商业银行各类贷款利率的结构，贷款不应再按用途划分为固定资产贷款和流动资金贷款，应按期限长短确定，简化为短期贷款（1年及1年期以内）和中长期贷款（1年期以上）两大类。

（二）利率体系结构的调整

在利率结构调整的各项任务中，理顺各类利率的关系是最主要的，我们要建立起多层次、有差别、开放型和能控制的利率体系。“多层次”是指在货币管理当局控制的基准利率和产业利率之外，还有大量由市场供求决定的市场利率。“有差别”是指市场利率由资金供求双方根据主要导向利率、自身筹资成本、风险、期限、市场占有份额等因素确定各个具体利率水平，形成合理的差别利率体系；“开放型”是指货币当局只控制基准利率，市场利率则完全放开；“能控制”是指建立一种既能反映金融市场动态、引导资金合理流动，又能被中央银行间接使用并灵活调控的利率机制。[①]

1. 要理顺中央银行的利率体系

中央银行利率体系包括：中央银行在公开市场上交易的债券利率；商业银行在中央银行存贷款的利率，即法定存款准备金、中央银行对金融机构的贷款、贴现、贴罚息等利率；中央银行根据一定时期经济金融形势和宏观调控需要而制定的特殊利率，如各种优惠利率、政策性贷款利率、专项贷款利率等。中央银行利率体系的重新架构，必须遵循利率调整应以货币政策目标为依据，并与其他货币政策工具相配套的原则，初步建立起比较完善合理的利率体系。

第一，合理确定再贷款利率、再贴现利率。再贷款利率、再贴现利率是决定利率政策和构成利率结构的中心环节，它的变化体现了中央银行的货币政策

---

① “中国利率市场化研究”课题组. 今后三年中国利率市场化改革的目标及其操作［J］. 改革，1999（3）：15—22.

意图，同时它又是一种能起到引导、调节社会各种利率水平作用的政策基准利率，因此其利率水平的高低、结构是否合理直接影响着金融机构及金融市场对中央银行货币的需要。再贷款是中央银行对金融机构的信用放款形式；再贴现是中央银行以金融机构的贴现票据为抵押的另一种放款形式。中央银行通过再贴现和回购业务为商业银行融资，具有证券抵押贷款的性质，比直接发放再贷款风险要小，或者说安全性优于再贷款，因此再贴现利率水平应适当低于同期再贷款利率。

第二，公开市场利率作为中央银行在金融市场上买卖证券、吞吐基础货币、调节各金融机构超额储备量的一种资金价格，具有市场利率的特征，它应以再贴现、再贷款利率为轴心灵活决定，既昭示中央银行调控意图，又引导商业银行市场利率水平。再贷款和再贴现是单向的，而公开市场操作是双向的。目前，中国中央银行已开始以债券回购为主的公开市场操作利率，是依债券回购底价利率高于再贴现利率、低于再贷款利率来确定的。应该说公开市场操作利率更应体现市场性，不能简单地将其和再贴现利率、再贷款利率相比较。但由于它是中央银行一般性货币政策工具，因此，其利率水平的升降受再贷款利率和再贴现利率的影响。

2. 理顺中央银行基准利率与市场利率之间的关系

中央银行再贷款是商业银行流动性的重要来源，目前中央银行贷款的利率水平低于货币市场利率，在此利率结构下，商业银行从中央银行贷款，再到同业市场或回购市场放出去，便可以盈利，使央行的资金价格难以起到调控商业银行对流动性的需求。要逐步改进央行的利率结构和调整利率水平，使中央银行贷款成为商业银行获得流动性的最后渠道。由中央银行控制的再贷款利率、再贴现利率和公开市场操作的利率应该高于同业拆借利率，这样才能鼓励商业银行在需要资金时先通过大力吸收存款解决，再到同业拆借市场筹资解决，最后再找中央银行解决，从而减轻商业银行对中央银行高度的货币依赖，减缓中央银行基础货币投放的压力。

3. 理顺商业银行各类利率之间的关系

第一，要设置合理的利率期限结构。所谓利率的期限结构，是指各种金融资产长短期利率之间的联系、比例和系列。利率期限结构的合理化就是对各种金融资产期限不同的利率进行协调，使之按照期限长短排列有序，以使长短期资金供求同时达到均衡。当前中国利率结构中一个比较明显的问题就是长期资金贷款利率与短期资金贷款利率的差异太小，目前仅约 1 个百分点的差距，同时长期存款的利率水平过高，活期存款利率偏低，诱使存款过多地向长期存款倾斜（储蓄存款尤为明显），致使银行负债比例结构失衡，增加了银行的融资成本。

第二，关于商业银行存款利率与贷款利率之间的关系，贷款利率要高于存款利率，以保持合理的利差。这种合理性的衡量标准是商业银行在正常经营的情况下通过利差取得的收入，足以弥补商业银行的营运成本并创造一定的利润。在中国改革开放三十多年时间里，尽管大多数年份贷款利率高于存款利率，但利差太小。1980 年以来，有 3 个时期利差为零。进入 90 年代，中国存贷款利差仍然保持较低的水平，只是在近两年才略有提高。在中国金融企业资产运用方式比较单一的情况下，长期的低利差甚至零利差，使商业银行资金利税率下降，甚至发生亏损，不利于银行提高经营效益和后续发展，不利于通过银行利率的变化来提高金融宏观调控能力，也不利于调控存款来源和贷款运用。因此，要按照国际惯例，进一步理顺商业银行存贷款利率的对应结构和期限结构，理顺存贷款的利差。

4. 理顺商业银行利率与资本市场（各种债券）利率之间的关系

要设置合理的利率资产结构。所谓利率的资产结构，是指不同金融资产之间的利率联系和比例。随着市场化的发展，金融资产的多样化带来了利率的多样化，而每一种利率都应该体现金融资产的质量和风险程度。具体来说，影响金融资产的利率结构的因素主要有期限、资信、风险、管理成本等。要根据各类存贷款工具和债券的风险性、流动性、期限、使用方便性及合理利差要求制定不同的利率，比如应当在负债期限相同的情况下，按风险大小确定利率。即利率的资产结构应该体现出不同资产的风险和收益状况，而不应该出现扭曲。

当前，在我国的利率资产结构中，有一个比较令人注目的“利差”倒挂问题，亦即国债的利率高于银行存款的利率。目前中国债券已有国库券、国家重点建设债券、重点企业债券、财政债券、基本建设债券、国家建设债券、地方企业债券、特种国债、保值公债、金融债券等数十个品种。各种债券利率大约比相同期限的银行同期存款利率高 1.5 个百分点。事实上，国债是以政府信誉为基础的，应该是所有金融资产中风险最低、信誉最好的一种，而银行存款是以银行信誉为基础的，风险应该高于国债，因而国债的利率应该低于银行同期存款。中国国债利率高于银行存款利率的现状，常常是由于只考虑国债的顺利发行，而没有考虑政府为此多支付的利息、银行为此而遭受的“存款搬家”的损失等。国债利率过高，金融机构买国债可以“坐享其成”，造成中央银行公开市场操作的困难。这些情况的存在，客观上尽管和国债二级市场不发达、居民没有意识到银行存款的风险等问题有关，但从总体上不利于建立优化的利率资产结构。中国当前首先要改变国债的发行方式，实行市场竞价拍卖，以降低国债利率，平衡其与银行存贷款利率的关系。

第六章

利率调控的一个关键点：放开市场与加强监管之间的协调

第一节　中国放开利率市场的潜在风险

中国利率市场化已经进入全面深入的过程，在这个过程中要进一步松开对原有的利率的一些管制性约束，实现利率市场的自由化。这应该和利率市场化改革早期的改革过程一样，是一个循序渐进的过程。最主要的体现就是要实现利率由市场决定，就必须放松对金融市场各利率水平的管制，不再直接规定金融机构的存贷款利率水平。利率市场化作为一种制度的变革，在其最终目标实现之前，即在推进改革过程中，各种利率管制的陆续放开将有可能对尚未完全适应市场体制的经济运行带来新的扭曲和问题，给社会储蓄和投资、生产和消费带来不确定因素甚至是严重的负面影响，严重时还可能导致金融、信用危机。这是因为，与其他所有的经济改革一样，利率市场化改革也不可能超越历史与现实的条件限制，事实上，利率作为国民经济的“枢纽价格”，其全面而深入的市场化改革对客观经济政治条件有着更加严格的要求，必须有宏观经济的稳定特别是价格的稳定，必须与现代企业制度改革、银行商业化以及财税、融资等体制改革相辅而行，还要跟上与金融市场相关的间接调控和银行监管措施。而在这些条件尚未具备或尚未成熟之前，利率市场化贸然地“单兵独进”，只会陷入危机四伏的境地而不能自拔。

一、利率风险：利率市场化的固有特性

从理论与中国的现实来看，放开利率管制不失为一种合理的金融制度安排，但其在执行过程中可能会因为各种原因，释放不出应有的经济效应。

从发展中国家的实际情况看，发展中国家为加快基础建设，人为压低利率水平、降低融资成本的现象屡有发生。“根据世界银行的统计，20 世纪 50 年代以来，发展中国家的利率大都呈现负利率，1984—1993 年低增长的发展中国家的实际利率为－2.8%。”而在发达国家，也存在着人为压低利率水平的现象，主要是由于 20 世纪 30 年代以来，凯恩斯的宏观经济理论的指导地位的确立，利率管制成为发达国家执行宏观经济调控的必要工具和手段。降低储蓄率、提高投资率、保持宏观经济持续稳定的增长，成为人为压低利率水平的初衷。发展中国家在放松利率管制、摆脱低利率的束缚后，长期受到压抑的租金迅速从国有行业和政策所倾斜的借款人中转移出来，利率水平自然冲高；而在发达国家同样会出现利率水平变动至正常的市场利率水平上，从而使租金重新分配，加剧金融服务业竞争的同时也使利率的短期波动明显。但事实上，由于利率管制放开后，利率并不一定能简单地恢复到市场供求均衡的利率水平上。主要是由于发展中国家市场体制的不健全、经济政策的不协调以及金融监管体系的不完善，使利率短期内的波动造成宏观经济的失衡，而宏观经济的失衡结合微观投资者信心和预期的变化又进一步影响利率水平的变化，从而造成利率“超调”后又短期剧烈波动的现象。在发达国家，由于宏观经济的稳定和金融市场的完善使利率很快就能保持相对的稳定状态，但市场中的微观金融主体的寡头垄断和恶性竞争同样会造成银行危机风险，大量银行倒闭。从各国利率市场化的实践来看，在利率管制放松的过程中，无论是发展中国家，还是发达国家都不同程度地出现了利率管制时期不曾有过的风险。

而在市场经济体制健全的美国、日本等发达国家的利率放松管制的过程中，也相继出现了大量银行破产倒闭的现象。例如，20 世纪 80 年代中期的美国，在利率管制放开以后，短期存款利率的飙升造成了大量银行倒闭，倒闭数量和持续时间也远远超过大萧条时期，如表 6－1 所示。

表 6－1　1980—1990 年美国商业银行的倒闭数量　　单位：家

年　份	1980	1981	1982	1983	1984	1985	1986	1987	1988	1989	1990
倒闭数	10	10	42	48	79	120	138	184	200	206	179

资料来源：S J Khoury，A Ghosh. Recent Developments in International Banking and Finance［M］. lexington Books，1987.

2015 年早期，央行就宣布放开存款利率上限的市场条件成熟。目前，金融机构的资产方已完全实现市场化定价，负债方的市场化定价程度也已达到 90%以上。中国人民银行仅对活期存款和 1 年以内（含 1 年）定期存款利率保留基准利率 1.5 倍的上限管理，距离放开利率管制只有一步之遥。从实际情况看，中国金融机构的自主定价能力已显著提升，存款定价行为总体较为理性，已形成分层有序、差异化竞争的存款定价格局。主要商业银行对放开存款利率上限已有充分预期并做了大量准备工作，“靴子”落地有利于进一步稳定预期。此外，大额存单和同业存单发行交易有序推进，市场利率定价自律机制不断健全，存款保险制度顺利推出，也为放开存款利率上限奠定了坚实基础。

在此背景下，从 2015 年 10 月开始，央行决定抓住有利时机，融改革于调控之中，结合货币政策调整，对商业银行、农村合作金融机构、村镇银行、财务公司等金融机构不再设置存款利率浮动上限。这标志着中国利率管制基本放开，金融市场主体可按照市场化原则自主协商，并确定各类金融产品定价。这既有利于促使金融机构加快转变经营模式，提升金融服务水平；也有利于健全市场利率体系，提高资金利用效率，促进直接融资发展和金融市场结构优化；更有利于完善由市场供求决定的利率形成机制，发挥利率杠杆优化资源配置的作用，充分释放市场活力，对于稳增长、调结构、惠民生具有重要意义。

然而，根据国际利率市场化的改革经验，利率市场化改革目标完成几乎是与市场风险并存的，因而需要进一步谨慎对待市场的各种风险问题。对利率放开后可能出现的风险加以研判也就变得极为必要。值得一提的是，取消对利率浮动的行政限制后，并不意味着央行不再对利率进行管理，只是利率调控会更加倚重市场化的货币政策工具和传导机制。从这个角度讲，利率市场化改革将进入新阶段，核心是要建立健全与市场相适应的利率形成和调控机制，提高央行调控市场利率的有效性。为了更好地实现利率市场化的目标，合理控制市场风险的积累问题，有三个方面需要继续努力推进改革。

第一，通过央行利率政策指导体系引导和调控市场利率。借鉴国际经验，中国正在积极构建和完善央行政策利率体系，央行以此引导和调控包括市场基准利率和收益率曲线在内的整个市场利率，以实现货币政策目标。对于短期利率，中国人民银行将加强运用短期回购利率和常备借贷便利利率，以培育和引导短期市场利率的形成。对于中长期利率，中国人民银行将发挥再贷款、中期借贷便利、抵押补充贷款等工具对中长期流动性的调节作用以及中期政策利率的功能，引导和稳定中长期市场利率。

第二，各类金融市场以市场基准利率和收益率曲线为基准进行利率定价。货币市场、债券市场等市场利率可以依上海银行间同业拆借利率、短期回购利率、国债收益率等来确定，并形成市场收益率曲线。信贷市场可以参考的定价基准包括贷款基础利率（LPR）、Shibor、国债收益率曲线等，在过渡期内央行公布的贷款基准利率仍可发挥一定的基准作用。各种金融产品都有其定价基准，在基准利率上加点形成差异化、客户化的利率体系。但万变不离其宗，都围绕市场基准利率变动。

第三，进一步理顺利率传导机制。在完善央行政策利率体系、培育市场基准利率的基础上，中国人民银行将进一步理顺从央行政策利率到各类市场基准利率，从货币市场到债券市场再到信贷市场，进而向其他市场利率乃至实体经济的传导渠道。同时，央行应通过丰富金融市场产品，推动相关价格改革，提升市场化利率传导效率。

二、放开利率管制下的微观风险

由于利率管制逐渐放开后，央行不再直接对利率进行管制，整个利率的定价权力交还给市场。利率管理的政策性、行政性因素大大减少，整个市场微观主体经营管理的外部环境逐步好转。但基于对利率市场改革进一步深入的进程中有伴随风险的可能性的判断，中国商业银行、非银行金融机构和工商企业等微观经济主体会面临各类风险。

（一）放开利率管制下的商业银行风险分析

利率管制下，商业银行的风险主要是政策性风险，即央行是否决定调息、如何调息等。市场主体是利率的被动接受者。而利率管制放松以后，商业银行利率风险更多地表现为市场风险和经营风险。考虑我国的国情和中国国有商业银行的具体情况，中国商业银行在利率管制放松以后可能会面临以下风险：

第一，逆向选择风险。中国在放松利率管制过程中，伴随着贷款利率的提高，巨额的利息会大大增加贷款人的信贷成本。这样低收益、低风险的企业会因信贷成本增加而减少贷款甚至退出信贷申请者的队伍，或改为从事高风险、高收益的行业。届时高收益、高风险的企业会充斥信贷市场。一旦高风险的企业因某种原因出现亏损，贷款无法偿还，为走出困境，将会继续向商业银行贷款。而商业银行此时如果不贷给企业，企业以前的贷款就无法偿还；如果继续贷给企业，又进一步增加了商业银行的信贷风险，银行就会越套越牢，银行资产的质量不断下降。这就是所谓的信贷市场逆向选择风险。不仅如此，随着实际利率的升高，中国商业银行本身道德风险也会增加。一方面，在高收益刺激下，中国国有商业银行可能会违背安全经营原则，将贷款业务转移到高利率高风险的贷款上；另一方面，随着利率决定权逐渐趋于市场化，如果国有商业银行委托一代理机制存在不健全的情况，很可能会出现银行高管与企业之间相互谋利的金融腐败行为——企业通过寻租获得低息贷款，银行高管通过对寻租企业低息放贷而获取租金，即国有商业银行高管利用手中的贷款风险与贷款利率高低之间的不对称性追逐自身利益最大化，导致国有商业银行逆向选择风险进一步增加。

第二，存贷款的利率基差风险。在利率管制时期，中国商业银行利率存贷差额由央行来决定。这样，银行主要面临着各类利率调整幅度的不同而带来的利率结构风险。但随着利率管制放松，尤其是存款利率上限和贷款利率下限逐渐取消管制的限度以后，商业银行间竞争加剧，必然伴随着商业银行利率存贷基差的缩小，从而导致银行盈利空间缩小。目前，中国商业银行经营模式单一，金融服务种类严重趋同化，存贷利差仍然占据着中国商业银行利润的绝大部分，因此，存贷款的利率基差风险必然伴随利率市场化的过程。从国际经验来看，利率市场化后商业银行之间的竞争会加剧，而商业银行竞争加剧的直接体现就是各金融机构或金融工具间的利率水平差距缩小。例如，土耳其 1980 年利率市场化之初，大银行先是公开订立价格“君子协定”，在合谋破裂后又展开恶性竞争，1982 年、1983 年的实际存款利率高达 10.8%和 10.6%，而同期贷款利率仅为 4%和 3.1%，实际利差分别为－6.8%和－7.5%，最终引发了 1983—1984 年的银行危机。实际上，综合考虑存贷款利率变化趋势，并预计在 2015 年 10 月份开始，存款管制彻底放开之后，受存款利率边际上升和贷款利率边际下降的影响，银行存贷利差将会出现收窄。不过，鉴于占总存款比重约25%的活期存款以下浮为主，1年及以下定期存款利率在多数银行的上升幅度并未高于50%，因此粗略估计净利差有50—100个基点的下降空间，部分城商行和农商行可能会出现更为明显的收窄。

第三，对于市场利率风险的把控能力不足。利率市场化后，商业银行面临的风险将更加复杂，利率风险将成为重要的风险源。利率风险主要表现为以下三个方面。其一，重新定价风险。由于商业银行的资产（如定息资产、浮息资产）、负债和表外业务存在期限错配，利率的频繁波动会使得利率敏感性资产和负债在定价上出现不匹配问题（如利用短期浮息存款作为长期定息贷款的融资来源），从而引起商业银行收益率的波动。其二，收益率曲线风险。利率波动频率和幅度的提高将使得利率期限结构更加复杂，可能会影响商业银行的整体收益和经济价值。其三，期权性风险。该风险主要表现为利率的波动使得商业银行交易对手频繁调整持有的资产和负债（如提前还款、挤兑），从而对银行产生不利影响。

第四，商业银行的定价能力难以适应市场需求。在利率管制下，中国商业银行存贷款利率的定价主要是按照中国人民银行发布的基准利率执行，这种定价机制存在许多缺陷：一是利率定价的被动性较强，缺乏量化定价模型和相应系统的支持；二是利率定价没有综合考虑风险与收益的平衡；三是利率定价方式具有“一刀切”的特点，商业银行不注重对市场和客户的细分。利率市场化后，市场竞争加剧和定价自主权提升将直接考验商业银行的利率定价能力，能否制定科学合理的利率水平，是商业银行赢得市场的关键因素之一，而定价机制落后的商业银行将在利率市场化环境中处于被动地位，甚至被淘汰出局。

（二）放开利率管制下的非银行金融机构风险

利率市场化改革不仅会对中国商业银行带来极大的冲击，而且还会给保险公司、证券公司等非银行金融机构的经营活动带来诸多的不确定性。首先，对于保险公司来说，相对稳定的定价机制非常重要，市场化以后的利率的频繁波动使保险资金收益变得不稳定；对保险资金来说，其收益也将伴随市场利率变得起伏不定，使保险公司经营风险加大。其次，对于证券公司来说，由于股价与利率呈反比关系，利率频繁的波动必然引起股市的振荡起伏。这样，银行、证券和保险成为一个有很大联动作用的风险共同体，一旦某一部门出现金融风险，将很快传染到其他两个部门，风险会迅速扩散。

（三）放开利率管制下的国有企业风险

当前，中国相当一部分国有企业正在进行现代公司治理结构的建设，预期在未来会有相当一部分国有企业完成产权制度的改革，但是仍然有一部分国有企业存在大量的历史遗留问题，长期内仍然需要政策性贷款的支持。一旦利率放开，商业银行市场主体地位开始确立，就会出现需要贷款的困难企业得不到贷款，而对贷款需求相对不高的盈利型企业却更容易得到贷款的现象。另外，即使困难企业可以得到贷款，按照市场的风险收益原则，其贷款利率也会大大高于盈利企业的贷款利率，从而更进一步加剧企业负担。因此，在利率市场化初步完成后进一步放开利率管制过程中，可能会有相当一部分国有企业将因无法获得信贷支持而面临发展资金短缺的风险。从中国商业银行十分愿意把借给效益一向较好的外资企业就可以预见到这一点。因此，利率管制逐渐放开、商业银行利率自主定价决定权加大以后，将加剧国有企业的亏损和倒闭。

三、放松利率管制下的宏观风险

根据金融风险传染理论，微观风险如果积聚到一定程度会引发宏观风险。因此，利率市场化改革在加剧中国微观经济主体风险的同时，还有可能造成中国宏观经济不稳定。

（一）放松利率管制下的银行危机风险

表 6－2　部分发展中国家利率市场化后金融危机的程度

国　家	时　间	程　度
阿根廷	1980—1983	15％的金融机构遭破产清理。
智　利	1981—1988	1981 年，8 家金融机构遭破产清理，其资产占金融体系资产总额的 35％被接管；1988 年 9 月，中央银行持有的陷入困境的商业银行贷款几乎占 GNP 比重的 19％。
玻利维亚	1987—1988	在 12 家私人商业银行中有 2 家被清理，另有 7 家有巨额亏损。1988 年，未收回款占商业银行净值的 92％。
哥伦比亚	1982—1987	银行系统在 1985 年的全部亏损高达资本加储备的 140％。1982—1987 年，中央银行对总资产占全部金融资产的 24％的 6 家银行进行干预，其中 5 家在 1985 年的亏损额等于它们资本加储备的 220％。
加　纳	1985—1989	到 1988 年冬，银行系统的净值为负数。对银行系统进行调整的费用大约占 GNP 的 6％。
马来西亚	1985—1986	有 24 家吸收存款的信用社（占存款总额的 2.1％）没有偿付能力，占存款总额 5.2％的 3 家商业银行在 1985—1986 年进行了资本调整。
几内亚	1982	1984 年银行体系已经崩溃，99％的贷款无法收回。6 家国有银行全部破产清理。

资料来源：根据世界银行《1989 年世界发展报告》整理。

中国商业银行利率水平长期以来由政府制定，短期内缺乏利率定价的机制和经验，缺乏预防利率风险的技术和管理经验。且中国商业银行主营业务单一化、同质化，收益的大部分靠存贷款利率差，综合业务水平以及服务定位都存在一定的缺陷。利率管制放松以后，必然加大银行间的竞争力度，使有竞争优势的银行胜出，而另一些不具备竞争优势的银行倒闭，金融系统间的关联又会使危机蔓延，从而对社会经济产生不良的后果。

从国外学者的研究来看，1996 年，美国学者 L. Kaminsky and M. Reinhart 通过实证研究得出，利率自由化和银行危机的发生呈正向显著关系；同样，“根据德米尔哥–昆特（Demirg – Kunt）和德特拉贾凯（Detragiache）对 1980—1995 年 50 多个国家所做的计量经济分析，银行危机更容易在自由化的金融体系中爆发，但那些制度较为健全的国家例外”。

事实上，从 20 世纪 70 年代末到 90 年代后期，金融危机一直伴随着发展中国家的利率市场化过程，甚至发达国家美国，也在利率市场化过程中经历了长达 10 年的储贷协会危机。1998 年，IMF 经济学家德米尔哥–昆特和德特拉贾凯对全球 53 个国家在 1980—1995 年的银行危机与利率自由化相关性的实证分析，证明实施利率自由化的金融体系更容易发生银行危机，如表 6 – 3 所示。

从表 6 – 3 可以看出，绝大多数国家在实施利率自由化之后的若干时间段里不同程度地发生了银行危机。值得强调的是，利率市场化并不一定会带来银行危机，但是利率市场化会加剧银行体系的脆弱性。从本质上讲，银行体系内在脆弱性才是银行危机产生的根本原因。据《银行家》杂志对菲律宾、马来西亚、韩国、印尼、泰国东南亚 5 个国家和中国香港地区银行业健康状况的调查表明，利率自由化是使银行业脆弱性增加的因素之一。除中国香港外，其他国家的利率自由化都是银行脆弱的原因，其中泰国利率自由化与银行业脆弱性的相关性最强。

表 6－3　1980—1995 年不同国家利率自由化与发生银行危机的年份

国　家	利率自由化年份	银行危机年份	国　家	利率自由化年份	银行危机年份
澳大利亚	1981—1995		肯尼亚	1991—1995	1993
奥地利	1980—1995		多　哥	1993—1995	
比利时	1986—1995		马来西亚	1980—1995	1985—1988
加拿大	1980—1995		马　里	1980—1995	1987—1989
智　利	1981—1995	1981—1985	埃　及	1991—1995	
哥伦比亚	1981—1995	1982—1985	荷　兰	1980—1995	
刚　果	1980—1995		新西兰	1984—1995	
丹　麦	1981—1995		尼日利亚	1990—1993	1991—1995
芬　兰	1986—1995		挪　威	1985—1995	1987—1993
约　旦	1988—1995	1989—1990	赞比亚	1992—1995	
萨尔瓦多	1981—1995	1989	巴拉圭	1990—1995	1995
日　本	1985—1995	1992—994	委内瑞拉	1989—1995	1993—1995
法　国	1980—1995		菲律宾	1981—1995	1980—1987
德　国	1980—1995		葡萄牙	1994—1995	1986—1989
希　腊	1980—1995		斯里兰卡	1980—1995	1989—1993
危地马拉	1989—1995	1993—1995	瑞　典	1980—1995	1990—1993
圭亚那	1991—1995		瑞　士	1989—1995	
牙买加	1991—1995		乌拉圭	1980—1995	1981—1995
洪都拉斯	1990—1995	1991—1994	坦桑尼亚	1993—1995	1988—1995
印　度	1991—1995	1992—1994	泰　国	1989—1995	1983—1987
印　尼	1983—1995		爱尔兰	1985—1995	1983—1984
以色列	1990—1995	1990—1994	乌干达	1991—1995	
意大利	1980—1995		美　国	1980—1995	1980—1992
韩　国	1984—1988 1991—1995		土耳其	1980—1982 1984—1995	1991 1994—1995
墨西哥	1989—1995	1982 1994—1995	巴布亚新几内亚	1980—1995	1989—1995

资料来源：张荔．金融自由化效应分析［M］．北京：中国金融出版社，2003：89．

从中国的实际情况看，一方面，由于中国四大国有商业银行处于绝对垄断地位，金融领域中的竞争格局还没有完全形成，一旦利率管制放开，中小金融机构必然遭到具有规模优势的国有商业银行的排挤，面临经营危机，而这种金融危机又会扩散到整个金融体系；另一方面，金融体系薄弱一直是中国经济改革的桎梏，特别是在利率管制条件下四大国有商业银行已经积累了大量的不良贷款，利率放开后，很容易造成体系脆弱带来的银行危机，从而传染整个银行体系，给银行体系带来巨大的冲击；另外，四大商业银行间也可能因传统的存贷利差收窄后为实现收益而展开的恶性不良价格竞争，引致金融效率的损失，对金融稳定造成危害。如果在利率管制放开的同时未能改善其经营管理水平，建立强有力的法律、制度和监管框架，改善国有银行初始的脆弱状况，都存在着爆发银行危机的可能。

（二）放开利率管制下的通货膨胀风险

虽然有现代经济理论认为，利率提高会在一定程度上抑制通胀，但根据发展中国家利率市场化的实际情况看，通胀不仅没有被抑制，反而加剧了。理论上说，利率水平长期居高不下可能会带来通胀。一方面，利率上升加大了企业生产成本，从而引发成本推动型通货膨胀；另一方面，利率上升会导致一些企业破产，从而造成社会供给减少；此外，由于大多数发展中国家存在经济结构不合理、金融体系二元结构以及投资饥渴等现象，利率上升并不一定会带来投资需求下降，反而有可能激发一些企业从事高风险项目，最终产生需求拉动型通货膨胀。

从中国通胀的历史看，历次通胀都伴有高利率的现象。央行自 2004 年 10 月开始已经连续八次加息，但是目前中国仍然存在通胀的压力。一旦利率超调现象出现，通胀的风险就会加大。

从国外的经验看，在发生通胀的利率市场化国家里，通胀率与利率之间呈显著关系。如表 6－4 所示，仅智利的贷款利率与通胀率之间相关性较弱。除土耳其外，其他国家通货膨胀率与存款利率之间的关系强于其与贷款利率之间的关系。尽管通货膨胀率与利率之间的高度相关性不能证明高通货膨胀率与高利率之间的因果关系，但是至少有一点可以肯定，高通胀率与高利率具有较强的共生性。因此，中国利率管制放开后的通胀风险还是可能存在的。

表 6－4　世界部分国家通胀率与存款利率的相关性

项　目	阿根廷	玻利维亚	巴　西	智　利	哥伦比亚	土耳其	美　国
通胀率与存款利率的相关系数	0.99	0.77	0.99	0.67	0.69	0.35	0.80
通胀率与贷款利率的相关系数	0.59	0.29	—	0.02	—	0.85	0.79

资料来源：萨奇．利率市场化与高利率关系的国际经验［J］．国际金融研究，1996（1）：40—45.

(三) 放松利率管制下的泡沫经济风险

利率管制放开后，伴随着存贷款利差的缩小，以存贷业务为主的中国商业银行的利润将逐渐被压缩。银行或金融机构为了换取高额回报，可能从事高风险、高收益的行业，如股票和房地产，2015 年中国股市牛市和熊市之间的剧烈变化，以及近几年来房地产市场的持续价格高涨都受到了这些因素的影响。

不管是维持现有的政府担当最后贷款人的制度，还是实行存款保险制度，存在的道德风险问题会使中国商业银行不计后果地将大量资金投入到高风险、高收益的股市和房地产市场，带来这些领域的虚假繁荣，从而引起散户的跟风，进一步加剧全民投机的行为，致使股票、房地产等资产价格迅速膨胀。一旦泡沫破裂，势必造成整个经济体系严重受损。从世界各国的经验看，利率市场化之后，许多国家都曾发生过虚拟资产价值膨胀的现象，部分国家还出现了泡沫经济。以日本为例，日本的利率水平在利率市场化改革之后迅速上升，从而带动了相关金融产品价格的上涨。20 世纪 80 年代，日本地价、股价的连续暴涨诱使金融企业纷纷涉足房地产和股市，最终导致房地产和股市泡沫的破裂，大量金融机构陷入巨额贷款无法收回的困境使日本经济陷入长期且持续的低迷。中国近两年来，房地产和股市持续升温，已经出现了泡沫。因此，中国在利率管制放开的同时，必须建立起强有力的监管机制，完善监管的法律法规框架，以防未来中国出现泡沫经济。

(四) 放松利率管制下的汇率风险

利率不仅会对一国内部经济变量产生重大影响，而且会通过资金在不同市场上的转换影响到外汇供求，从而对汇率产生影响。如果一国的利率短期内频繁波动，则必然会带来汇率波动的加剧，从而增加一国所面临的汇率风险。中国目前实行的是有浮动的汇率管理体制，按照利率平价理论，只要某种货币预期收益率高于另一种货币，就会带来一种货币的过度需求，另一种货币的过度供给，于是市场上的汇率开始波动。虽然中国对资本项目仍然实行管制，但目前的管制在人民币加入特别提款权（SDR）货币篮子以后，随着人民币国际化的步伐加快，原有的资本管制也在逐步放松，如果实行蠕动钉住汇率制，利率逐渐放松，国外投机者将会通过股票市场、期货市场成功套利后再通过松动的资本市场外逃，给中国金融市场带来波动，加剧本币贬值幅度和恶性通胀的预期，甚至引发金融危机，东南亚经济危机中的泰铢贬值就是一个典型的例子。如果实行浮动的汇率制，会对中国市场经济体制初期的脆弱性带来挑战，且浮动汇率制需要利率市场化作为前提条件，而利率市场化又需要微观经济主体行为的市场化作为前提条件。这样，中国目前的宏观经济环境和微观市场结构对浮动汇率还存在着相当的制约性。因此，中国利率管制的放开必然伴随一定的汇率风险。

（五）放松利率管制下的经济发展失衡的风险

中国经济发展具有区域和行业发展不平衡的特点，即不同地区、部门具有不同的投资回报率。利率管制放开以后，利率的市场化形势不断强化，各地区、部门对资金的吸引力将呈现两极分化的特点，资金流向不断从低获利部门或地区流向高获利部门或地区，从而形成利率的“马太效应”。

当前，中国正处于市场经济体制改革的深化阶段，虽然产品市场已经具备相当的市场化程度，但是仍然存在着各地区、各行业发展水平参差不齐、产业资本的社会平均利润率还未形成，不同行业、不同地区之间的经济效率差异很大。在利率管制放开，信贷资源完全按照市场化配置后，必然出现下述情况：其一，在行业和部门的配置上，资金流向高收益、高营利性的行业和部门，甚至流向高风险的投机性交易，如房地产、股市等，从而造成中国基础产业和公共服务部门资金短缺，影响整个国民经济的健康发展。其二，在城乡和地区的配置上，资金逐利性的特点会使资金由获利水平相对较低的农村地区流向获利水平相对较高的城市地区，由经济不发达的中西部地区流向投资环境相对较好的东部沿海等发达地区，这样造成中国欠发达地区的发展资金更加短缺，经济发展更加缓慢，使强者恒强，弱者永弱，从而不利于区域经济的协调发展，给经济社会的发展带来了不稳定，有违建设社会主义和谐社会的目标。

（六）放松利率管制下的金融调控风险

利率管制时期因不受开放性、流动性影响，央行可以通过直接调整利率来调节商业银行的信贷行为，而利率管制放松以后，中国的金融市场体系会趋于完善，整个经济体系会向着完全的、开放的市场经济发展。同时也逐渐具备完整的宏观经济政策调控的传导机制、准确的调控信号以及更加中性的市场化调控手段，但由于利率管制放开以后，各种金融衍生工具的应用，加上开放性、流动性的影响，可能加剧中国金融交易脱离实际经济的现象，削弱中国央行控制货币供应量的能力，进一步对央行的利率调控提出更高的要求，在不具备完整的市场化调控的能力基础上，各种宏观经济政策会由于开放性、流动性而大打折扣，进一步增加了金融调控的风险。

第二节　防范利率风险的必然选择：加强利率监管

中国要实行利率市场化进一步深入改革就必须加大利率市场化的决定比重，放开对利率的管制。但放开利率管制后，利率在许多情形下就像松手的皮球会浮出水面一样，自然会上升，如果加上其他一些不利因素，还可能会出现利率的异常波动。但是如同母亲不能因分娩时的“阵痛”而不让婴儿出世一样，一个国家也不能因惶恐取消放开利率管制后存在风险而放弃改革。改革的关键是利率市场化要与防范金融风险并行、并重，不能失之偏颇，应正确对待利率的正常波动。因此，利率管制的放松绝不等于利率管理的放松。相反，中国在放开利率管制，给予金融机构更大的利率自主决定权的同时，必须加大对市场利率的监管。

何谓监管？“有效地遵守规则要靠监督和检查来保证。这一过程被称为监管”。与管制相比，对利率的监管则是依照法律法规对利率的运行进行有效的监控与管理。

第一，利率监管的对象应该是市场化的利率，利率水平至少要具有一定的市场化决定比重。市场化利率的一个基本特点就是利率由借贷双方根据资金市场的供求状况来自主决定，应该包括金融交易主体享有利率决定权，利率的数量结构、期限结构和风险结构应由市场自发选择，从而更好地发挥利率对信贷资金的基础性配置作用，提高信贷资金的使用效率，促进经济的增长和经济结构的优化。因此，利率监管并不等同于利率管制，而是以市场化的管理手段来监管市场化的利率。

第二，对利率的监管就是让由市场决定的利率水平受到监管机构的监控，以对风险的防范和预警为主，最大限度地降低利率放开所带来的各类风险，使利率水平在安全的范围内运行，确保金融市场运行的安全和稳定。主要体现在：政府依靠市场力量实现对基准利率水平实行间接干预，更好地发挥国家对市场利率间接调控的作用；监管机构对金融机构的内控体系、产品定价实施必要监管，防止出现对利率过度地放任而带来的各种利率风险；行业自律组织也将发挥作用，并加强对金融机构的各项监管与市场监测，防止金融机构之间无序竞争的发生。

第三，对利率管制的放开和对利率监管的加强就是在利率市场化的改革道路上不断深入的过程，就是利率的市场化在改革阶段里不断深化的过程。利率基本实现了市场化的定价机制，也就意味着利率的市场机制发挥了作用，但同时发生利率风险的可能也加大了，从而对防范风险的要求也就提高了。对利率监管的加强就是为了防范市场化利率可能带来的各种宏微观风险，并更好地发挥市场化利率的优点。

完全自由的利率是历史的“陈迹”，早期自由资本主义时期的利率自由化带给我们的经验教训，以及现代市场经济国家利率市场化改革的经验都表明了利率的市场化绝不等于利率的自由化。现代市场经济条件下的利率体系应该是一个有监管的、政府和央行有间接调控力的利率体系。所以，发展中国家在进行利率市场化改革、放松利率管制的同时，决不可放松对利率的有效监管，而应该在更健全的金融体系、更完善的监管制度下走金融深化之路。

第三节　中国利率监管现存的障碍因素分析

利率适度干预的市场化监管要求中国对利率监管的许多手段和方法从行政化逐步转向市场化。从中国现有的实际情况看，中国现有的、与行政管制相适应的利率监管体系要实现市场化的适度监管还存在一系列的障碍因素。

一、利率监管障碍的体制性因素

利率市场化监管体系的建立和完善属于中国利率市场化改革的一部分。作为金融体制改革核心环节的利率市场化改革又是整个市场经济体制改革的重要组成部分。因此，这种由管制迈向监管的利率管理体制改革涉及的内容不仅是一个管理体系建设问题和单纯的金融经济层面的改革问题，而且涉及支撑这一监管体系的经济体制基础问题。

（一）市场微观主体地位的建立和完善问题

利率管理体系由管制向监管转变，就是要保证利率形成的机制市场化、资金供求双方成为真正的市场主体，从而使政府在对宏观经济调控过程中拥有利率这样一个市场化的调节杠杆。但是，调控的力量最终要作用于产品市场中的微观主体才能充分发挥调控的效果。这就使市场中的微观主体能否成为利率的敏感者成为利率市场化改革中的一个关键性的问题。现实中，企业对利率的敏感与否的一个关键问题就是国有企业经营内部的个人利益最大化与企业利益最大化的一致性问题。如果二者不一致，就会造成企业管理者缺乏个体或私营企业的成本观念，很难对利率有着敏感的反应。因此，有效的国有企业激励机制、现代企业制度与公司治理结构的完善仍然要与利率管理体制改革多头并进。

（二）政府对商业银行和国有企业的利益关系协调问题

从商业银行、国有企业同政府的关系来看，政府均为二者的所有者。过去，政府既是所有者又是经营者，利率杠杆就成为协调二者关系的“利器”，政府通过利率结构的调整来协调利益在不同利益主体之间的分配。例如，国有企业困难的时候，政府可以通过银行发放政策性贷款给国有企业，银行的不良资产率过高时，政府可以剥离银行的不良资产。但是，利率市场化后，二者一个是资金市场的经营主体，一个是产品市场的经营主体，在市场的竞争机制充分发挥作用后，作为二者共同股东的政府如何更好地协调二者之间的关系，以实现货币市场和产品市场的充分协调其实就是利率结构和利率水平的管理问题。就利率结构而言，最典型的就是政策性利率问题。以中国目前的国有企业经营状况来看，如果政策性贷款得以保留，其需求量将是巨大的，作为日益竞争激烈的国有商业银行可能无法承受这个巨大的包袱。目前从中国国有企业的分类来看，一种是国家垄断经营的营利性企业，企业高额的垄断利润几乎可以忽略信贷资金使用成本上升对其经济行为的影响，政策性贷款可能对这类企业的影响较小；另一种是面对大量同类个体、私营、外资企业的激烈竞争，以及过去体制遗留的巨大包袱的拖累，经营状况困难的企业，其面对的问题恐怕不只是对政策性贷款的大量需求，甚至在还贷问题上可能最终需要新的贷款加以解决。但是此类拥有巨大风险的企业是否能从自主化的商业银行得到贷款仍然是个未知数，即使能够获得贷款，按照风险加层的市场化定价，巨额的利息费用可能使经营不佳的企业无法支付。就利率水平而言，其实质就是国家对国有商业银行与国有企业之间的利益协调问题。利率水平较高，国有企业的历史和现实问题将注定其难以承受这一“较高”的利率水平。商业银行受益，国有企业受损；反之，则国有企业受益而商业银行受损。

（三）中国的金融监管体制问题

现行的金融监管体制能否实现对利率适度干预的市场化监管，对放松利率管制引发的金融风险加以有效的防范。中国现行的金融监管体系是以国务院为领导的银行业、证券业和保险业“三足鼎立”的分业监管体系。在监管体制上具有以机构性为主、功能性为辅的双重监管特征。这种监管体系的本质是在不同金融行业之间建立“防火墙”，是金融业发展初级阶段普遍采取的业务性监管模式，在一定程度上有利于金融业务的专业化发展。但是，随着金融业发展的深化，这种分业式的监管模式越来越显示出其薄弱的一面。首先，随着利率管制的逐步放开和金融市场的全面开放，金融机构开始向着综合化、一体化的方向发展。各种金融创新工具将使得各种业务越来越难以区分，金融机构之间的界限越来越模糊，金融业务的相互隔离变得日益困难。这种传统的分业式、机构式的金融监管体制可能难以对其实施有效的监管。其次，从发达国家金融机构的经营业务范围来看，其越来越向综合化的方向发展。21 世纪中国在市场化经济改革的过程中，金融市场已经全面开放，国外金融机构的进入必将带动专业化经营的国内金融企业向综合化方向发展。因此，随着国内金融机构综合业务的不断发展，分业金融监管体制对这种变化的适应性成为金融监管的首要问题。如果中国建立统一的金融监管体制，虽然在监管理念、监管标准、监管方式和监管信息共享方面有利于监管的综合协调，有利于对金融系统总体风险的监控和预警，但是由于这种统一的金融监管体系在法律、法规尚未健全的情况下容易滋生官僚化的作风，在我国统一的金融监管体系可能未必会实现其统一监管的优点。因此，如何解决中国在经济全球化和利率市场化这样一个双重背景下的监管体制问题，成为防范利率市场化改革风险的首要问题。随着中国金融自由化、国际化、集团化、综合化进程逐步加快，中国必须适应加入

WTO后金融业全面开放的现实和金融创新发展的要求，对中国金融监管组织结构进行适当改革，借鉴发达国家金融监管的成功经验，构筑立体的、多元化的综合金融监管体系，以实现开放经济下对利率风险的有效监管。

二、利率监管障碍的技术性因素

与利率监管的行政性、管制性相比，监管的市场化、适度性更多地体现在技术层面上。中国的央行、监管机构、金融机构对此还未能完全掌握。

（一）央行对市场基准利率水平制定问题

决定市场利率水平的核心因素是社会平均利润率，市场利率水平以社会平均利润率为基准，并围绕其上下波动。但从目前中国不同产业和不同地区的发展水平看，社会平均利润率尚未形成，这就使得基准利率的制定难以体现公平合理的市场竞争原则。从行业来看，中国各行业间的利润率差异巨大，如，目前石油业的资金利润率远远大于电子行业的资金利润率，按照统一的市场利率水平势必造成二者利息成本的不均。一些行业尽管努力节约成本、提高效率仍然获利微薄，而另一些行业可能不经努力也可获利丰厚。这种部分企业获利而大多数企业实际亏损的状况一旦出现，其结果可能是实际产业的萧条和垄断、金融行业的畸形繁荣。从地区来看，中国东部沿海地区经济发展相比中西部内陆地区较发达，资金收益率相对较高，按照要素资源的市场化配置原则，资金自然会流向收益率相对较高的东部沿海地区。因此，市场基准利率的水平实际上是关系到我国宏观经济结构和地区间的差异问题。市场基准利率水平的制定既要顾及产业结构间的合理发展，又不违背地区间协调发展的政策，同时还要兼顾利率形成机制的市场化原则。这就需要中国央行从技术上得出并验证一个合适的基准利率水平，同时又要通过市场化手段来成功地调控这一基准利率。

（二）金融机构对利率风险管理及定价问题

按照巴塞尔协议最新要求，银行要从传统的合规则性监督转向通过资本充足率和其他资产负债比率的“基于风险的审慎监管”。其要求银行按其内部模型管理的认可和通过审查模型来实施监管，而不是按其业务和风险水平是否符合事先规定的随时可能过时的量化标准。中国央行在逐步放开利率管制、逐步向商业银行让渡利率决定权的同时，也应对商业银行风险管理体系提出更高的要求。但由于长期受利率管制的影响，中国的利率市场化程度较低，一些金融产品交易市场不发达，存贷业务仍然是商业银行的主营业务。在利率管制逐渐放松以后，商业银行经营业务的发展可能不再是传统的以存贷款利差为主营业务收入的经营模式，而是以多元化的经营模式为主。这就使商业银行金融产品不断创新的同时，也带来了一定程度的金融风险，包括市场风险、信用风险、操作风险等。由于目前中国商业银行对市场化条件下的风险管理体系缺乏必要的认识和掌握，市场化的管理技术手段相对落后，可能难以有效预防随时产生的利率风险。因此，面对日益多元化的经营业务，中国商业银行能否及时转换市场化的风险管理手段，建立合理、有效的风险模型及完善的内控机制，建成一套现代化的利率风险管理系统，以便及时、准确地对市场风险进行度量、检测和控制，将成为中国商业银行和监管机构面临的重点和难点。至少在目前我国高素质金融人才匮乏和监管技术相对薄弱的情况下，解决此问题尚需时日。另外，按照市场化的要求，利率市场化逐步深入的同时，中国商业银行的利率自主定价能力也应相应地提高。中国央行过去对商业银行实行管制式的管理方式，商业银行没有自主的利率定价权，长期的管制使商业银行形成了与管制相适应的思维定式和经营模式。利率管制放松以后，商业银行在不断接受央行的利率决定自主权的同时，也需要逐步建立并完善一套合理的定价系统，使商业银行利率价格能够及时准确地反映市场机制下的利率水平，以及时适应利率市场化改革。但是，在商业银行业务日益综合化的条件下，商业银行金融产品的定价将是一项极其复杂的工作。中国商业银行长期被动地接受央行单一的指导性定价或直接定价，利率管制放松以后，中国商业银行掌握金融产品的定价技术可能尚需时日。

（三）中国外资金融机构的监管问题

中国金融市场已全面开放，外资金融机构的进入提高了中国金融服务水平、增强资金资源的国际配置的同时也给中国监管当局带来了监管上的难度。外资金融机构往往以追逐高额利润为经营目标，为实现其目标往往凭借自身雄厚的资金、技术、人才和信息等方面的优势来逃避中国的监管，发展中国法律所未规范的业务。对于监管机构来说，由于外资金融机构的存在，传统的货币测量和监督所采用的货币层次的划分将逐渐失效，货币总量与信贷规模的监控难度和误差可能进一步加大，从而使利率管理规则和金融监管措施的贯彻执行趋于不畅或更复杂。因此，目前需提高中国的市场化监管技术水平，以对外资金融机构实施有效的监管。

三、利率监管障碍的制度性因素

合理的监管制度能够促使被监管者主动承担更多的责任，从而有效降低监管的成本，提高监管的效率，但制度的不完善难以发挥这一作用。

（一）文化性因素

从制度经济学的角度来说，制度包括正式制度和非正式制度，文化就属于一种非正式制度安排。正如诺斯指出，非正式制度不但可以促进经济增长，同时还可能影响正式制度的安排与实施。① 同样，对利率的市场化监管既需要正

① 马理．国有金融机构的行为扭曲与监管制度设计［M］．北京：经济管理出版社，2006：130.

式制度的设计和安排，又需要非正式制度的安排。在中国，市场经济体制受特定的社会与人文环境的影响。从中国传统文化来看，儒家和法家的律已、律人和法制思想不仅对中国金融市场的影响有一定深度，而且可能大于某些正式的制度安排。当然，正式的制度对某些市场行为有一定的规制作用，但是从一个制度的设计和执行成本的角度来说，可能远不如非正式制度的高效率和低成本。至少从它对非正规信贷市场的影响来看，其正面效果是存在的，许多民间借贷行为发生在低息、无息、无担保的情况下可以证明这一点。但是，为什么正规的信贷市场上许多中华传统文化与市场脱钩了？本书认为，这也是对利率的市场化监管存在障碍的原因之一。中国是社会主义国家，从中国改革开放以前的经济体制来看，长期将社会主义与计划经济相结合的根深蒂固的思想，在一定程度上阻碍了中国市场文化的发展，更重要的是，长期的计划经济思想钝化了经济体系对市场文化重要性的认知程度。改革开放以后，中国的市场经济又在某种程度上属于政府一手培育起来的市场，其中的许多机制是人工培育出来的，而非自然形成的。尤其是关系一国经济安全的金融市场，在没有回归自然之前，如果缺少了完备的“免疫”系统，很难在“放生”中生存下来。这其中最重要的就是缺少市场经济文化建设。首先，信用文化的缺失会加大信息不对称问题。市场中的任何一项契约在达成之前都需要合约双方履行诚信协议。如果双方均具有良好的信誉，那么双方的信息就相对透明了许多，收集信息、达成契约的成本、违约的概率都大大降低。相反，如果其中的一方或双方都故意隐瞒真相，信息不对称问题就出现了，那么违约的风险必然加大。其次，自律文化的缺失也会使监管体系的监管功能大打折扣。自律文化是一种无形的约束，它使每一个成员都知道什么是对的、什么是错的，以及会因为什么而得到惩罚、会因为什么而得到奖赏，从而可以有效地防止职员的道德风险发生。中国监管体系中的自律监管系统几乎难以发挥作用。自律文化的缺失是出现这一问题的最根本原因。利率市场化之后，市场文化氛围会直接影响到中国商业银行信贷行为市场化的运行。市场化的利率就是需要一个市场化的定价机制。如果信用文化缺失，企业恶意欠款，必然会使银行风险加大。因此，作为市场运行“润滑剂”的市场文化氛围，必然左右着利率的市场化监管水平。

（二）法律性因素

作为正式制度的法律、法规是利率的市场化监管中必不可少的部分。利率管制放松以后，一国的监管机构能否有效发挥对利率监管的作用必须辅以必要的法律、法规体系的建立、健全，以及法律、法规的执行程度。监管机构对违规监管的主要依据是相关的法律、法规，监管的效果则取决于监管机构对法律、法规的执行程度。从监管与违规的关系上看，二者本质上属于规则与违规的因果关系问题。因为违规而制定规则，有了规则还会有新的违规，规则执行得不到位也会导致违规。因此，违规的途径主要有两种：规则漏洞和规则执行弱化。

从第一种途径来看，规则的不完善可能导致金融机构的违规。中国的市场经济体制改革至今只有二十几年的光景，金融体制改革相比市场经济体制改革还要滞后十几年，与金融市场监管相配套的法律、法规体系相比国外还不完善，而中国金融市场的发展已经处在了不断创新的黄金时期。因此，中国金融市场的法律、法规体系相对于金融创新的发展总是显得相对滞后。随着利率管制的逐渐放开和金融市场的全面开放，金融机构开始向着综合化的方向发展。现代金融业所需要的、健全的和完善的法律、法规体系的建成尚需时日。

从第二条途径来看，首先，监管主体利益与违规金融企业利益矛盾导致规则执行弱化。由于中国金融机构与监管机构为同一主体所有，在监管机构对金融机构的违规行为进行处罚时会权衡利弊，也就是说监管机构作为政府的代言人在权衡国有金融机构利益与受害人利益的轻重时更注重社会的稳定，毕竟处罚造成的金融体系动荡可能引发社会的不稳定，从而助长了国有金融机构的违规行为的产生。其次，监管法律与权力权威矛盾导致执行弱化。理论上，法律具有绝对的权威，但在现实中并非如此，“权”大于“法”的现象常常存在。在按照监管法律要求，对金融机构的违规行为进行查处时，往往会遭到权力的干预。这是因为金融机构的稳定和安全与否对一个地方的经济有着至关重要的影响，在按照国家监管法律对金融机构进行查处时，往往与地方法律、法规及地方经济利益是相悖的，这时就会出现权力干预法律的情形。一旦法律被权力干涉过以后，法律也就丧失了原有的威慑力，对金融机构的监管可能就变得更加无能为力，再次，金融机构与其他企业、机构的经济利益难脱干系。中国金融机构大量违规的现象不仅是金融机构自身的问题，还包括过去政府对金融机构的过度干预、国有企业的违规等问题。如果单纯地对金融机构进行处罚必然是不公平的，而这些也会导致规则执行的弱化。

第四节　构建中国市场化的利率监管体系及政策建议

为适应金融市场的全面对外开放，充分发挥利率的市场机制，促进中国金融业的全面发展，中国应该在借鉴国外经验的基础上，根据中国自身的国情从政治体制出发，建立一个适度干预，并适合中国的市场化利率监管体系。

一、建立“四位一体”的利率监管格局

（一）监管当局的市场化监管

监管当局对利率的监管，包括央行宏观上对市场基准利率的调控和监管机构对商业银行等金融机构的市场利率水平的监管及对各类利率风险的防范。

中国要实现对利率的市场化监管，央行必须首先实现对利率市场化的调控。央行对利率的调控原则是根据国民经济运行的实际状况，通过官方利率、法定存款准备金制度以及公开市场操作业务来引导和影响市场利率：一是中央银行只制定和调控基准利率，其他利率放开；二是让市场供求关系决定利率；三是主要用经济手段调节资金市场的供求关系，从而间接影响市场利率的变动。总之，央行对利率要采取一种更高级的与现代市场经济相适应的、由市场充分自由决定的、具有充分弹性的市场化利率管理体制。

在具体执行方面，央行在逐渐减弱其对利率的直接调控的同时应当加强其对利率的间接调控职能，即放开利率管制以后，中央银行应该逐步向商业银行让渡利率决定权，取而代之的是一系列的市场化的干预措施。央行在从非市场化的干预手段向市场化的干预手段转变中，通过制定基准利率，反映央行价格预期，影响商业银行的资金定价；同时以市场为依据，以市场为中介，通过公开市场操作和改变再贴现率等货币政策手段间接引导利率水平的变动，以达到央行对市场利率宏观调控的预期目的。同时，央行在对利率管制逐渐放开的同时，必须配合一系列的制度安排，这些配套的制度安排的实施需要央行有更大的自主权力。因此，中国央行应在国务院领导的基础上进一步提高其独立性，以更好地发挥其调控市场利率的能力。

中国的监管机构——银监会、证监会、保监会，分别对各自范围内的金融机构实施监管。作为为市场提供“公共品”的金融监管机构，除了对法律、法

规所规定的内容进行合规监管，按照法律、法规所规定的范围行使权力外，还要通过积极引导和监督金融机构的金融创新活动，以及各金融机构规避风险的方式和策略来达到规避风险与实现盈利并存的功效，从而做到监管适度、监管市场化的原则。

第一，监管机构要对金融机构的金融衍生品的创设和经营进行合理监督，真正发挥出金融衍生品风险对冲的作用。作为包括远期利率协议、利率期货、利率期权、利率互换等在内的各类利率衍生品，具有减少未来不确定性，降低甚至消除风险的作用，能够有效地将风险转移给有能力承担风险的意愿投资者，可以说是一种有效的、市场化的防范金融风险的对冲工具。[①] 但是这些利率衍生品所具有的可复制性和杠杆性的特性，注定了其本身也潜藏着巨大的市场风险。因此，中国监管机构必须对这些金融衍生品的对冲比率及其本身潜藏的风险进行必要的监控，以最大限度地发挥这些衍生工具对利率风险的防范和化解作用。

第二，监管机构要积极引导金融机构的风险分散和风险转移的手段，以实现对非系统性风险和系统性风险的防范。在风险分散策略的应用方面，通过对金融机构风险分散的交易费用的监督来有效降低风险分散的成本；通过设立保险转移和非保险转移的合理机制来有效转移金融机构的系统性风险。

除此之外，中国的监管机构在监管的内容上仍然要发挥传统的金融监管作用，以预防性监管为主，包括：市场准入监管，业务营运监管，资产质量、流动性、资本充足性监管，金融机构营利性监管，内部控制监管，以及对业务范围、大额风险的管理和内部控制等。通过对金融机构的这一系列的监管以实现对金融机构利率风险的防范。由于中国金融监管为典型的分业监管模式，在一

---

① 中国银行业从业人员资格认证办公室．个人理财［M］．北京：中国金融出版社，2007：65—75.

定程度上有助于金融业务的专业化发展。但是，目前中国银行、证券、保险业务综合化的结果导致了不同种类金融机构提供了具有替代性的金融产品，扩大了银行、证券、保险业务综合经营的基础。这就使得三大监管机构在监管理念、监管方法等方面不利于信息的共享和综合协调。[①] 从目前看，有必要实施从分业监管模式逐步向三个监管机构协调的模式转变，建立金融监管委员会这一协调机构，以及时解决分业监管中的协调问题。[②] 而在未来监管模式的选择上，究竟是分业监管还是合业监管，就目前来说，还不能立刻定论。从长远来说，合业监管是利率市场化以后金融业监管的一种趋势。但是，就中国目前的利率市场化改革进程来看，金融机构分业经营的状况还不能在短时期内改变。中国金融市场已经全面对外开放，在外资金融机构逐渐进入中国市场，中国金融机构也正逐渐开放的环境下，市场上的金融产品会不断创新，综合经营的趋势会显现；随着金融控股公司的出现，集团综合化的倾向也会越来越明显。因此，中国目前应该在立足于眼前的基础上着眼于未来的发展方向，建立起三大监管机构按照专业分工监管，同时与央行保持信息共享和监管协调的合理分业、适度综合的金融监管模式。总的原则：一是要保证对金融机构的持续监管，即金融机构的经营活动要时刻在监管当局的监控下，不能出现监管空白，应保证监管政策的连续性；二是在监管的理念上，要保证对金融机构的宏观审慎监管，即监管主体对金融机构主动监管不是被动地事后制定规则，而是尽可能地在事前和事中主动获取监管信息，对可能的风险提前预警防范；三是监管标准及时与国际接轨，强化金融机构内部控制，防范和控制有关利率衍生工具管理和操作的各类风险。定期评估金融机构对各种利率风险的抵御能力和管理

---

① 刘毅，杨德勇，等．金融业风险与监管［M］．北京：中国金融出版社，2006：280—281.

② 钱小安．金融监管体制、效率与变革［M］．北京：中国金融出版社，2006：159—161.

能力，包括定期评估金融机构风险管理技术、内部控制体系的激励机制及信息披露体系等；四是在监管的视角上，从仅仅着眼于国内的监管转向监管的国际化，按国际惯例对外资金融机构及中国在海外设立的金融分支机构的业务活动实施严格的监管，并不断加强监管的国际协调与合作；五是在监管的理念上，改变过去的以合规性监管为主，向以风险监管为主的审慎监管和功能监管发展。我们应通过事前对风险的有效识别，根据不同金融机构及不同类型的风险特点设计监管方案，保证监管的计划性、灵活性、针对性和市场性。

（二）健全和强化金融机构的“自我免疫系统”

金融机构除了要受到外部机构的监管以外，还要形成自身的免疫系统。这是因为“经济人”追逐利益的原始动力和市场竞争机制的刺激作用加上外部监管自身的缺位性、时滞性问题，使得金融机构必须进一步健全自身的利率风险防范管理体系，使金融机构有能力预测利率变动可能带来的不利影响，及时有效地做出反应。

健全金融机构的自我监管就是要建立起良好的金融机构内部控制体系。一套健全、有效的内部控制体系已经成为金融机构提高竞争力、稳健运行的核心。由于中国的金融机构绝大部分为改革中的国有控股的金融机构，同国外各大金融机构相比，还处于内部治理机制不健全、整体竞争力不高的状态。因此，对于中国各大金融机构来说，其内控体系应该围绕货币资金经营、维护金融资产完整，保持资金合理流动，规范经营行为，确保金融机构稳健运行的原则进行。要着眼于制定安全与谨慎的经营政策、规范的业务经营和财务管理的操作指南、风险防范意识，以及防止董事和职员侵占和滥用职权等规定，使所有内部人员完全执行现有的规章制度，防止利用职权牟利。为确保这些目标的实现，商业银行内控体系至少应当具有良好的内控环境、风险识别与评估体系、内部控制措施、信息交流与反馈系统以及有效的监督、评价与纠正机制。

第一，要确保金融机构的稳健经营，实现金融机构经营管理目标的流动性、安全性和营利性的辩证统一。这就需要金融机构做到：其一，能够建立起科学的产品定价体系，通过技术分析制定既有利于市场竞争，又有利于收益最大化的合理利率水平。随着利率管制的放松，中国央行在逐渐将利率定价权交给商业银行的同时，应注重培养商业银行的自主定价能力，克服商业银行在长期管制中所形成的与管制相适应的思维定式和经营模式。同时监管当局也应协助商业银行建立一套合理的商业银行定价系统，以能够及时、准确地反映市场机制下的利率水平。其二，能够建立起行之有效的风险监测和风险控制体系。随着利率管制的放松和经济的不断开放，各种潜在风险将不断出现，中国也应借鉴国外的市场风险监测报告制度，及时提交包括投资组合报告、风险分解“热点”报告、最佳投资组合复制报告和最佳风险规避策略报告等在内的各类报告，同时在报告路径上要避免行政级别和行政流程的限制，而延误风险信息的及时传递的现象发生。在风险的控制方面，应及时对市场风险进行包括交易限额、风险限额和止损限额等的限额管理，组合合理的限额体系，充分发挥不同限额的作用和局限性，并及时根据风险承受能力对这些限额进行更新。此外，还应该充分利用市场中的风险对冲工具，充分发挥利率衍生产品的风险对冲优势，构造各种灵活便捷的衍生品。同时，加强认识和理解这些衍生品的风险特征和复杂性，以及获取运用过程中所必需的丰富的知识和信息技术的支持，以避免这些衍生品本身潜藏的巨大风险。

第二，要变革利率信息采集方式，建立起有效的利率风险衡量体系，提高利率风险分析、预测和规避能力，以便进行有效的资产负债管理。通过对利率敏感性资产和负债资金缺口的监测，以资金缺口和有效持续期缺口为核心构建利率风险衡量体系，为管理决策提供依据。随着利率管制的逐渐放松，利率波动将更为频繁，而且可预测性较差。因此，金融机构应当改变消极对待利率风险的态度，积极研究和防范利率风险，要逐步建立能及时准确预测和预警银行资产的流动性与安全性风险，以及系统性与地区性风险的指标体系；逐步建立能够及时、准确预测和预警金融机构风险要求的财务报表体系，以及对报表快速处理、分析的体系；逐步建立能够对单个银行机构风险以及整个银行系统性和地区风险进行及时有效地控制处理的体系；成立专门的机构来预测中国官方利率的走势，监测关系到金融机构自身经营状况的利率风险状况，及时提出利率风险的防范措施、利率风险应急方案以及风险形成后的综合分析等。

第三，强化内部控制的独立性。实行部门岗位职责的适当分离，有利于保证各个工作环节的相对独立性和安全性，具有可执行性，且能够最大限度地降低内部的交易成本。应按照巴塞尔有效核心监管原则做到内部控制的“职能分离”，如实行货币、有价证券的保管与账务处理相分离；资金交易业务授权审批与具体经办分离；信用的受理查账与审查管理相分离；损失的确认与核销相分离；电子数据处理系统的技术人员与业务经办人员及会计人员相分离等。

（三）完善金融机构的行业自律监管

目前，中国银行业自律组织是成立于 2000 年的中国银行业协会。在会员单位规模上，截至 2007 年 1 月，已有 70 家会员单位和 37 家准会员单位；在组织结构上，截至 2007 年 4 月，中国银行业协会已下设 5 个专业委员会，即法律工作委员会、自律工作委员会、银行业从业人员资格认证委员会、农村合作金融委员会、银团贷款与交易专业委员会。① 目前，在利率市场化的稳步推进阶段，有必要加设利率委员会，负责各商业银行利率水平的协调工作。

CBA 作为自律性组织在构建中国市场化利率监管体系中是不可缺少的一部分。通过区域内各商业银行之间签订同业公约的形式建立储蓄、结算、信贷

---

① 中国银行业从业人员资格认证办公室．公共基础［M］．北京：中国金融出版社，2007：9.

等各类金融自律组织，从整个行业的共同利益出发，通过协商，制定一些自律性条款，对会员的行为进行规范和约束，并实行相互间的监管反映制度。

利率竞争在提高中国商业银行经营管理水平的同时，也加剧了同业之间的竞争。因此有必要通过 CBA 内的利率委员会来组织各会员单位签订行业公约，为各家商业银行提供一个利率水平协商的平台，使央行更方便了解各家商业银行的利率变动状况，也将各商业银行的政策要求集中起来，作为一个组织的力量与中央银行协商利率政策。同时也可以通过利率委员会组织制定利率同业公约，研究商定行业内部较为合理的利率水平，并定期公布利率政策执行情况，维护同业合法权益，增强银行机构之间的约束力，实现同业自治，有利于在符合利率政策规定的条件下积极开展金融业务竞争，防止恶意压低或抬高利率行为的发生，保护行业整体利益，维护良好的金融秩序。

在利率市场化初步完成并进一步深化的阶段，商业银行自律条款的出台进一步给商业银行提供了行动的指南。行业自律的宗旨：保证中国银行业依法合规经营，维护银行业合理有序、公平竞争的市场环境，共同抵制行业内不正当竞争行为，防范金融风险，促进银行业健康运行和发展。行业自律的基本原则：依法合规、诚实守信、公平公正、团结协作、自我约束、自我管理、促进发展。

从各国利率市场化的经验看，在市场还不能充分约束商业银行行为、中央银行的操作手段还未完全市场化的情形下，同业协会自律组织对避免银行间的不正当竞争、纠正和规范金融行为，能够发挥积极的作用。中国应该借鉴国外金融同业协会的组织模式，不断完善中国现有的银行业自律组织，积极赋予其自主权，最大限度地发挥其相互监督的自律作用。因此，权力部门应减少对协会的行政干预，使其逐渐脱离行政的影子，从而有效地沟通中国人民银行和商业银行之间的信息，有利于补充监管机构的监管空缺，协助实施利率监管。

（四）建立健全社会外部监管的信息披露体系

社会外部监管主要是利用政府和社会的力量，包括广大媒体以及涉及利率方面的利益相关者，与银行和监管机构共同形成全方位的利率监管体系，在这个体系中，公众、媒体和政府需建立互动的合作机制。公众舆论有利于弱化金融机构的违规行为，但是公众舆论作用的发挥需要媒体对信息的传播和扩散；而公众和媒体的行为需要政府的支持，同时政府要根据公众的舆论和媒体的信息与监管部门协调，并采取适当的措施。

目前，中国金融机构的透明度明显不足，公众很难知道金融机构的经营状况，尽管近两年来各金融机构开始公布各自的经营业绩，但公布的内容太宽泛，许多标准概念模糊，完成指标可信度低，有必要通过这种多元化的社会外部监管来实现对金融机构的信息披露。金融业是高风险行业，金融机构信息的不披露、不公开并不意味着没有风险，风险依然存在只是被掩盖了。信息的及时披露可能短时期内会影响风险相对较高的金融机构的经营状况，但是从长期来看，信息的及时披露有利于促进金融机构加强自身的透明度，使存款人了解金融机构的经营状况。这样，一方面使存款人选择安全性较高的金融机构，而不被高息引诱；另一方面促使金融机构加强自身管理，提高自身安全、可靠和优质的服务，而不是盲目高息揽储。

二、完善市场的微观基础

利率是复杂的经济变量，与经济的诸多方面密切关联。同样，对利率的市场化监管也是一个系统性和综合性工程，离不开包括国有企业和国有金融机构在内的市场微观主体地位的建立和完善。

第一，国有企业微观主体地位的建立和完善。利率的市场化是一项系统的工程，离不开企业的市场化，企业必须成为真正的市场主体。从国外金融体制改革的实践看，利率的市场化是建立在良好的市场微观基础之上的。对利率进行市场化的管理有赖于顺畅的利率传导机制，而利率的传导机制离不开产品市场上各微观主体对利率强烈的敏感性。从目前来看，中国的国有企业对利率的需求弹性仍然很低，利率对资金供求的调节作用是有限的，企业的市场主体地位仍然没有完全确立。因此，中国国有企业微观主体地位的建立和完善与中国的利率市场化是相辅而行的。一是国有企业和国有金融机构必须改变政企难分的特征，改变其行为对市场和政府的双重依赖性，使其成为完全市场经济意义上的微观主体；二是国有企业必须具有内部的所有权约束和外部的市场竞争约束，以保证企业追求利益最大化的市场动机，只有市场主体根据利率成本做出及时和敏感的反应，才能根据利率的变动及时调整自己的经营策略，采取有效的措施来防范利率风险；三是积极完善社会资本转化为企业资本的有效机制，改变了国有企业长期以来以间接融资为主的融资渠道，扩大直接融资比重，优化企业融资结构，重建公司治理模式。

第二，中国已经建立起以中央银行为核心、由各类金融机构组成、分工协作，有自我发展和自我约束的金融组织体系。但对于中国这样一个正在经济转轨、社会转型的国家来说，经济市场化深度和广度还不够，计划体制痕迹太深，金融机构的市场化地位也没有真正确立。因此，中国必须着力打造金融机构的市场主体地位，使各大国有金融机构真正形成以市场利益为导向，自我约束、自负盈亏、自我发展的机制，逐步实现金融机构的市场化运作，以完善中国金融机构的服务水平，提高自身竞争力。因此，一要改革中国金融机构产权制度，继续完善国有金融机构的股份制改造，形成多元化的产权主体，解决国有金融机构长期所有者虚置的现象；二要加快符合条件的各大城市商业银行的上市步伐，打破四大国有商业银行长期垄断的局面，形成各金融机构公平竞争的市场格局；三要在经营策略上改变商业银行长期以来的以存贷款为主营业务的局面，鼓励商业银行积极开展金融创新，积极探索不受利率波动影响又不占用资金的非利差型产品，配置新的利润增长点。

三、打造利率监管的法制基础

市场化的监管体系离不开相关的法律制度安排，作为正式制度的法律、法规对金融市场具有规制的作用，它包括法律、法规的健全程度和执行力度。

在法律、法规的完善程度方面，健全的法律、法规是利率市场化继续深入不可或缺的条件。对利率的有效监管需要以法律、法规的健全和强化为基础，通过强有力的法律、法规体系来加强对利率的监管，规范市场运行，打击各种无序竞争和金融犯罪，维持金融秩序，遏制市场利率的扭曲行为。

现实情况下，与利率市场化相配套的监管立法应该一直处于不断完善的过程中，我们应不断根据新环境、新挑战来完善各个方面立法，同时还要考虑更新和废止一些过时的法规、制度条例。1999 年 4 月，中国正式颁布并实施的《人民币利率管理规定》就是在废止 1990 年 12 月颁布的《利率管理暂行规定》的基础上，对已不适应金融改革和发展的部分加以修整和完善。目前，中国金融市场已经全面对外开放，包括这一法规在内的许多金融法律、法规已经不合时宜，需要针对金融市场全面开放以及利率市场化改革的要求做出前瞻性的改进，以适应新时期、新形势下利率市场化改革的需要。

在监管法律法规的制定和完善方面，一要保证监管法律制定的国际化。针对经济金融全球化的趋势，要促进内外资金融机构的公平竞争，监管法律的制定要适应金融开放的环境，按照巴塞尔银行监管委员会及其制定的监管标准和金融监管的国际惯例进行，更多地参与国际合作和各国监管的协调。二要保证效率的同时，注重安全性的原则。虽然追求效率的法律价值取向促进了监管的放松，但是其负面效应的存在，则要求我们在监管法律的制定上更加注重监管的市场化，不能再单纯地依赖烦琐、低效率的行政管理和行政审批，而是要根据市场化的要求，参照市场化的原则，以审慎监管为基本原则，以风险防范为本，制定市场化监管的法律、法规。

在监管法律、法规的执行力度方面，我们应继续弘扬依法治国的方针。针对权大于法的现象，中国当务之急是改革权大于法所依赖的体制基础，消除权大于法的体制障碍，切实转变政府职能，使各金融机构以及权力部门必须在一个法律法规的框架内行使自身的权利，从事自己的活动。尤其是在监管部门的权力行使方面，无论是监管当局的监管、金融机构内部控制，还是行业自律监督及社会监管都必须严格依照金融监管的法律法规进行。

四、培育金融市场的文化基础

金融体制改革离不开金融市场文化的培育，二者是相互依赖、相互促进的关系。文化作为一种非正式制度安排，对加强市场监管能起到良好的社会软约束的作用。目前，中国市场经济发展时间相对较短，市场文化建设相对滞后，尤其是金融市场的诚信文化和自律文化的建设，与金融市场的发展相比显得捉襟见肘。金融市场的信用度和自觉度相对较低的状况还将继续存在。因此，中国要完善对利率的市场化监管，构建社会主义和谐金融体系，我们必须积极培育金融市场中的诚信文化和自律文化，及时修复和净化中国的市场文化环境。这就要求：一是政府要发挥信用体系建设的积极作用，营造公平竞争的市场环境，以确立良好的市场规则和信用，要破除重效益而轻信用的思想，倡导诚信经营，加强对市场信用文化的宣传和教育；二是有效的法律、法规体系是构建市场信用文化的道德基础，要培养所有法人和自然人的信用道德观，建立良好的道德意识，因此，必须以法律、法规的监督机制为保障建立起一套系统、完善的企业信用管理制度；三是积极开展社会信用制度创新活动，建立和完善个人及企业法人信用征信咨询系统，以有效约束个人及企业的诚信行为，降低市场的信息成本；[①] 四是努力将中华民族的传统文化道德孕育成中国特有的市场自律文化，以道德为基础强化被监管人的责任感，改善监管人与被监管人的信息不对称问题，以降低正式制度安排所带来的监管成本和效率损失。

---

① 王佩真. 货币金融理论与政策［M］. 北京：中国金融出版社，2005：100—120.

参考文献

一、中文参考文献

[1] 马克思. 资本论 [M]. 北京：人民出版社，1975.

[2] 马克思. 剩余价值理论 [M]. 北京：人民出版社，1975.

[3] 马克思，恩格斯. 马克思恩格斯全集 [M]. 中央编译局，译. 北京：人民出版社，1972.

[4] 亚当·斯密. 国民财富的性质和原因的研究 [M]. 郭大力，王亚南，译. 北京：商务印书馆，2002.

[5] 凯恩斯. 就业、利息和货币通论 [M]. 中文版. 徐毓枬，译. 北京：商务印书馆，1997.

[6] 威廉·配第. 政治算术 [M]. 陈冬野，译. 北京：商务印书馆，1978.

[7] 达德利·诺思. 贸易论 [M]. 桑伍，译. 北京：商务印书馆，1976.

[8] 约瑟夫·马西. 论决定自然利息率的原因 [M]. 胡企林，译. 北京：商务印书馆，1996.

[9] 约翰·洛克. 论降低利息和提高货币价值的后果 [M]. 徐式谷，译. 北京：商务印书馆，1962.

[10] 马歇尔. 经济学原理：上，下卷 [M]. 朱志泰，译. 北京：商务印书馆，1964.

[11] 庞巴维克. 资本实证论 [M]. 陈端，译. 北京：商务印书馆，1981.

[12] 维克赛尔. 利息与价格 [M]. 蔡受百，等译. 北京：商务印书馆，1997.

[13] 爱德华·肖. 经济发展中的金融深化 [M]. 上海：上海三联书店，1988.

[14] 罗纳德·麦金农. 经济自由化的顺序——向市场经济过渡中的金融控制 [M]. 北京：中国金融出版社，1988.

[15] 胡代光，厉以宁. 当代资产经济学主要流派 [M]. 北京：商务印书馆，1983.

[16] 鲁友章，李宗正. 经济学说史：上，下册 [M]. 北京：人民出版社，1983.

[17] 陈岱孙，等. 国际金融学说史 [M]. 北京：中国金融出版社，1991.

[18] 陈征. 资本论解说：第三卷 [M]. 福州：福建人民出版社，1997.

[19] 吴易风，王健. 凯恩斯学派 [M]. 武汉：武汉出版社，1997.

[20] 王志伟. 现代西方经济学主要思潮及流派 [M]. 北京：高等教育出版社，2004.

[21] 刘涤源. 凯恩斯经济学说评论：第 1 卷 [M]. 武汉：武汉大学出版社，1998.

[22] 闫素仙. 利息理论与利率政策研究 [M]. 北京：中国经济出版社，2002.

[23] 陈征，李建平，郭铁民. 资本论选读 [M]. 北京：高等教育出版社，2003.

[24] 李建建，黎元生. 资本论选读课教材：第 3 卷 [M]. 北京：经济科

学出版社，2001.

[25] 施兵超. 利率理论与利率政策 [M]. 北京：中国金融出版社，2003.

[26] 刘义圣. 中国利率市场化改革论纲 [M]. 北京：北京大学出版社，2002.

[27] 钟伟，巴曙松. 从三重视角观察中国利率政策 [J]. 经济学动态，2005 (5).

[28] 陈春. 公开市场业务：问题与对策 [J]. 嘉应学院学报（哲学社会科学版），2005 (4).

[29] 王云中. 马克思利率理论与凯恩斯和萨缪尔森利率理论的比较 [J]. 当代经济研究，2005 (1).

[30] 杨沁. 现阶段利率政策绩效的实证分析 [J]. 中国科技信息，2005 (22).

[31] 贾德奎，胡海鸥. 利率走廊：中国利率调控模式的未来选择 [J]. 财经研究，2004 (9).

[32] 刘积余. 利率在货币政策传导机制中的作用分析 [J]. 河南金融管理干部学院学报，2004 (1).

[33] 曾纪发. 对利息问题的几点思考 [J]. 金融与经济，2004 (7).

[34] 薛莉. 利率市场化改革：现状、环境分析和道路选择 [J]. 经济世界，2003 (1).

[35] 刘义圣. 中国利率市场化改革问题探要 [J]. 当代经济研究，2002 (12).

[36] 王晓博. 对利率理论及其实践问题的再思考 [J]. 财贸研究，2002 (3).

[37] 赵尚梅. 市场化利率体制有效运行的要件约束与制度建设 [J]. 经济学动态，2002 (11).

[38] 闫素仙. 马克思的利息理论与西方利息理论的比较 [J]. 山西大学

学报，2002 (12).

[39] 蒲艳萍，陈仲常. 现代西方利率理论、货币政策及其对中国的启示 [J]. 重庆工学院学报，2002 (2).

[40] 陈时兴. 中国国债的利率效应与基准利率研究 [J]. 当代经济研究，2001 (8).

[41] 刘义圣. 两种利息理论与中国利率体制改革 [J]. 福建论坛，2000 (2).

[42] 姬亚岚. 两种利率理论的比较及对中国现实的指导作用 [J]. 社会科学家，1999 (2).

[43] 乐纲. 中国利率政策确定的两难境地及其延伸思考 [J]. 改革探索，1999 (6).

[44] 丁孜山. 中国利率机制选择和内容结构研究 [J]. 云南财贸学院学报，1999 (4).

[45] 李翀. 论中国货币政策实行过程中的“利率陷阱”[J]. 广东社会科学，1999 (5).

[46] 王丽娟. 中国利率机制的探讨 [J]. 山西财经大学学报，1999 (5).

[47] 江源. 发展中国家利率市场化：比较与借鉴 [J]. 亚太经济，1999 (6).

[48] 吕耀明，林升. 商业银行利率风险管理研究 [J]. 经济研究，1999 (5).

[49] 阳志勇. 适时推进利率市场化 [J]. 山东经济，1999 (4).

[50] 余辉. 有管理的市场化利率体制——中国迈向利率市场化的必由之路 [J]. 吉林省经济管理干部学院学报，1999 (4).

[51] 邹琪，冯栋. 论人民币汇率稳定下的利率政策 [J]. 山东大学学报(社会科学版)，1999 (4).

[52] 张国忠，李慧敏. 试析利率市场化的理论依据和实现条件 [J]. 哈尔滨金融高等专科学校学报，1999 (12).

[53] 江春. 利息理论与利率政策 [J]. 管理世界，1998 (2).

[54] 张志. 新经济周期中的利率与汇率 [J]. 经济论坛，1998 (3).

[55] 檀利民. 略论利率风险管理 [J]. 农村金融研究，1998 (3).

[56] 吴林祥. 利率期限结构理论的最新发展 [J]. 外国经济与管理，1998 (2).

[57] 沈炳熙. 利率市场化中的几个理论问题 [J]. 济南金融，1998 (5).

[58] 孙兴全. 利率管理体制选择的理论基础比较分析 [J]. 武汉金融，1998 (10).

[59] 薛一飞，张维，刘豹. 商业银行利率风险管理综述 [J]. 生产力研究，1998 (6).

[60] 贺学会. 构建利率改革的理论基石——评丁孜山新著《市场利率研究》[J]. 财经理论与实践，1998 (5).

[61] 彭玉镏，曹绍荣. 构建资本市场中的利率机制 [J]. 当代财经，1998 (5).

[62] 宋清华. 中国利率管理体制改革的回顾与前瞻 [J]. 求索，1998 (1).

[63] 闫素仙. 论利率市场化 [J]. 生产力研究，1998 (1).

[64] 赵中杰，王皓. 论利率自由化和中国利率机制改革 [J]. 城市金融论坛，1998 (9).

[65] 上官雨时. 借鉴经验，推进中国利率市场化进程 [J]. 财经问题研究，1998 (7).

[66] 丁孜山. 论利率政策 [J]. 经济问题，1998 (6).

[67] 黄湃. 关于中国利率市场化改革的几个问题 [J]. 经济经纬，1998 (2).

[68] 周纪信. 简论马克思的利息理论与中国的利率市场化 [J]. 金融教学与研究，1996 (3).

[69] 王继祖. 现代西方利率理论浅探 [J]. 南开经济研究, 1994 (5).

[70] 方先明, 熊鹏. 中国利率政策调控的时滞效应研究——基于交叉数据的实证检验 [J]. 财经研究, 2005 (8).

[71] 孟建华. 中国货币政策的选择与发展 [M]. 北京: 中国金融出版社, 2006.

[72] 周学. 中国宏观调控应从粗放干预转为精确干预 [J]. 福建论坛, 2006 (10).

[73] 高铁梅. 计量经济分析方法与建模——EViews 应用及实例 [M]. 北京: 清华大学出版社, 2006.

[74] 张圣兵. 社会主义市场经济应是和谐经济 [N]. 人民日报, 2005-09-16 (9).

[75] 牛筱颖. 货币政策透明度研究评述 [J]. 外国经济与管理, 2005 (10).

[76] 江曙霞, 马理, 张纯威. 中国民间信用——社会·文化背景探析 [M]. 北京: 中国财政经济出版社, 2003.

[77] 沙虎居. 区域性民营银行的发展 [M]. 北京: 社会科学文献出版社, 2003.

[78] 曾宪久. 货币政策传导机制论 [M]. 北京: 中国金融出版社, 2004.

[79] 王则柯, 李杰. 博弈论教程 [M]. 北京: 中国人民大学出版社, 2004.

[80] 于宗先. 民营银行: 台湾案例 [M]. 北京: 社会科学文献出版社, 2005.

[81] 李建军. 中国地下金融规模与宏观经济影响研究 [M]. 北京: 中国金融出版社, 2005.

[82] 黄建锋. 商业银行利率定价与价格策略 [M]. 北京：中国经济出版社，2006.

[83] 姚壬元. 马克思论借贷资本与利息 [J]. 辽东学院学报，2004 (1).

[84] 赵兰芳. 两种利息理论比较与中国利率市场化改革 [J]. 山东商业职业技术学院学报，2004 (3).

[85] 李建建. 马克思利息理论与中国利率市场化的改革实践 [J]. 当代经济研究，2006 (10).

[86] 李宏. 开放经济下中国金融管制与微观市场 [M]. 北京：中国金融出版社，2006.

[87] 周子衡. 金融管制的确立及其变革 [M]. 上海：上海三联书店，2005.

[88] 黄少安. 产权经济学导论 [M]. 北京：经济科学出版社，2004.

[89] 科斯. 企业、市场与法律 [M]. 上海：上海三联书店，1990.

[90] 李社环. 利率自由化——理论、实践与绩效 [M]. 上海：上海财经大学出版社，2000.

[91] 刘春梅. "贷款利率管制"：现实选择、理论模型与经济效应 [J]. 河北大学学报，2006 (1).

[92] 王国松. 中国的利率管制与利率市场化 [J]. 经济研究，2001 (6).

[93] 李焰. 关于利率与中国居民储蓄关系的探讨 [J]. 经济研究，1999 (11).

[94] 薛宏立. 金融市场动态开放中的利率—汇率联动——以中国为例的研究 [M]. 北京：中央党校出版社，2006.

[95] 威廉姆斯，汉斯. 风险管理与保险 [M]. 北京：中国商业出版社，1990.

[96] 朱忠明，等. 中国货币市场发展新论 [M]. 北京：中国发展出版

社，2002.

[97] 邵伏军. 利率市场化改革中的风险及控制 [M]. 北京：中国金融出版社，2005.

[98] 格哈德·伊宁. 货币政策理论——博弈论方法导论 [M]. 北京：社会科学文献出版社，2002.

[99] 格·卡谱里奥，詹·A. 汉森，帕·郝诺汉. 金融自由化的利弊 [J]. 经济社会体制比较，2003 (67).

[100] 萨奇. 利率市场化与高利率关系的国际经验 [J]. 国际金融研究，1996 (1).

[101] 弗雷德里克·S. 米什金. 货币金融学 [M]. 7 版. 北京：中国人民大学出版社，2007.

[102] 郑燕洪. 信息不对称、道德风险与市场纪律——国际金融监管新趋势的模型解析 [J]. 特区经济，2006 (6).

[103] 尼里科斯，普里高津津. 探索复杂性 [M]. 罗久里，陈奎宁，译. 成都：四川教育出版社，1986.

[104] 马理. 国有金融机构的行为扭曲与监管制度设计 [M]. 北京：经济管理出版社，2006.

[105] 中国银行业从业人员资格认证办公室. 个人理财 [M]. 北京：中国金融出版社，2007.

[106] 刘毅，杨德勇，等. 金融业风险与监管 [M]. 北京：中国金融出版社，2006.

[107] 钱小安. 金融监管体制、效率与变革 [M]. 北京：中国金融出版社. 2006.

[108] 中国银行业从业人员资格认证办公室. 风险管理 [M]. 北京：中

国金融出版社，2007.

[109] 中国银行业从业人员资格认证办公室. 公共基础 [M]. 北京：中国金融出版社，2007.

[110] 王佩真. 货币金融理论与政策 [M]. 北京：中国金融出版社，2005.

[111] 刁节文，王铖. 加拿大利率走廊调控模式的研究及对中国的启示 [J]. 海南金融，2008 (7).

[112] 林琛. 利率走廊调控初探 [J]. 消费导刊，2008 (21).

[113] 何东，王红林. 利率双轨制与中国货币政策实施 [J]. 金融研究，2011 (12).

[114] 郑振龙，莫天瑜. 政策利率引导市场利率的走势吗——央票发行利率与央票市场利率双向互动关系研究 [J]. 财贸经济，2011 (1).

[115] 李宏瑾. 流动性效应、预期效应与中央银行利率操作 [J]. 经济学动态，2013 (2).

[116] 杨伟. 中国式“利率走廊”机制的前景及影响 [J]. 银行家，2014 (8).

[117] 毛泽盛，李鹏鹏. 超额存款准备金付息制度与“利率走廊”构建 [J]. 当代经济研究，2014 (3).

[118] 曲彬. 中国价格型货币政策调控模式的前瞻性研究——“利率走廊”调控新范式初探 [J]. 华北金融，2014 (7).

[119] 李嘉洁. 试论国外利率走廊实践对中国利率调控机制的启示与建议 [J]. 金融理论与实践，2014 (9).

[120] 李斌. 央行的利率调控机制与利率市场化 [J]. 经济社会体制比较，2014 (1).

[121] 申琳. “利率走廊”能降低短期市场利率波动吗？[J]. 财贸经济，

2015 (9).

[122] 季伟. 由公开市场操作走向利率走廊：中国利率调控模式的转型方向 [J]. 金融发展评论，2015 (8).

[123] 方先明. 价格型货币政策操作框架：利率走廊的条件、机制与实现 [J]. 经济理论与经济管理，2015 (6).

[124] 毕燕茹. 利率走廊机制国际经验及中国的借鉴 [J]. 金融发展评论，2015 (4).

[125] 万光彩，常文琪. 中国“新常态”货币框架下的“利率走廊”构建 [J]. 江南大学学报（人文社会科学版），2015 (4).

[126] 王超，陈乐一. 利率走廊：作用机理、国际实践及其启示 [J]. 价格理论与实践，2015 (7).

[127] 王静文. 从利率走廊机制看货币政策框架转型 [J]. 经济金融观察，2015 (24).

[128] 蒋先玲，赵一林. 基于 SVAR 的常备借贷便利工具传导机制的有效性分析 [J]. 对外经济贸易大学学报，2016 (4).

[129] 刘义圣，张晶. 关于中国利率微调“平滑化”的思考 [J]. 当代经济研究，2008 (9).

[130] 刘义圣. 关于现时期中国利率微调问题的思考 [J]. 经济问题，2007 (12).

[131] 刘义圣，黄启才. 央行的利率平滑调控偏好：基于一个动态优化模型分析框架 [J]. 江汉论坛，2008 (11).

[132] 王春丽，刘义圣. 货币政策的利率微调问题试探 [J]. 福建论坛，2009 (11).

[133] 刘义圣，张晶. 利率平滑调控：理论诠评及国外实践的启示 [J].

东岳论丛，2008 (6).

[134] 刘义圣，赵东喜. 利率走廊理论述评 [J]. 经济学动态，2012 (7).

[135] 巴曙松，尚航飞. 利率走廊调控模式的演进、实践及启示 [J]. 现代经济探讨，2015 (5).

[136] 许方，赵艳，李荷娟. 利率走廊机制在中国的适用性 [J]. 金融理论与实践，2016 (2).

[137] 李斌. 央行的利率调控机制与利率市场化 [J]. 经济社会体制比较，2014 (1).

[138] 吕小锋. 利率规则在中国的实证研究 [D]. 福州：福建师范大学，2010.

[139] 刘义圣，姜坤. 关于中国利率微调问题的初探 [J]. 福州大学学报 (哲学社会科学版)，2007，21 (6)：45—51.

[140] 程建华，王冲. Markov 区制转移“泰勒规则”型货币政策在中国的非线性特征 [J]. 商业研究，2015 (6).

[141] 郑挺国，刘金全. 区制转移形式的“泰勒规则”及其在中国货币政策中的应用 [J]. 经济研究，2010 (3).

[142] 中国人民银行营业管理部课题组. 非线性泰勒规则在中国货币政策操作中的实证研究 [J]. 金融研究，2009 (12).

[143] 卞志村. 泰勒规则的实证问题及在中国的研究 [J]. 金融研究，2006 (8).

[144] 朱培金. 扩展的泰勒规则及其在中国适用性研究 [D]. 长春：吉林大学，2013.

[145] 刘金全，张小宇. 时变参数“泰勒规则”在中国货币政策操作中的实证研究 [J]. 中国宏观经济论坛，2012 (17).

[146] 张屹山，张代强. 前瞻性货币政策反应函数在中国货币政策中的检验 [J]. 经济研究，2007 (3).

[147] 金成晓，朱培金. 包含汇率因素的非线性泰勒规则及其在中国的适用性检验 [J]. 统计与决策，2013 (7).

[148] 郭万山，丁洪福. 产出缺口、产出增长率与泰勒规则 [J]. 统计与信息论坛，2015 (11).

[149] 陆晓明. 从泰勒规则到最优控制方法——耶伦货币政策主张及其影响 [J]. 经济学动态，2014 (5).

[150] 马明霞，王立军. 开放经济体中利率调控的宏观经济效应 [J]. 金融理论与实践，2014 (1).

[151] 本·伯南克. 美国未来的货币政策 [N]. 中国经济时报，2015－05－15 (A12).

[152] 刘杰，王定祥. 人民币汇率、资产价格与非线性利率规则 [J]. 财经科学，2014 (1).

[153] 高洁超，孟士清. 中国非现行审慎利率规则的实证研究 [J]. 南京审计学院学报，2015，12 (6).

[154] 江春，陈永. 中国利率市场化阶段利率规则探究——基于泰勒规则的扩展 [J]. 财贸研究，2014 (3).

[155] 郭凯. 最优利率规则：一般理论与应用 [D]. 大连：东北财经大学，2007.

[156] 侯耀颖. “超主权货币”的马克思主义分析 [J]. 中国商论，2015 (27).

[157] 张长厚. 马克思的货币流通理论探析 [J]. 中国商论，2015 (27).

[158] 米尔顿·弗里德曼，张健敏. 货币的祸害 [J]. 首席财务官，2016 (14).

[159] 中国人民银行货币政策分析小组. 稳步推进利率市场化报告 [M].

北京：中国金融出版社，2005.

二、英文参考文献

[1] L. E. Johnson, Robert D. Lry and Thomas Cate. The Concept of Equilibrium: A Key Theoretical Element in Keynes' Revolution [J]. AEJ, Fall, 2004, 32 (3).

[2] Fernando Ferrari－Filho, Octavio Augusto Camargo Conceição. The Concept of Uncertainty in Post Keynesian Theory and in Institutional Economics [J]. Journal of Economic Issues, 2005, 29 (3).

[3] John T., Harvey. The determinants of currency market forecasts: an empirical study [J]. Journal of Post Keynesian Economics, 2002, 25 (1).

[4] Giuseppe Fontana, Post － Keynesians and circuitists onmoney and uncertainty: an attempt at generality [J]. Journal of Post Keynesian Economics, 2000, 23 (1).

[5] Éric Tymoigne. Keynes and Commons on Money [J]. Journal of economic issues, 2003, 37 (3).

[6] Christopher Brown. Toward a reconcilement of endogenous money and liquidity preference [J]. Journal of Post Keynesian Economics, 2003, 26 (2).

[7] Victoria Chick, Sheila Dow. Monetary policy with endogenous money and liquidity preference: a nondualistic treatment [J]. Journal of Post Keynesian Economics, 2002, 24 (4).

[8] John T., Harvey. Deviations from uncovered interest rate parity: a Post Keynesian explanation [J]. Journal of Post Keynesian, 2004, 27 (1).

[9] Claude A., Fongemie. A note on Fisher's equation and Keynes's liquidity

hypothesis [J]. Journal of Post Keynesian Economics, 2005, 27 (4).

[10] Eric Kam, John Smithin. Monetary policy and demand management for the small open economy in contemporary conditions with (perfectly) mobile capital [J]. Journal of Post Keynesian Economics, 2004, 26 (4).

[11] Marc Lavoie. A post Keynesian view of interest parity theorems [J]. Journal of Post Keynesian Economics, 2000, 23 (1).

[12] Philip Arestis. Washington consensus and financial liberalization [J]. Journal of Post Keynesian Economics, 2004, 27 (2).

[13] Paul Davidson. A Post Keynesian view of the Washington consensus and how to improve it [J]. Journal of Post Keynesian Economics, 2004, 27 (2).

[14] Jane D'Arista. Dollars, debt and dependence: the case for international monetary reform [J]. Journal of Post Keynesian Economics, 2004, 26 (4).

[15] Philip Arestis, Santonu Basu, Sushanta Mallick. Financial globalization: the need for a single currency and a global central bank [J]. Journal of Post Keynesian Economics, 2005, 27 (3507).

[16] Thomas I. Palley. The e－money revolution: challenges and implications for monetary policy [J]. Journal of Post Keynesian Economics, 2015, 24 (2).

[17] Robert F. Stauffer. Credit cards and interest rates: theory and institutional factors [J]. Journal of Post Keynesian Economics, 2003, 26 (2).

[18] Warren Mosler. Credit cards and interest rates: theory and institutional factors－a critical view [J]. Journal of Post Keynesian Economics, 2003, 26 (2).

[19] L. Randall Wray. Loanable funds, liquidity preference and endogenous money: do credit cards make a difference ? [J]. Journal of Post Keynesian

Economics, 2003, 26 (2).

[20] Rbrt L., Hetzel. Japanese Monetary Policy: A Quantity Theory Perspective [J]. Social Science Electronic Publishing, 1999, 85 (1).

[21] Fast H. Financial Liberalization: How Far? How Fast? [M]. Cambridge University Press, 2006.

[22] Craciela L., Kaminsky, Carmen M. Reinhart, Financial Crises in Asia and Latin America: Then and Now [J]. American Economic Review, 1992, 88 (2).

[23] Alan J., Auerbach, Maurice Obstfeld. The Case for Open - Market Purchases in a Liquidity Trap [J]. Social Science Electronic Publishing, 2004, 95 (1).

[24] Ball L. Efficient rules for monetary policy [J]. International Finance, 1999, 2 (1).

[25] Barro. Interest - Rate Targeting [J]. Journal of Monetary Economics, 1989, 23 (1).

[26] Bernanke, M. Woodford. Inflation Forecasts and Monetary Policy [J]. Journal of Money, Credit, and Banking, 1997, 29 (4).

[27] O. J. Blanchard, S. Fischer. Lectures on Macroeconomics [J]. Economica, 1990, 57 (226).

[28] M. D. Bordo, O. Jeanne. Boom - Busts in Asset Prices, Economic Instability, and Monetary Policy [J]. Cepr Discussion Papers, 2002.

[29] B. J. Bulland, E. Schaling, Why the Fed Should. Ignore the Stock Market [J]. Federal Reserve Bank of St. Louis Review, 2002, 84 (3).

[30] R. J. Clarida, Gali, Mark. Gertler (2000): "Monetary Policy Rules and Macroeconomic Stability: Evidence and Some Theory [J]. Quarterly Journal of Economics, 1997, 115 (1).

[31] R. Clarida, M. Gertler. How the Bundesbank Conduct Monetary Policy? [J]. Working Papers, 1996 (96—14).

[32] Charles T. Carlstrom, Timothy S. Fuerst. Interest rate rules vs. money growth rules a welfare comparison in a cash - in - advance economy [J]. Journal of Monetary Economics, 1995, 36 (2).

[33] Charles T. Carlstrom, Fuerst. Agency Costs, Net Worth and Business Fluctuations: A Computable General Equilibrium Analysis [J]. American Economic Review, 1997, 87 (5).

[34] Günter, Coenen, Volker Wieland. The zero - interest - rate bound and the role of the exchange rate for monetary policy in Japan [J]. Journal of Monetary Economics, 2003, 50 (4).

[35] G. Eggertsson, M. Woodford. The zero bound on interest rates and optimal monetary policy [J]. Brookings Papers on Economic Activity, 2003 (1): 139—211.

[36] M. Friedman. The demand for money: Some theoretical and empirical results [J]. Journal of Political Economy, 1959, 49 (4).

[37] M. Friedman. A. Schwartz. Money and Business Cycles [J]. Review of Economics and Statistics, 1963, 45 (1).

[38] B. M. Friedman, Targets and Instruments of Monetary Policy [J]. The Handbook of Monetary Economics, 1990 (2).

[39] J. C. Fuhrer, G. R. Moore. Monetary Policy Trade－off and the Correlation between Nominal Interest Rates and Real Output [J]. American Economic Review, 1995 (1).

[40] J. C. Fuhrer. Inflation/Output Variance Trade－offs and Optimal Monetary Policy [J]. Journal of Money, Credit and Banking, 1997, 29 (2).

[41] Eggertsson, Michael Woodford. Optimal Monetary and Fiscal Policy in a Liquidity Trap [J]. NBER Working Papers, 2006 (9).

[42] M. Goodfriend. The role of a regional bank in a system of central banks [J]. Economic Quarterly, Federal Reserve Bank of Richmond, issue Win, 2007, 7 (25).

[43] Jess Benhabib, Stephanie Schmitt－Grohe, Martin Uribe. Monetary Policy and Multiple Equilibrium [J]. American Economic Review, 2001, 91 (1).

[44] Julio J. Rotemberg, Michael Woodford. An Optimization－Based Econometric Framework for the Evaluation of Monetary Policy [J]. NBER Macroeconomics annual, 1997 (12).

[45] P. Krugman. It's Baaack: Japan's Slump and the Return of the Liquidity Trap [J]. Brookings Papers on economic activity, 1998 (2).

[46] Laider D. Monetarist perspectives [M]. Harvard University Press, 1982.

[47] B. T. McCallum. Theoretical Analysis Regarding a Zero Lower Bound on Nominal Interest Rates [J]. Journal of Money, Credit and Banking, 2000, 32 (4).

[48] B. T. McCallum. A Monetary Policy Rule for Automatic Prevention of a

Liquidity Trap [J]. NBER Working Paper, 2005 (26).

[49] J. Morton, P. Wood. Interest Rate Operating Procedures of Foreign Central Banks [J]. Proceedings, 1993.

[50] M. Obstfeld, K. Rogoff. Exchange Rate Dynamics Redux [J]. Journal of Political Economy, 1995, 103 (3).

[51] A. Orphanides. The Quest for Prosperity without Inflation [J]. Journal of Monetary Economics, 1999, 50 (3).

[52] M. Peeters. Measuring Monetary Conditions in Europe: Use and Limitations of the MCI [J]. De Economist, 1999, 147 (2).

[53] W. Poole. Optimal Choice of Monetary Policy Instrument in a Simple Stochastic Macro Model [J]. Quarterly Journal of Economics, 1970, 84 (2).

[54] D. Reifschneider, J. C. Williams. Three Lessons for Monetary Policy in a Low - Inflation Era [J]. Journal of Money, Credit and Banking, 2000, 32 (4).

[55] G. D. Rudebusch. Federal Reserve Interest Rate Targeting, Rational Expectations and the Term Structure [J]. Journal of Monetary Economics, 1995, 35 (2).

[56] Svensson. Optimal Inflation Contracts, 'Conservative' Central Banks and Linear Inflation Contracts [J]. American Economic Review, 1997, 87 (1).

[57] Svensson. Open - Economy Inflation Targeting [J]. Journal of International Economics, 2000, 50 (1).

[58] J. Taylor. Discretion versus Policy Rules in Practice [J]. Carnegie - Rochester Conferences Series on Public Policy, 1993, 39 (1).

[59] J. Taylor. Monetary Policy Rules [M]. Chicago: University of

Chicago Press, 1999.

[60] J. Taylor. The Role of the Exchange Rate in Monetary - Policy Rules [J]. The American Economic Review, 2001, 91 (2).

[61] T.J. Teranishi, Y. T. Watanabe. Zero bound on nominal interest rates and optimal monetary policy, Kyoto Institute of Economic Research [J]. Discussion Paper, 2001 (525).

[62] C.E. Walsh Monetary Theory and Policy [J]. 2th ed. MIT Press Books, 2003 (1).

[63] K. Wicksell. Vorlesungen uber Nationalokonomie, Trans. E. Classen. Lecutres on Political Economy [M]. London: Routledge & Kegan Paul, 1996.

[64] K. Wicksell. Geldzins and Guterpreise. Trans. R. F. Kahn. as Interest and Prices: A Study of the Causes Regulating the Value of Money [M]. London: Macmillan, 1936.

[65] A.L. Wolman. Staggered price setting and the zero bound on nominal interest rates [J]. Economic Quarterly, Federal Reserve Bank of Richmond, 1998, 24 (5).

[66] M. Woodford. Optimal Monetary Policy Inertia [J]. NBER Working Paper, 1997 (7261).

[67] M. Woodford. Interest and Prices: Foundations of a Theory of Monetary Policy [M]. Princeton: Princeton University Press, 2003.

[68] John Smithin. A Real interest rate rule for monetary policy ? [J]. Journal of Post Keynesian Economics, 2014 (11).

[69] T.A. Cogely, Sbordone. Trend Inflation, Indexation and Inflation

Persistence in the New Keynesian Phippips Curve [J]. The American Economic Review, 2008 (9).

[70] R. J. Clarida, Gali, M. Gertler. Monetary Rules and Macroeconomic Stability: Evidence and Some Theory [J]. Quarterly Journal of Economics, 2000.

[71] George Kaufman. The U. S. Financial Systems Money, Markets and Institutions [M]. 6th ed. London: Prentice Hall Inc, 1995: 293.